Q&A 成年後見実務全書

第①巻

赤沼康弘　池田惠利子　松井秀樹
編集代表

〔第1巻〕
第1部　総　論
第2部　法定後見 I
　第1章　後見等開始に向けた実務／第2章　後見等開始時の実務

発行　民事法研究会

発刊にあたって

　現行成年後見制度は、精神上の障がいにより判断能力が不十分な人たちの判断能力を補い、その身上を保護するとともに、権利や利益を擁護する制度です。現行成年後見制度が施行されてから15年が経過し、この制度のもつ権利擁護の機能が広く認識されるようになりました。高齢者虐待の防止、高齢者の養護者に対する支援等に関する法律（高齢者虐待防止法）9条2項が、市町村長は、虐待等の通報があった場合には、高齢者の虐待の防止および高齢者の保護が図られるよう、適切に老人福祉法32条の規定により審判の請求をするものとすると定め（障害者虐待の防止、障害者の養護者に対する支援等に関する法律（障害者虐待防止法）9条3項も同旨）、高齢者虐待防止法28条が、国および地方公共団体は成年後見制度の周知のための措置や成年後見制度の利用にかかる経済的負担の軽減のための措置等を講ずることにより、成年後見制度が広く利用されるようにしなければならないと規定しているのも（障害者虐待防止法44条も同旨）、それを示しています。

　成年後見制度の利用者数は、2013年12月末の時点で合計17万6564人となっています。市町村長の後見等開始審判の申立件数も年々増加し、2013年には1年間で5046件となりました。

　制度運用上の改善も進み、2013年では、後見等開始審判の申立てから2カ月以内の終局が約77.8％、4カ月以内が94.8％と利用開始までの期間の短縮化が進んでいます。また、2013年には親族以外の第三者成年後見人等の選任割合が全選任件数の約57.8％（数字はいずれも最高裁事務総局家庭局「成年後見関係事件の概況——平成25年1月〜12月——」によるもの）となりました。これは、制度の信頼性を高めるとともに、成年後見の社会化の表れとも評価されます。

　2013年に厚生労働省研究班が発表した調査結果では、認知症高齢者は462万人に達しているそうです。超高齢社会の進展とともに、高齢者の財産被害や虐待被害等の権利侵害は増加することが予測され、また障がい者に対する

発刊にあたって

虐待も後を絶たず、親なき後の障がい者の生活支援も深刻な課題となっています。成年後見制度がその役割を期待される場面は、今後とも増加していくでしょう。そして、これらの状況を直視するならば、制度の運用基盤を整備することは急務です。市民後見人の育成などはその1つの試みということができます。また、家庭裁判所に制度運用のすべてを委ねるのではなく、判断機能と監督機能の役割分担などの新たなシステムを構築することも必要でしょう。

さらに、日本は2014年1月、障害者の権利に関する条約を批准しましたが、その12条は、締約国に対し、障がい者に他の者と平等の法的能力を保障することとあわせて、法的能力行使にあたって必要な支援を受けられるよう適切な措置をとることを求め、意思決定支援を法的能力行使における支援の基本としています。

これに対し、日本の現行成年後見制度は、本人の意思の尊重と身上配慮の義務を定めるなど、自己決定の尊重、ノーマライゼーションに配慮し、これらの現代的な理念と本人保護の理念との調和を図ることをめざしたものとされていますが（小林昭彦＝原司『平成11年民法一部改正法等の解説』3頁）、しかし、いまだ本人保護重視の基本構造をとっており、本人の自律性は二次的な位置づけとみられるシステムとなっています。それは、①後見類型における成年後見人の包括的な取消権と代理権、②保佐類型における保佐人の包括的な取消権、③後見等開始後は定期的見直しがされることなく継続すること等に表れています。現行法定後見制度は、一元主義や必要性の原則を導入すること等により制度の基本構造を改めることが不可避となるでしょう。

他方、任意後見制度は、自己決定権の尊重に最も適うものと考えられますが、利用件数はいまだに少なく、制度の利点を明確にするとともにより利用しやすくするための改善が求められています。

本書は、成年後見制度の権利擁護機能を重視する観点から、現行制度と最新実務の運用状況、さらに制度の運用に携わる者に不可欠な福祉的知見を解説したものであり、成年後見制度に関する法律と福祉の総合的な実務書と

なっています。しかし、これにとどまらず、本人の自己決定権を可能な限り尊重した運用をめざすことを課題とし、あるべき支援の方法についても解説しています。執筆担当者は、いずれも成年後見制度を活用した権利擁護活動の経験が豊富な実務家です。

　本書が、成年後見制度の現代的な役割を多くの市民に知らせ、また判断能力が不十分な人たちのための権利擁護活動に大きな貢献をするであろうことを信ずるものです。

　2014年12月

編者を代表して

弁護士　赤沼　康弘

第1部　総論

- **Q1**　成年後見制度の理念と職務の指針および制度の課題……………　2
- **Q2**　ノーマライゼーション……………………………………………　7
- **Q3**　自己決定の尊重……………………………………………………　11
- **Q4**　アドヴォカシー……………………………………………………　16
- **Q5**　本人の保護…………………………………………………………　19
- **Q6**　後見業務が本人の意思と対立した場合…………………………　22
- ●Columm　成年後見制度における用語……………………………………26
- **Q7**　残存能力の活用……………………………………………………　29
- **Q8**　本人の最善の利益…………………………………………………　32
- **Q9**　成年後見制度と禁治産・準禁治産制度との違い………………　36

第2部　法定後見Ⅰ

第1章　後見等開始に向けた実務

１　成年後見の必要性の判断

- **Q10**　精神上の障害……………………………………………………　42
- **Q11**　認知症……………………………………………………………　45
- **Q12**　認知症の人と接する際のポイント……………………………　50
- **Q13**　認知症でよく使用する薬………………………………………　55
- ●Columm　運転免許への対処………………………………………………58

Q14	障がいとは………………………………………………………	60
	● Columm　障がいの表記 …………………………………	63
Q15	知的障害とは……………………………………………………	64
Q16	精神障害とは……………………………………………………	67
Q17	高次脳機能障害とは……………………………………………	70
Q18	発達障害とは……………………………………………………	73
Q19	さまざまな障がい………………………………………………	76
Q20	障がいのある人と接する際のポイント………………………	80
Q21	意思能力と事理弁識能力………………………………………	84
Q22	本人の能力を判定する方法……………………………………	87
Q23	本人の能力に応じた制度の選択………………………………	90

② 成年後見対象者の発見と制度へのつなぎ

Q24	成年後見の対象者を発見するきっかけ………………………	94
Q25	親族等からの成年後見に関する相談を受けた際の注意点……	97
Q26	成年後見制度を利用する際の注意点…………………………	100
Q27	成年被後見人の選挙権…………………………………………	104
Q28	公務員についての資格制限……………………………………	113
Q29	関係機関と専門職との連携・ネットワークの構築…………	116

③ 申立てと審判手続

◆後見等開始の審判の申立て

Q30	審判手続と注意点………………………………………………	119
Q31	申立権者…………………………………………………………	124
Q32	戸籍謄本の取得方法・見方……………………………………	128
Q33	申立ての際の家庭裁判所の管轄………………………………	134
Q34	申立書と添付資料………………………………………………	137
Q35	診断書のとり方…………………………………………………	140

Q36	診断書の記載内容	142
Q37	診断書がとれない場合の申立て	145
Q38	保佐人の代理権付与の申立て	148
Q39	補助人の同意権付与・代理権付与の申立て	152
Q40	同意権の特定の仕方――補助	155
Q41	代理権の特定の仕方――保佐	159
Q42	申立費用とその負担	164
Q43	申立ての支援と代理申立て	170
Q44	成年後見人等候補者は必ず書かなければならないか	173
Q45	成年後見人等の資格要件・欠格事由	177
Q46	補助開始審判申立てにおける「本人の同意」	181
Q47	申立て後の取下げの可否	183
Q48	外国人についての申立て	186
Q49	申立てにおける費用補助制度	190
Q50	後見等開始審判の取消しの申立て	194

◆市町村長申立て

Q51	市町村長申立ての導入の経緯と意義	196
Q52	市町村長申立てが必要な場合	199
Q53	市町村長申立てに要する費用と償還請求	203
Q54	親族調査の必要性・範囲と方法	205
Q55	認知・発見から審判申立てまでの本人支援	207

◆鑑　定

Q56	鑑定の趣旨	210
Q57	鑑定が行われる場合と省略される場合	213
Q58	鑑定医は申立人がみつけるのか	216
Q59	本人によって鑑定が拒否された場合	218

4 審判前の保全処分

- Q60 保全処分の種類・内容……………………………………… 221
- Q61 審判前の保全処分の手続………………………………… 225
- Q62 審判前の保全処分の申立て——申立書、添付書類等………… 229
- Q63 財産管理者の職務………………………………………… 232
- Q64 職務代行者の職務………………………………………… 238
- Q65 後見命令等の登記………………………………………… 241
- Q66 財産管理者が権限外行為をする場合（審判前の保全処分）…… 244
- Q67 保全処分の取消し………………………………………… 246

5 審 判

◆家庭裁判所による調査

- Q68 申立て時の家庭裁判所の調査…………………………… 249
- Q69 成年後見人等候補者の調査の意義と調査の内容・方法……… 252

◆成年後見人等

- Q70 成年後見人等選任の際に考慮される事情……………………… 256
- Q71 市民後見人………………………………………………… 261
- Q72 法人後見のメリット・デメリット……………………………… 266
- Q73 複数後見人の事務分掌の審判…………………………… 272
- Q74 専門職と親族が複数後見をする際の注意点………………… 276
- Q75 専門職同士の複数後見をする際の注意点…………………… 282
- Q76 施設等勤務者の後見活動上の留意点………………………… 285

◆審判の効力

- Q77 審判の告知・通知………………………………………… 288
- Q78 審判の確定………………………………………………… 292
- Q79 不服申立て………………………………………………… 295

第2章　後見等開始時の実務

① 事案の把握から後見計画の作成まで

- **Q80**　事案の特性を把握するための方法……………………………… 299
- **Q81**　本人へ面会する際に気を付けること………………………………… 304
- **Q82**　親族が本人への面会を妨げる場合………………………………… 308
- **Q83**　財産の調査、財産目録の作成、家庭裁判所への報告………… 310
- **Q84**　後見計画・年間収支予定表の作成………………………………… 314
- **Q85**　行政機関への届出………………………………………………… 318
- **Q86**　金融機関への届出………………………………………………… 323
- **Q87**　高齢者の支援にかかわる機関・人………………………………… 328
- **Q88**　障がい者の生活を支援する際のポイント…………………………… 331
- **Q89**　特別代理人（臨時保佐人・臨時補助人）の選任の申立て……… 334

② 後見登記

- **Q90**　後見登記制度………………………………………………………… 339
- **Q91**　登記事項証明書と取得手続………………………………………… 344
- **Q92**　変更の登記の申請…………………………………………………… 350

- ●**事項索引**………………………………………………………………………… 353-1
- ●**第1巻編著者一覧**……………………………………………………………… 353-5

【第 2 巻〜第 4 巻の内容】

《第 2 巻》
第 2 部　法定後見 Ⅱ

第 3 章　後見等開始後の実務①

1　実務一般
2　財産管理の方法
3　補助・保佐の同意権・代理権
4　報酬・費用
5　介護・障害福祉

《第 3 巻》
第 2 部　法定後見 Ⅲ

第 3 章　後見等開始後の実務②

6　医　療
7　虐　待
8　就労支援
9　その他の日常生活の支援
10　年　金
11　生活保護
12　消費者問題
13　相続・遺言
14　不動産
15　信　託
16　税　務
17　親・配偶者なき後の問題
18　裁判所への報告
19　辞任・解任

第2巻～第4巻の内容

《第4巻》

第2部　法定後見 Ⅳ

第4章　成年後見監督人等の実務
1　総　論
2　成年後見監督人等としての実務
3　成年後見等監督の終了をめぐる実務

第5章　終了をめぐる実務
1　総　論
2　本人の死亡

第3部　任意後見

第1章　任意後見開始に向けた実務
1　総　論
2　任意後見契約の締結
3　公証関係
4　家庭裁判所関係

第2章　任意後見開始時の実務
1　任意後見人の実務
2　任意後見監督人の実務

第3章　任意後見人・任意後見監督人の実務
1　任意後見人の実務
2　任意後見監督人の実務

第4章　終了をめぐる実務
1　総　論
2　死　亡
3　契約解除
4　任意後見監督の終了をめぐる実務

【凡　例】

〔判例集〕

民録	大審院民事判決録
民集	大審院および最高裁判所民事判例集
刑集	最高裁判所刑事判例集
家月	家庭裁判月報
下民集	下級裁判所民事裁判例集
訟月	訟務月報
判時	判例時報
判タ	判例タイムズ
金法	旬刊金融法務事情

〔法令関係〕

障害者権利条約	障害者の権利に関する条約
任意後見法	任意後見契約に関する法律
高齢者虐待防止法	高齢者虐待の防止、高齢者の養護者に対する支援等に関する法律
医療観察法	心神喪失等の状態で重大な他害行為を行った者の医療及び観察等に関する法律
精神保健福祉法	精神保健及び精神障害者福祉に関する法律
精神保健福祉法施行令	精神保健及び精神障害者福祉に関する法律施行令
障害者虐待防止法	障害者虐待の防止、障害者の養護者に対する支援等に関する法律
障害者雇用促進法	障害者の雇用の促進等に関する法律
障害者総合支援法	障害者の日常生活及び社会生活を総合的に支援するための法律
民訴費用法	民事訴訟費用等に関する法律
後見登記法	後見登記等に関する法律

凡　例

後見登記令	後見登記等に関する政令
後見登記省令	後見登記等に関する省令

〔団体〕

リーガルサポート	公益社団法人成年後見センター・リーガルサポート

〔その他〕

成年後見人等	成年後見人、保佐人、補助人の総称
成年被後見人等	成年被後見人、被保佐人、被補助人の総称
調査官	家庭裁判所調査官
意思能力法	英国 Mental Capacity Act 2005については、複数の訳語がみられるところであるが、本書では「意思能力法」を用いる。

第1部 総論

第1部　総　論

Q1　成年後見制度の理念と職務の指針および制度の課題

成年後見制度はどのような理念の下にある制度ですか。成年後見人等の職務の指針も示されていますか。またこの制度にはどんな課題がありますか。

解説

1　成年後見制度の理念

2000年4月から施行されている現行の成年後見制度は、民法で定められる法定後見制度と、任意後見法により定められる任意後見制度という2つの制度からなっています。この成年後見制度の趣旨および目的は、精神上の障害により判断能力が不十分な者の判断能力を補い、その者の権利や利益を擁護することであり、その理念は、本人の意思の尊重、自己決定の尊重、ノーマライゼーション等の現代的理念と本人保護の理念との調和にあるとされています（小林昭彦＝原司『平成11年民法一部改正法等の解説』3頁）。

このような目的や理念に基づき、法定後見制度では、保護と支援の形態を後見、保佐、補助の3類型に分け、日常生活に関する行為については取り消すことができないものとし（民法9条ただし書・13条1項ただし書）、本人の意思の尊重および身上に配慮する義務を定め（同法858条・876条の5第1項・876条の10第1項）、また老人福祉法32条、知的障害者福祉法28条、精神保健福祉法51条の11の2により、福祉を図る必要があるときは市町村長に後見等開始の申立権を認めています。任意後見制度が創設されたのも、この制度が自己決定の尊重にもっとも適うからでした。

かつてわが国の成年者に対する後見の制度は、「禁治産・準禁治産制度」というものでした。この制度においては、判断能力が不完全な者を行為無能力者とし、その行為は常に取り消しうるものとして保護することにしたので

すが（我妻栄『新訂民法総則（民法講義1）』61頁）、他方で、「無能力者制度は、精神能力の不完全な者の財産を保護し、みだりに喪失しないようにしようとする制度」であり、「精神能力の不完全な無産者が、みずからの生活資料を獲得するために法律行為をなすに当たっては、ほとんど実益のないものである」といわれました（我妻・前掲書67頁）。

　しかし、財産を持たない者であっても、消費者として契約当事者となり、また、介護サービスを利用したり、医療を受けたりするにも契約を結ぶ必要があります。生活保護その他の福祉サービスを利用するための申請も、申請者に判断能力がなければできません。現行制度への改正理由の1つとして、介護サービスの利用が措置から契約に変わり、判断能力の不十分な者がこれらのサービスを受けるには成年後見制度による支援が必要と認識されたことがあげられているのも（小林＝原・前掲書3頁）、これを示しています。

　したがって、成年後見制度は、従来の「財産を保護する制度」から、判断能力を欠くまたは不十分な者の法的支援をし、権利や利益を擁護する制度に変わったというべきでしょう。障害者基本法23条が成年後見制度を権利擁護の制度と位置づけて国および地方公共団体に対してその利用促進のための施策を求め、高齢者虐待防止法28条・障害者虐待防止法44条が成年後見制度の利用促進と利用に係る経済的負担の軽減のための措置等を講ずることとしていることも、これを示しています。

　もっとも、現在でも、民法がかかわるのは、財産を有する者の取引行為であり、介護を要する無産の高齢者や知的障害者に対しては何らかかわらないとする学説が多いようですが（内田貴『民法Ⅰ（総則・物権総論）〔第4版〕』119頁、谷口知平＝石田喜久夫編『新版注釈民法(1)総則(1)通則・人〔改訂版〕』291頁〔鈴木禄弥〕、四宮和夫＝能見善久『民法総則』37頁等も同趣旨）、これは成年後見制度の権利擁護機能を軽視しているといわざるを得ません。

2　成年後見人等の職務の指針

　このような成年後見制度の理念から、成年後見人等の職務における指針が

導かれます。それが、民法858条が定める本人の意思の尊重と身上への配慮義務です（補助・保佐にも準用され、任意後見法6条にも同様の規定があります）。成年後見制度の改正作業にかかわった法務省の担当者も、同条について、理念的に成年被後見人の身上への配慮およびその意思の尊重が事務処理の指導原理であることを明示するものであり、成年後見人の職務の指針であると説明しています（小林＝原・前掲書259頁・261頁）。

このような指針の下では、成年後見人の財産の管理は、財産を残すことを重視するのではなく、本人の身上の保護を目的として行うべきで、そのために必要であれば積極的に支出することも認められると解されます。実務上も、そのような理解が進んでいます。

3　成年後見制度の課題

法定後見制度の利用件数は、禁治産・準禁治産制度の下におけるのと比較して、飛躍的に増加しました。改正民法が施行される前年度（1999年度）の禁治産宣告申立件数が2963件であったのに対し、2013年の後見開始審判の申立件数は2万8040件となっています。

他方で、運用上の問題から制度自体の不備（たとえば、本人死亡後の事務や後見登記における成年後見人等の自宅住所登記の問題など）に至るまで、さまざまな課題が浮き彫りになっています。ここでは、さしあたり制度の基本的課題について説明することとします。

(1)　成年後見人等の権限

その第1は、本人の能力制限や成年後見人等の権限が包括的に過ぎる一方で、その権限が財産関係に偏していることです（新井誠ほか編『成年後見法制の展望』533頁〔新井誠〕、上山泰＝菅富美枝「成年後見制度のグランドデザイン」実践成年後見34号57頁）。

現行の後見と保佐の制度は、包括的に本人の法律行為能力を制限します。後見類型では、本人の法律行為につき、日常生活に関する行為を除いてすべて取り消すことができるものとしています。また、保佐においても、民法13

条1項に定める行為という限定はありますが、広範囲に保佐人が本人の行為を取り消すことが可能となっていて、実質的には後見とほとんど変わりがありません。

しかし、個人の行為に対する他者の介入や能力制限は必要な限度でなされなければなりません。国連「障害者権利条約」（日本政府も2014年1月に批准している）12条2項も、障がいを有する人であっても他の者と平等の法的能力を享有することを求めています。

また、成年後見人の権限は、包括的ではあるものの、その範囲は、財産に関する行為に限定されています（民法859条）。しかし、本人が決定しなければならない法律行為は、財産上の行為には限られません。さらに、侵襲的医療に対する同意など、法律行為とはいえない事柄であっても、代行が必要な場合があります。判断能力を喪失した者に適切な医療を保障するため、成年後見人に医療同意の権限を付与することが求められています。その他の財産に関しない行為についても、本人の権利擁護のため、必要な範囲での代理を認め、成年後見制度を法的支援の制度として充実させることが必要です。

これらの問題は、現行法が（ドイツのような一元主義ではなく）3類型の多元主義をとり、類型ごとの保護としたため、個別の支援の必要性についての考慮が不十分であることから生ずる問題でもあります。

また、これに関連して、新設された補助制度の利用が低迷していることも、大きな課題となっています。2013年度の補助開始審判の申立件数は1282件にすぎませんでした。補助人の権限も財産に関する事項に限定されていることなどから、煩雑な手続をしてまで利用しようとするほどには制度の利点が明確でないためと推測されます。

(2) **資格制限**

その第2は、成年後見制度を利用したことに伴って当然に資格制限が生ずることの問題です。成年被後見人は選挙権を喪失すると定めていた公職選挙法旧11条1項1号は、憲法上の権利を不当に制約するものとの疑義があり、2013年に削除されましたが、地方公務員の欠格条項（地方公務員法16条1

号・28条4項)をはじめとして、多くの資格制限が残されています。

(3) 費用補助

第3に、成年後見制度利用に関する費用の補助制度を充実させることも大きな課題です。これが実現してはじめて、成年後見制度が、資産が少ない人も対象として含める権利擁護の制度として確立されることになります。

(4) 任意後見

第4に、任意後見制度においても、いくつかの課題が生じています。親族等の誘導によって任意後見契約が締結される例や、移行型任意後見契約において本人の判断能力が減退した後も任意後見監督人選任申立てがされないなどの例が生じており、その防止策が必要となっているのです(日本成年後見法学会制度改正研究委員会「任意後見制度の改善・改正の提言」(<http://www.jaga.gr.jp/kenkyu.htm>)。これは、真の自己決定をいかにして実現するかという困難な課題でもあります。

(5) 家庭裁判所の体制

第5に、成年後見制度の利用件数は大きく増加しましたが、しかし、家庭裁判所の人的体制がこれに対応するものとなっていないことがあげられます。その影響は、特に後見監督において顕著に現れています。

(赤沼　康弘)

Q2 ノーマライゼーション

成年後見制度において、ノーマライゼーションとは、どのような形で現れているのでしょうか。

解説

1　世界的な人権規定における「平等」

世界人権宣言（1948年）の1条には、「すべての人間は、生まれながらにして自由であり、かつ、尊厳と権利とについて平等である」とされています。また、国連「障害者権利条約」（2006年）の1条にも、同条約の目的の1つが、「全ての障害者によるあらゆる人権及び基本的自由の完全かつ平等な享有を促進」することであるとされています。

2　成年後見制度の新しい理念とノーマライゼーション

しかし、これまで障がい者等は、自ら望んでいないにもかかわらず、施設等で生活することを余儀なくされてきたという歴史があります。

そうした歴史を受けて、現行の成年後見制度は、ノーマライゼーション、自己決定の尊重、残存能力（現有能力）の活用という新しい理念を掲げました。

このうち、ノーマライゼーションとは、人が人として、たとえ障がいを持っていても認知症高齢者であっても、その人らしく、できるだけ地域社会と切り離されることなく生活できるようにしていくことです。

成年後見制度による支援が必要とされる場面においては、本人に判断力の低下があったとしても、ノーマライゼーションを実現するという目的のもとに職務を行う成年後見人等が選任されることで、その人らしい生活を送ることが可能になるのです。

3 ノーマライゼーションという考え方の発生と進展

ノーマライゼーションという考え方は、1959年にデンマークのバンク・ミケルセンによって「知的障害者の生活を可能な限り通常の生活状態に近づけるようにすること」と定義されたことから始まっています。その後、スウェーデンのベンクト・ニリエが「ノーマライゼーションの原理」を発表しました。ニリエは、ノーマライゼーションを、すべての知的障害者の「日常生活の様式や条件を社会の普通の環境や生活方法にできるだけ近づけること」と定義し、1日・1週間・1年のノーマルなリズム、ライフサイクルにおけるノーマルな経験、ノーマルな要求や自己決定の尊重など具体的な目標を提示しました。

1970年代以降、ノーマライゼーションの考え方は、「知的障害者の権利宣言」（1971年）、「障害者の権利宣言」（1975年）、「国際障害者年行動計画」（1979年）などにおいても基本的理念の1つとして位置づけられ、今日では、障害者だけでなく高齢者や子どもの領域においても基本理念とされています。

4 新しい成年後見制度における利用者像の変化

わが国の成年後見制度においては従前、本人の意思は重要視されず、もっぱら本人の保護を主な目的としたものと考えられていました（禁治産・準禁治産制度）。

この制度については、硬直的な制度であること、制度利用について社会的偏見があることなどの問題点が指摘されており、また、高齢社会への対応の必要性、障がい者福祉の充実の必要性等の点から、判断能力の不十分な高齢者や障がい者にとって利用しやすいしくみへと転換することが求められていました（Q1参照）。

1999年の民法改正によって導入された、新しい成年後見制度においては、理念の1つとしてノーマライゼーションを掲げられています。成年被後見人等をどのような存在として位置づけるのかという立法姿勢をみることができ

ます。これは、以下のような規定から確認することができるでしょう。

現在の成年後見制度には、補助類型を新設し3類型にすることにより、判断能力の不十分な人を一律に無能力者とみなすことなく、本人の能力に応じた支援を可能にするという姿勢がみられます。また、後見類型であっても、民法9条に「成年被後見人の法律行為は、取り消すことができる。ただし、日用品の購入その他日常生活に関する行為については、この限りではない」とあるように、できる限り成年後見人等による過度の干渉を避け、簡単な行為（たとえば日常生活における食品や衣類の買物）については成年後見人の取消権の対象とせず、本人意思に任せようという姿勢がみえます。また、補助や保佐類型においては、必要に応じて代理権を確定することができるしくみとなっており、できるだけ本人の能力を活用する中で、補助人や保佐人が補助的なかかわりをすることが求められているともいえます。

5　理念実現のために

成年後見制度の理念を実現するため、民法858条に、「成年後見人は、成年被後見人の生活、療養看護及び財産の管理に関する事務を行うに当たっては、成年被後見人の意思を尊重し、かつ、その心身の状態及び生活の状況に配慮しなければならない」と規定されました。これは、成年後見人の義務として、従来の「善管注意義務」の具体的内容として「身上配慮義務」が定められたものです。成年後見人等に、本人意思尊重義務および身上配慮義務が求められたことにより、その義務を遂行するための知識や技能が必要とされ、さらに、その実務を通じて成年後見制度の新しい理念を実現するという姿勢が求められるようになったといえます。

しかし、ここには難しい問題があります。

たとえば、本人が望んでいる在宅での1人暮らしを続けることが、本人の生命の危機につながるにもかかわらず本人の意思が「在宅生活の維持」であるような場合です。本人の意思を尊重して在宅生活を維持するのか、本人意思に反しても「保護」を優先して施設入所等に踏みきるのか、という判断が

第1部 総　論

成年後見人等に求められる場合があるのです。

　現在の地域包括ケアでもめざされる地域社会の普通の暮らしを続けるという「ノーマライゼーション」を、「理念」として成年後見人等が意識することは重要ですが、本人の状況によっては、本人の意思を尊重するだけでは本人の生命・身体を危険な状態におくことになるなど、適切な後見実務を行えないこともあるのです。本人意思を尊重しつつも、本人の生命や身体等の安全を考え、本人にとっての客観的な「最善の利益」として適切な後見事務を行うためには、常に本人への意思決定支援をしつつ、現在の本人の状態、経済状況、環境、社会資源の状況等の情報を収集することが必要だと考えられます。また、適切な判断のためには、行った事務についてその後の状況を確認し、その内容の妥当性を問うための最低限の見守り（事実行為）を行い、必要に応じて見直していくことも求められます。

　　　　　　　　　　　　　　　　　　　　　　　　　　（池田　惠利子）

Q3 自己決定の尊重

成年後見制度の理念である自己決定の尊重とは、どのようなところに現れているのでしょうか。

解 説

1 成年後見人等への警鐘

　成年後見制度の利用者（成年被後見人等）は、制度を利用する以前も以後も変わらず、その人としての人生を歩みます。その人の人生がその人自身のものであることはいうまでもありません。人生の主体者として、自らの意思に基づいて生きていくことは、尊厳ある人間として、誰もが当然に有する権利です。これは、判断能力の不十分な人にも当てはまります。そして、後見開始の審判により、包括的な権限をもつ成年後見人が付された場合であっても、本人の社会生活上の能力が全くないというわけではありません。もちろん「できない」部分はありますが、「できる」部分もある可能性があります。そのようなときには、その「できる」部分は本人が行い、それで不足する部分を成年後見人等が行うべきといえるでしょう。成年後見人等は、あくまで、本人の「権利を守るために行動する援助者」という位置づけにすぎません。

　本人には、これまでの人生を成年後見人等とは違う価値観と幸福感を持って生きてきた1人の人間として、自分でできることやしたいと思っていることがあります。成年後見制度は、「自己決定の尊重」という理念を掲げることで、こうした本人の意思を尊重することを、成年後見人等に対して求めています。これは、広範な権限を有する成年後見人であっても、本人の主張や希望などを考慮することなしに決めてよいわけではない、と警鐘を鳴らしているともいえます（ただし、本人の生命・身体等の保護の観点から困難な場面に直面することもあります（Q2参照）。

2 本人意思を法的に実現する支援

　本人は、自分自身の生活上の希望を持っていても、適切に言語化して伝えることが難しい場合があります。「自宅から離れたくない」、「１人は寂しいし怖いから、施設を利用したい」などといったような生活上の重要な要望を本人がもっていても、周囲の声や主張にかき消され、無視されやすい現実があることを、成年後見人等は理解しておく必要があります。

　現代社会においては、本人の希望を実現するためには、法律上の契約や行政サービスを受けるための申請などが必要となりますが、判断能力が不十分な人の場合、本人自身の力だけでその希望を実現することが困難な場合も少なくありません。ここで、契約や行政上の手続という法的な面で本人の意思を代弁することのできる成年後見人等の役割が重要となります。

　また、人の意思や感情は、自ら言語化して表現されるだけではありません。たとえば、「気持ちよい」「うれしい」「つらい」「いやだ」等といった感情は、言語以外の方法（表情、仕草など）によっても表わされます。しかし、こういった非言語的コミュニケーションによって表わされた内容を、本人自身の力で法的な効果と結び付けるのは困難です。そこで、このような意思の表れを、法的効果を伴う意思決定に結びつけるための支援が必要となるのです。

　判断力の不十分な認知症高齢者であっても、１人の人間としてその人なりの生き方があり、それを支えてきた本人固有の価値観や幸福感があるはずです。それをできる限り表面化させ、その実現に向けて、法律的な側面から支えることが、成年後見人等に求められているのです。

3 イギリスの意思能力法の原則から

　1に述べたように、社会福祉の分野では、人の能力が100でないからといって０であるわけではないとして、本人の能力を信じ、高めるかかわりを大切にしてきました。

　自由権を中心に市民意識の発達してきた欧米では、判断力が不十分な者に

対する他者の支配が常に意識され、その防止に向けた取組みが権利擁護関係者の間で進められてきました。エンパワメントやアドボカシーに関して強く主張されてきたのも、そういった状況の中でのことです。自己決定の尊重は、対人支援における基本的な理念であると考えられてきたのです。

このような考えを成文化して明確に示しているのが、イギリスの2005年意思能力法です（以下、「2005年法」といいます）。2005年法では、1条において、判断能力の不十分な人を支援するにあたって念頭におかれるべき5つの原則を示しています（法政大学大原社会問題研究所＝菅富美枝編著『成年後見制度の新たなグランド・デザイン』222頁～223頁）。

第1に、「人は、意思決定能力を有していないという確固たる証拠がない限り、意思決定能力があると推定されなければならない」として「意思決定能力存在の推定の原則」を明記しています（2005年法1条2項）。

第2に、「人は、自ら意思決定を行うべく可能な限りの支援を受けたうえで、それらが功を奏しなかった場合のみ、意思決定ができないと判断される」として「エンパワーメント（empowerment）の原則」をあげています（2005年法1条3項）。

第3に、「客観的には不合理にみえる賢明でない（unwise）意思決定を行ったということだけで、本人には意思決定能力がないと判断されることはない」ことを確認しています（2005年法1条4項）。

これらの原則のうえに、それでも意思決定能力がないと判断せざるを得ない状況における他者関与のあり方について、以下のような原則が続けられます。

第4に、「ベスト・インタレストの原則」として、「意思決定能力がない（と法的に判断された）本人に代わって行為をなし、あるいは、代行決定するにあたっては、本人のベスト・インタレストに適うように行わなければならない」ことを定めています（2005年法1条5項）。

第5として、「代行行為や代行決定をなすにあたっては、本人の権利や行動の自由を制限する程度がより少なくてすむような選択肢が他にないかが考

慮されなければならない」として、「必要最小限の介入の原則」を定めています（2005年法1条6項）。

4 現行制度における自己決定尊重の規定

(1) 補助の導入

現行の成年後見制度では、後見・保佐・補助の3類型に分けられており、従前の禁治産・準禁治産制度に比べて、本人の能力に合わせて柔軟に制度を利用できるようになっています。「残存能力（現有能力）の活用」という理念の下、本人が自分でできるところは本人が行い、本人の意思が尊重される制度がめざされています。

特に補助類型においては、本人の必要に応じて個別に同意見・代理権を確定するしくみとなっており、現行成年後見制度導入における1つの特徴とされています。

(2) 保佐人・補助人の同意に代わる裁判所の許可

また、保佐人および補助人の同意に代わる裁判所の許可制度が、民法13条3項（保佐）・17条3項（補助）に定められています。この制度は、保佐人や補助人が被保佐人・被補助人のしようとする行為について自分の価値観を押し付けるような不当な同意権不行使をした場合に、家庭裁判所が本人の決定を守りうるようにしたものです。本人と保佐人・補助人との間に価値観等の違いがあるのは当然ですが、保佐人・補助人は、自らの価値観でなく、本人の価値観に基づいて、後見事務を遂行しなければならず、保佐人・補助人が本人の意思の実現に反した事務を行うような場合には、本人の利益が著しく損なわれない限りにおいて、本人の意思が尊重されることを示しているものといえます。

(3) 日常生活に関する行為

民法9条は、「成年被後見人の法律行為は、取り消すことができる。ただし、日用品の購入その他日常生活に関する行為については、この限りでない」と定めています。この「ただし書」の規定も、成年後見人による本人へ

の過度の干渉を避け、簡単な行為についてはなるべく本人の意思に任せるようにしているもので、ノーマライゼーションと自己決定の尊重が具体化されているものといえます。

(4) 任意後見制度

　法定後見制度とは別に設けられている任意後見制度も、自己決定を尊重・実現するためのものです。判断能力が十分あるうちに自分の将来のことを考えて任意後見人になる人や依頼する内容を自分で契約により決めておくことができるようにし、より本人の意思を反映させることが可能なようになっています。

5　保護との調和

　成年後見制度は保護を強調する旧制度から、「ノーマライゼーション」「自己決定の尊重」「残存能力（現有能力）の活用」という新しい理念を掲げたものに変化しています。

　しかし、成年後見制度において、本人の意思を尊重するだけでは、その人らしい尊厳ある生活を送れなくなることや、生命に危険が生じるおそれがあり、本人への意思決定支援を行いながらも、安全のために成年後見人等が本人の「保護」を優先しなければならないこともあるでしょう。

　どこまで「自己決定の尊重」をし、どこからは「保護」を優先すべきかという判断は、成年後見人等が直面する大きな課題です。

　　　　　　　　　　　　　　　　　　　　　　　　　　（池田　惠利子）

〈参考文献〉
上山泰『専門職後見人と身上監護〔第2版〕』
池田惠利子＝公益社団法人あい権利擁護支援ネット編『エピソードで学ぶ成年後見人』

第1部 総論

Q4 アドヴォカシー

アドヴォカシーとは何ですか。

解説

1 アドヴォカシーとは

アドヴォカシー（advocacy）は、英和辞書（たとえば、竹林滋ほか編『新英和中辞典』）によると「弁護、支持、鼓吹、唱道主唱者［代弁者］の仕事［職］」とされています。一方、社会福祉用語辞典（社会福祉辞典編集委員会編『社会福祉辞典』）では、「利用者本人が自らの意思を表明するよう支援すること。表明された意思の実現を権利として擁護していく活動」とされています。もともとはラテン語の「voco＝声を上げる」に由来するもので、その人を支持しサポートし味方となって話す（声を上げる）ことを意味しています。

アドヴォカシーの概念の起源は、キリスト教神学上のパラクレートス（傍らにいる者、助け主）にみられます。

アドヴォカシーは、自らの主張は自らすることが前提とされている欧米社会において、神と法の下に平等である「個人」が弱い立場にあるときに、虐げられたままになることを防ぐことを目的として発展したものと考えられています。

1969年に、全米ソーシャルワーカー協会が、クライエントの利益を擁護するものとして、アドヴォカシーをソーシャルワークの機能に位置づけました。1970年代には、自立生活運動において、障がい者自身の権利を擁護して代弁する活動（セルフアドヴォカシー）として注目されてきました。

2 権利擁護とアドヴォカシー

「権利擁護」という言葉はアドヴォカシーを翻訳したものです。具体的に

は、支援者が、自らの権利や生活上のニーズを主張することが困難な高齢者や障がい者などに寄り添い、制度の利用や、事業者とのやりとりなどにおいて、本人の意思を表明できるように支援し、また、表明された意思が実現されることを本人の権利として擁護していくこと、といえます。たとえば、虐待によりパワーレスの状態になってしまい自分の権利が侵害されていることに気づいていない人などについて、その人の権利を明らかにし、その人の力を高め（エンパワメント）、また、関係機関に働きかけてその人自身が主体的に今後の生活を送れるように支援することなどがその例です。

　介護保険制度導入により始まった福祉・介護サービスの契約化は、それまでの行政による措置と比べて本人の権利性を明確にするものであり、サービス選択の自由を確保するものとなりました。一方で、判断能力の不十分な人など、自らの権利や生活のニーズを主張することが困難な人にとっては、それだけでは使いやすいとはいえないものでした。

　このような中で、アドヴォカシーは、本人と向き合ってその人の権利主張を受け止め、本人を支援・代弁する活動として、社会的存在である個人を支えるために重要な役割を担うことになるのです。

3　主体は本人

(1) さまざまな場面におけるアドヴォカシー

　ノーマライゼーションの理念を実現するには、まず当事者が主体的に考えることが必要です。介護保険制度が導入されてからは、支援者であるソーシャルワーカーの役割も、従前とは変わってきました。これまで施設などにおいて障がい者自らが「声」として主張することが難しい状況がありましたが、ソーシャルワーカーがかかわり、本人をエンパワーしていくことによって、本人が、権利主体として、自ら声を上げるようになってきています。支援者のかかわりによって可能となる当事者によるセルフアドヴォカシーは、権利擁護活動において最も重要なものといえます。

　また、アドヴォカシーの中には、弁護士等の法律専門家が、本人の権利救

済を目的に、法的手続を行うリーガルアドヴォカシーもあります。法律上の専門知識や技術を駆使して、主に非日常的・事件的な権利侵害への対応を行い、不当に権利を侵害されている人の権利救済を行うものです。

(2) 成年後見におけるアドヴォカシー

成年後見制度において、判断能力が不十分であるがゆえに自らの意思を表明することが困難な人について、本人の利益を擁護し本人の権利を実現することも、アドヴォカシーに含まれます。

注意すべきは、権利擁護者（アドヴォケーター）であるためには、成年後見等の活動の根底に、成年後見制度の理念が掲げる「自己決定の尊重」がなければならないということです。意思決定支援もその延長線上にあることで、本来的には社会福祉関係者にとって目新しいことではないはずです。

そのことを前提として、成年後見人等は、本人が権利実現や権利行使に困難を抱えている場合、権利擁護者（アドヴォケーター）として、その人らしい生活や人生を支えるために、財産管理や身上監護に関する事務を行うことになります。

なお、本人の意思に基づく判断が大きな危険を伴うものであったり本人の尊厳を損なうようなものである場合は、本人への意思決定支援をていねいに行いつつも、本人保護のために本人意思とは異なる決定をしなくてはならない場合も出てくることは現実としてありうることです（Ｑ６参照）。

（池田　惠利子）

〈参考文献〉
谷川ひとみ＝池田惠利子『ケアマネジャーのための権利擁護実践ガイド』
木原活信「ソーシャルワークにおけるアドボカシー概念の起源と原型――パラクレートスの思想をめぐって――」キリスト教社会福祉学研究34号33頁以下
北野誠一「アドボカシー（権利擁護）の概念とその展開」河野正輝ほか編『講座　障害をもつ人の人権③福祉サービスと自立支援』

Q5 本人の保護

成年後見制度では、本人保護のためにどのようなことを行うべきでしょうか。

解説

1 成年後見制度における本人保護

成年後見制度は、認知症、知的障害、精神障害等の理由により、判断能力が不十分な人を、成年後見人等が財産管理や身上監護を通じて保護し、支援していく制度です。

何らかの精神上の障がいによって判断能力の不十分な人は、不動産や預貯金などの自己の所有する財産を管理したり、身の回りの事務のために介護などのサービス利用や施設への入所に関する契約を自分で結んだり、あるいは遺産分割の協議をしたりする必要があっても自分でその協議に加わり自己の意思を表明することなどが難しい場合があります。また、自分にとっては全く不必要な契約であったり、不利益な契約であるにもかかわらず、よくわからない状態で契約を結んでしまうおそれもあります。このような判断能力の不十分な人を保護し、支援するのが成年後見制度です。

2 成年後見制度における本人保護の手段

では、成年後見制度における本人保護の手段としてはどのようなものが法定されているのでしょうか。次に列挙してみます。

① 財産管理事務（民法858条、任意後見法2条）
② 身上監護事務（民法858条・876条の5第1項、任意後見法2条）
③ 法律行為の代理権（民法859条1項・876条の4・876条の9、任意後見法2条）

④ 本人の法律行為への同意権・取消権（民法9条・13条1項・2項・17条）

以上が成年後見制度における本人保護の手段として民法および任意後見契約に関する法律に規定されている主なものですが、成年後見人等はこれらの権限を本人のために行使し、本人保護を図っていくことになります。

なお、上記①～④のほかにも、本人と成年後見人等に利益相反関係が生じた場合の特別代理人（民法860条・826条）・臨時保佐人（同法876条の2第3項）・臨時補助人の選任（同法876条の7第3項）や、成年後見監督人（同法849条）・保佐監督人（同法876条の3）・補助監督人（同法876条の8）・任意後見監督人（任意後見法4条）の選任による成年後見人等の監督、家庭裁判所における成年後見人等に対する監督も、成年後見人等の不正行為や権限濫用行為から本人を保護しようとする機能の1つです。成年後見人等は大きな権限をもつ反面、その濫用の危険も常にあるからです。

また、成年後見人等が本人の居住用不動産（居住の用に供する建物またはその敷地）の処分（売却、賃貸、賃貸借の解除、抵当権の設定その他これらに準ずる処分）をする場合には、本人の身上面に与える影響の重大さに鑑み、家庭裁判所の許可を得なければならないとされ（民法859条の3）、成年後見人等の権限に一定の制限が加えられたことも、本人の身上面の保護の観点からの規定であるとされています。

つまり、成年後見制度においては、本人保護の手段として成年後見人等に付与した権限が大きなものであるため、それを監督し、かつ、一定の制限をかけるためにも、本人保護の規定がおかれているといえます。

3　成年後見人等の本人保護

では、どのような場面において、成年後見人等によって本人保護がなされるのでしょうか。その典型例を何例か示してみましょう。

本人が悪質業者に乗せられてしまい、消費者被害にあっているケースにおいては、成年後見人等が取消権を行使し、かつ損害を回復していく役目を負

うことになりますし、本人が自宅での生活が困難な状況になっている場合には、成年後見人等が施設を選定し、施設入所契約を行うことにもなります。また、本人が親族から虐待を受けているケースで成年後見人等に就任した場合には、その虐待を排除していく方策をとることにもなります。本人が損害を被る可能性がある場合においては、成年後見人等がその予防策を講じておくことも、本人保護の一環といえましょう。

さらに、本人の身上面に関する利益の主張を補助し、または本人の身上面に関する利益を代弁するいわゆる「アドヴォカシー活動」や、本人を定期的に訪問し本人の生活や健康状態などを把握するいわゆる「見守り活動」も、一定の法律行為から派生する行為であると捉えられますが、身上配慮義務の一環であり、極めて重要な活動であると現在では認識されています。これらの活動はすべて本人の権利擁護のために行われるものであり、本人保護に接続していきます。

4　自己決定の尊重と本人保護

しかし、成年後見制度の活用を本人保護に重心を置きすぎると、特に成年後見人等の取消権の行使については、——経済的被害の救済が大切なことはいうまでもありませんが——取消権の過剰な行使により、本人が自信を喪失したり、あるいは生きる意欲を喪失してしまったりして、本人の生活をマイナスの方向に向けさせてしまうおそれもあります。つまり、成年後見人等に付与された権限が大きいがゆえに、その行使には適切なバランス感覚が求められるのです。成年後見人等はこのことを認識しておく必要があります。

（松井　秀樹）

第1部　総　論

Q6　後見業務が本人の意思と対立した場合

　被保佐人のAさんが100万円の毛皮のコートを買いたいと言っています。保佐人には、50万円以上の取引についての同意権が付与されており、Aさんからは同意を求められています。私は、Aさんはすでにコートは何着か持っていますし、買うならもっと安いコートでよいと考えています。毛皮のコートは買わないものとして問題ないでしょうか。

【解　説】

1　基本的理念の確認

　成年後見制度の理念の1つに「自己決定の尊重」が掲げられ、また、民法858条に成年後見人は本人の意思を尊重しなければならないとされています。また、成年後見人等が行う決定については、それが「本人の最善の利益」といえるのかを確認することが求められます。

　障害者権利条約は、すべての人が法律の前に平等であることを宣言し、判断能力の不十分な者に対する意思決定支援を求めています。イギリスの2005年意思能力法の原則（Q3参照）にもありますが、成年後見人等は、本人が認知症で判断能力が不十分であったとしても、自分のことを決める権利をもっているのは本人自身であると、常に意識する必要があります。そして、本人が自分で決めることができるように環境を整備すること（たとえば情報を本人が理解できるように提供する）などによって支援することが求められます。本人が何を望んでいるのか、どのようなことが最も本人の利益になるのかを考え、その実現の可否を検討することになります。

　その際、本人が表出した意明や希望については、それを実現することに少し不安があったとしても、本来、本人の人生と生活であることやそのことにより本人が変化・成長していく可能性がある場合も考え、力を伸ばしていく

機会として、自己決定を尊重する姿勢を持つことが大切でしょう。イギリスの意思能力法の5原則（Q3参照）を参考にしてください。

2　一般的な支援の方策の検討事項

　自己決定の権利は、自傷他害行為や公共の福祉や法に反しない限り尊重されます。判断能力の不十分な人であっても、それは同じように尊重されるべきです。ただし、成年後見制度を利用している成年被後見人等には、判断力が不十分で本人のみでは適切な判断が困難であると家庭裁判所に判断された結果として、成年後見人等が選任されていることから、本人は法律行為について一定の制限がなされることになります。

　成年後見人等は、権利擁護のかかわりとして、本人意思を引き出し、その実現を法的に助けることが役割ですが、一方では、本人の意思に沿うだけでは本人の生命や生活を守れないこともあります。成年後見制度の理念を踏まえ、本人の「自己決定の尊重」や「ノーマライゼーション」等の実現と「保護」のバランスとを考え、本人の安全を図り、公共の福祉へ抵触しないように注意を払いながら、本人にとって「最善の利益」とは何なのかを考え、時には本人の意思に反する決断をすることが求められることさえもあるのです。

　一般的に、具体的な支援を行う第1段階として、支援の方針を考えプラン（plan）を検討する必要があります。

　後見実務では、まず、本人意思の確認と意思決定への支援をします。

　次に、その実現に向けて、本人の①体力・健康医療面、認知などの判断能力の面、②居住問題など環境面、③社会資源、社会サービス等の協力支援関係の体制整備、④経済面等にどのような影響があるかを関係者等から情報を集める等により確認して、メリット・デメリットを考え、検討し「最善の利益」としての方針を策定します。なお、この方針策定の作業については、本人意思がどうしても把握できない場合にも、「最善の利益」を探るために行います。

　この際、成年被後見人等1人では生命までも失う危険を伴う決定をするこ

とも十分にあり得ます。これは、先を見通した判断をすることが困難であることもあるためです。成年後見人等の職務は本人意思を尊重して行わなければならないとはいえ、本人の生命・身体の安全は最も優先されるべき事柄です。これを確保するために、支援者等から集めた情報、意見、専門的見立てから、本人の危機回避のために、本人の意思とは異なる判断をせざるを得ない場合もあるのです。

第2段階では、このような情報収集等をして検討した結果として選択・決定した法律行為（財産管理・身上監護の事務）をします（Doの段階）。

第3段階として、その法律行為等の履行状況と本人の状況を確認し（Seeの段階）、その法律行為の妥当性を検証（Checkの段階）します。その結果、場合によっては見直しを行い、契約等を変更したり、苦情申立てをしたりすることもあるでしょう。

3　100万円の価値と毛皮のコートの意味を考える

ご質問のケースでは、100万円の毛皮のコートを購入することが問題となっています。

保佐人等としては、「自己決定の尊重」をして購入するか、本人にとっての「最善の利益」ではないと判断して購入しないこととするか、を判断しなくてはなりません。

コートそのものは、本人の生命に危険を与えるものではありません。しかし、100万円する毛皮が本人にとってどのような価値をもつものであるのか、また毛皮を購入することにより本人の生活にどのような影響があるのかを、考える必要があります。

まず、Aさんの経済状況について考えてみましょう。たとえば、Aさんの所有する預貯金が120万円だとします。この場合は、100万円の買い物をすると、資産の半分以上を使ってしまうことになり、ただちにAさんの経済状況に大きな影響を与えるといえます。今後、医療面などでの出費もあると考えると、120万円の預貯金はぎりぎりの資産状況であると考えられます。

さらに少額の預貯金しかない場合は、日々の生活にまで大きな影響を与えるかもしれず、「自己決定の尊重」として、将来の状況まで含めて考える能力が低下している可能性の高いAさんの判断に任せては、今後の尊厳ある生活を維持することが難しくなり、場合によっては生命の維持さえ危なくなることも考えられます。したがって、このような場合に購入するという決断をすることは、本人保護の点から避けるべきで、できるだけ本人が納得して自分の意思でとりやめることができるような支援が必要といえるでしょう。しかし、Aさんの資産が潤沢にある場合は、状況は変わってきます。100万円という支出が本人の生活に大きな影響を与えるものでなければ、経済状況の点からはコートを購入することは十分に考えられるでしょう。本人がとても裕福な場合とそうでない場合とでは日常的に支出する金銭感覚が違うこともあり得ます。

　また、Aさんはどうしてこの100万円の毛皮のコートを欲しいのか、その理由を考えることも必要でしょう。Aさんにとって「このコート」のもつ意味はどのようなものなのでしょうか。Aさんの趣味がコートの収集で、たとえば黒い毛皮のコートがほしいために以前から少しずつ貯金して、やっと100万円が貯まり買えるようになったのかもしれません。こうした事情がある場合には、少し高額でも、Aさんにとって楽しみであり、生きる喜びであることを重く受け止め、購入を前向きに検討すべきかもしれません。

4　他者の人生であることの畏敬

　自己決定権は、他人の権利を侵害しない限り尊重されるのであり、また、成年被後見人等の生命に危険を及ぼさない範囲、人生や生命に甚大な悪影響を及ぼさない範囲であれば、制限されることはないことを、重々認識すべきです。そのうえで、慎重に「本人の意思の尊重」と「本人の保護」とのバランスをとり、後見実務を行うことになります。

　成年後見人等は本人の権利擁護者として、本人への意思決定支援を行い、本人の自己決定を法的に支援する立場です。もし本人に代わって決定せざる

を得ないときは、成年後見人等の価値観や金銭感覚でもって、人生の主人公として尊厳ある存在であるべき本人の生きる喜びを否定し、支配してしまうことがないよう注意が必要です。他者の人生であることに畏敬の念を常にもつべきでしょう。

　成年後見制度は本人のための権利擁護の制度であるべきで「意思決定支援」とは、エンパワメントやアドヴォカシーそのものであるのです。

(池田　惠利子)

〈参考文献〉
社団法人日本社会福祉士会編『権利擁護と成年後見実践〔第2版〕』
上山泰『専門職後見人と身上監護〔第2版〕』
池田惠利子＝公益社団法人あい権利擁護支援ネット編『エピソードで学ぶ成年後見人』

> **column　成年後見制度における用語**
>
> ◇成年後見
>
> 　民法は、年令20歳をもって成年とします（民法4条）。法律用語では「成人」とはいわず、「成年者」といいます。成年に達しない者が未成年者であり、未成年者の後見については「未成年後見」といいます。
>
> 　したがって、成年後見制度における支援者をすべて成年後見人と呼んでもよさそうですが、民法では、後見開始の審判を受けた者に付される者を成年後見人としているので（民法8条）、後見類型の支援者のみが成年後見人と呼ばれることになります。そして、単に「後見人」というと、未成年後見人と成年後見人とをあわせた表現になります（同法10条）。つまり、補助人・保佐人は成年後見人とはいわないのです。非常にわかりにくいのですが、民法が3類型主義をとっていることからくるわかりにくさというべきでしょう。

◇後見と成年後見との区別

　また、後見と成年後見という用語の区別についても、民法は一律ではありません。未成年後見との区別をきちんとしておかないと混乱するような場合には、「成年後見人」、「成年被後見人」と表現していますが（民法8条）、区別しなくとも明らかと思われる場面では、単に「後見」といっています。民法8条は、成年被後見人という用語を使用していないながら、「後見開始の審判」といい、「成年後見開始の審判」とはしていないのです。

◇監督人

　「後見監督人」という用語があります。これは、未成年後見監督人と成年後見監督人をあわせた用語です（民法10条）。保佐監督人、補助監督人は成年後見監督人には含まれません。総称するときは、「成年後見監督人等」といいます。このとき、任意後見監督人は、この範囲からは、外れています。

　しかし、成年後見監督人、保佐監督人、補助監督人に対する家庭裁判所の監督については、一般に後見監督といっています（立法担当者の解説書である、小林昭彦ほか『新成年後見制度の解説』309頁、最高裁判所事務総局家庭局監修『改正成年後見制度関係執務資料』162頁、実践成年後見30号「〈特集〉後見監督」参照）。このあたりは、厳密に使い分けなくとも、趣旨がわかればよいということでしょう。

◇「要綱試案」における整理

　ちなみに、成年後見制度の改正に関する要綱試案では、以下のように使用されていました（要綱試案は、小林昭彦＝原司『平成11年民法一部改正法等の解説』7頁以下に掲載されています）。

・補助、保佐および後見の開始決定を総称して「成年後見開始決定」という。

・補助人、保佐人および後見人を総称して「成年後見人」という。

- 補助監督人、保佐監督人、後見監督人を総称して成年後見監督人という。
- 補助、保佐および後見を総称して「法定後見」という。

　このように整理されると非常にわかりやすいのですが、しかし、そうすると今度は後見類型と他の類型との区別がわかりにくくなるので、前述のような用語でいくしかないということなのでしょう。

◇**事理弁識能力**

　ついでながら、事理弁識能力という用語にも触れてみましょう（民法7条ほか）。これは、判断能力の法令用語による表現とされています（小林＝原・前掲書62頁）。他方、「意思能力」とは、法律行為の結果を判断することができる精神的能力をいうのですが、民法上では使用されていません。法律学の世界で使用されている用語です。この意思能力と成年後見制度でいう事理弁識能力とは違うのか同じなのかという議論があります。意思能力の有無は、個別の法律行為ごとに判断されます。これは、必要とされる能力が法律行為によって違うからです。したがって、同じ人について、日用品を買う意思能力はあっても、連帯保証をする意思能力はないということが起こります。これに対して、事理弁識能力では、個別の法律行為ごとに判断するのではなく、経済合理性に従った意思決定をするに足りる能力とされています。もっとも、違いはないとする学説もあり、理解は容易ではありません。

（赤沼　康弘）

Q7 残存能力の活用

残存能力の活用とはどのようなことでしょうか。

解説

1 本来ある意思と力を認める

　残存能力（最近では「現有能力」ともいわれています）の活用は、自己決定の尊重、ノーマライゼーションとともに掲げられている成年後見制度の理念の一つです。

　本来、人には、「うれしい」「気持ちいい」「いやだ」「嫌い」等の感情と結びついて、個人意思が形成されると考えられます。しかし、そうして形成された意思の表示は、近代社会で求められる合理的判断能力に基づくものとして法的効果を生じさせる場合ばかりではありません。その表示された意思のもととなる判断能力が不十分な場合があるからです。

　しかし、そのような場合であっても、能力は「All or Nothing」ではありません。成年被後見人であったとしても、意思決定能力が完全に失われていることはごく稀だと考えられます。成年後見人等としては、不十分ながらも本人が有している能力を最大限に引き出し支援するということを通して、本人が自分らしい人生を歩むことのできるよう、成年被後見人の「自律」を意識して支援することが重要です。「自律」とは、自分で自分のことをすべて行い他者や社会に依存しないという意味（これを「自立」といいます）ではなく、他者の支配を受けない「個」であることです。成年後見人等の最も重要な役割は、本来ある本人意思の実現を支援することにあるのです。

2 エンパワメント

　「残存能力の活用」は、もともとはリハビリテーション医学における「残

29

された能力を活用していこう」という治療方針に由来しています。そこでは、病気やけがなどによって失った心身機能に対して、残された機能に焦点をあて、その能力を積極的に活用して自立を支援していくアプローチがとられています。

　成年後見人等は成年被後見人等の「できる」部分を見極め尊重しつつ、「できない」部分については、何が最も本人の利益となるのかを考え、本人に代わって法律行為を行うことになります。しかし、その際、本人には「できる」部分がある可能性を忘れてはなりなせん。成年後見人等は、その「できる」部分、つまり残存能力に焦点をあてて、それを最大限活用しながら、本人が主体的に生活できるようにサポートしていくことが重要な役割です。たとえば、意思決定支援をするということがこれに当たるでしょう。このような活動が、人間としてもともともっている本人の生きる力や尊厳を高め、自律につながると考えられます。

　つまり、成年被後見人等が自らの力で「どうしたいか」を決められるように、周辺環境を整備し、必要な情報を提供して、本人が自分で選択できるようにその力を高め引き出すこと（エンパワメント）だといえます。

3　可能性への信頼

　成年後見制度の理念の1つに「残存能力の活用」が掲げられていることにより、成年後見人等は「成年被後見人等をどういう人として見ているのか」ということを問いかけられることになります。

　これまで数多くの障がい者が、「何もわからない人」「何も決められない人」として、必要な情報も提供されず生活や人生のすべてを他者に決められてきた歴史があります。

　成年後見人等がついたのだから「何も決められない人」として見て扱うのか、本人と向き合い注意深く見て、本人のできる部分を見つけ、信じ、伸ばし、活用し、自らのことを決められるように支援するのか。成年後見人等の姿勢が問われます（ちなみにソーシャルワーカーの価値観の中心に据えられてい

るのが、この「人間の可能性への信頼」です）。

　「残存能力の活用」という理念を抜きにして「自己決定（本人意思）の尊重」はあり得ず、またノーマライゼーションの実現が可能にならないことはいうまでもありません。

（池田　惠利子）

Q8 本人の最善の利益

「本人の最善の利益」は、成年後見制度においてどのような形で現れているでしょうか。

解 説

1 ベスト・インタレスト

　成年後見制度においては、「自己決定の尊重」「残存能力の活用」「ノーマライゼーション」という新しい理念が導入されました。これら三つの理念と本人の「保護」の調和を図るような後見事務を行っていくことが成年後見人等に課せられた課題となります。

　一方、「本人の最善の利益」（Best Interests）とは、現在においても未来においても、個別な状態にある「本人」にとって最もよい結果となることを選択すること、本人の利益を最優先することです。

　この「最善の利益」を成年後見人等が考えるとき、従来は「保護」を優先し、客観的に「最善」と考えられることを決定することが求められてきました。しかし、そのような状況下では、往々にして、「本人のため」としながらも家族や支援者等関係者の意見や都合等が優先されてきたのではないか、という疑問もあります。障害者権利条約では障がい者に対する平等な権利の確保が強調されていますが、この背景には、これまで「最善の利益」といいながら、その主体であるべき本人の意思や意見・意向等が安易に軽視・無視されてきたという歴史があります。本人のことであるにもかかわらず、本人の意思の確認や意思決定への支援は十分でなかったきらいがあるのです。

　そのため、現在、このような客観的な「最善の利益」重視から、あらためて、高齢や障がいを理由として判断能力が不十分な状態にある人であっても、本人を人権の主体と据えての「意思決定支援」を伴う主観的な「最善の利

益」を重視する姿勢への転換が試みられています。

　この新しい理念は、高齢や障がいを理由として判断能力が不十分な状態にある人であっても、本人が人生の主体として自分の人生を生きることができるように、成年後見人等が援助者としてかかわることをめざして導入されたものといえます。

　「本人の最善の利益」は、成年後見人等が、「自己決定の尊重」として本人の意思をできる限り尊重し、「残存能力の活用」により本人のできることは自分で行え、決めることができるように支援し、その権利を実現することにより達成されます。英国の意思能力法の第4原則に「意思決定能力がない（と法的に判断された）本人に代わって行為をなし、あるいは、代行決定するにあたっては、本人のベスト・インタレストに適うように行わなければならない」と規定されています（「ベスト・インタレストの原則」）。

2　身上配慮義務との関係

　上記のとおり、成年後見人等は、本人の主体性を重んじ、「自己決定の尊重」「残存能力の活用」「ノーマライゼーション」という3つの理念の実現を図るべく後見事務を行うことになります。

　しかし、その中では、本人意思に反しても「保護」的に介入し、「本人の最善の利益」を成年後見人等として判断すべき場合もあるでしょう。その際、成年後見人等の行為は、不足しても過剰であっても、人の権利・利益を侵害する可能性があることを忘れてはなりません。それゆえに、民法858条において、「成年後見人は、成年被後見人の生活、療養看護及び財産の管理に関する事務を行うに当たっては、成年被後見人の意思を尊重し、かつ、その心身の状態及び生活の状況に配慮しなければならない」と身上配慮義務が規定され、その義務を果たすことが成年後見人等に求められていると考えられます。この民法858条によって、新しい成年後見制度においては、成年後見人等の義務として、従来の「善管注意義務」の具体的な内容として、「本人の意思尊重義務」と「身上配慮義務」が明らかにされたものといえます。

たとえば、本人が「自宅で生活をしたい」と言ったとしましょう。自己決定の尊重、残存能力の活用、ノーマライゼーションの理念から考えると、在宅生活の維持は、めざすべき支援の目標としては妥当だと考えられます。そして、本人の自己決定に基づいた判断とそのための方法が、本人の生命や健康の維持に危険を及ぼすものではなく、他人を傷つけたり他人の権利を侵すものではなく、公共の福祉や公序良俗に反することでなければ、成年後見人等として支援すべき方向です。

成年後見人等としては、本当にその判断・方法が、生命に危険を及ぼすなどの問題がないかを検討し、確認することで、「本人にとっての最善の利益」であるかどうかを探ることになるでしょう。

また、「成年後見人がつくような人は、在宅生活はもともと無理」と、成年後見人等のみの知識・経験に基づく価値観を押し付けるだけであるならば、成年後見人等が1人の人間の生活と人生を支配し、人権侵害行為となる可能性があることに注意すべきです。

3 「本人の最善の利益」を探り、実行する道筋

それでは、「本人の最善の利益」を追求し実行するには、具体的にどのような行動をとるべきでしょうか。以下では、3つの段階に分けて順に説明していきます。

第1段階として、後見事務を行う前に、「本人の最善の利益」とは何かを検討しなければなりません。そのためには、まず、本人自身が意思や判断を表明できるように支援することで、その人の人生観に裏打ちされた意向・希望・感情を確認します。そして、その実現性に関して生命に危険がある等疑義がある場合や本人意思がどうしても確認できない場合には、以下にあげた点等について、本人の心身などの状況、メリット・デメリット等の情報を関係者から収集・把握して、「本人の最善の利益」を実現するための方針を策定することになります。

① 体力・健康・医療などの身体的な状況、認知などの判断能力の状況

② 住居など本人を取り巻く環境の状況
③ 社会資源、社会サービス等の利用の可能性、協力支援関係の体制整備など社会的な状況
④ 費用等の経済的な状況

　成年後見人等は、本人が生命を失う危険や生活困難となる将来的な可能性について、判断することが求められます。そして、その危険性がある場合は、支援者等から集めた情報や意見等とともに、専門的観点から検討した結果として、危機回避のために、本人の意思・希望とは異なる判断をせざるを得ない場合もあるのが現実です。ここで注意しなくてはならないのが、「本人の」最善の利益といったとき、人によって、何を大切にし重きを置くのか、何を幸せと感じるのかは異なるということです。また、「何にお金を使うか」は、往々にして「何を幸せと感じるのか」に繋がることも多く、人によって価値の置き方は異なります。さらに、育った環境や現在の状況等によって金銭感覚も違います。成年後見人等は、個人による違いを知り、違うことが当然であることを意識する中で、自分が他者の人生についての決定権をもっていることについて、畏敬の念をもって実務にあたるべきといえます。

　第2段階では、このように収集した情報等に基づいて把握した「本人の最善の利益」を具現化するために、後見事務として適切な法律行為を選択し、行います。

　そして、第3段階として、「本人の最善の利益」を実現するために行った法律行為の履行状況を確認し、その妥当性をチェックします。そのためには、本人の心身の状況等を確認する必要があることから、法律行為に伴う事実行為として最低限の見守りが必要となると考えられます。そして、本人の状態に照らして、その法律行為に基づく履行状況が「妥当ではない」と考えられれば、見直しを行い、契約の変更や解除等を実行することになります。

　成年後見人等は、成年被後見人等「本人」にとっての「最善の利益」を、意思決定支援を通じて確認し、その法的実現の援助をする「人」なのです。

（池田　惠利子）

第1部　総　論

Q9　成年後見制度と禁治産・準禁治産制度との違い

成年後見制度は、かつては「禁治産」・「準禁治産」という制度だったと聞きました。これらは、どのような制度だったのでしょうか。今日の成年後見制度とは、どのような点で異なるのでしょうか。

──────────────────────────────

[解　説]

1　禁治産・準禁治産制度との比較をすることの意味

　判断能力を喪失し、または減退した者に関するかつての保護制度が、民法により定められた「禁治産・準禁治産制度」でした。「禁治産制度」は現行制度の後見に、「準禁治産制度」は保佐に相当するものですが、この制度と現行の法定後見制度とを比較してみると、現行制度の新たな理念や成年後見人等の職務の指針が明確になります。

2　禁治産・準禁治産制度の趣旨と内容

　この制度においては、心神喪失者（判断能力喪失者）を「禁治産者」、心神耗弱者（判断能力が著しく減退した者）を「準禁治産者」とし、その法律行為は常に取り消しうるものとして保護することとしました（我妻栄『新訂民法総則（民法講義1）』61頁）。禁治産者・準禁治産者の法律行為は取り消し得るものとなることから、これらの者は「行為無能力者」といわれました。

　この制度の趣旨について、「無能力者制度は、精神能力の不完全な者の財産を保護し、みだりに喪失しないようにしようとする制度である」とされ、「精神能力の不完全な無産者が、みずからの生活資料を獲得するために法律行為をなすに当たっては、ほとんど実益のないものである」と説明されました（我妻・前掲書67頁）。禁治産・準禁治産という名称自体からも財産の保護制度であることが示されているのですが、さらに民法旧11条は、判断能力減

退者だけでなく、浪費者をも準禁治産者としており、ここにも家産を保護しようというこの制度の趣旨が現れていました。

また、成年者の後見も未成年者後見と類似するとの観点から、未成年後見の規定を準用する規定が多く、家族による保護という性格が強く示されていました。本人の配偶者が、当然に禁治産の後見人、準禁治産の保佐人になるとされていた（民法旧840条・847条1項）のも、その現れでした。後見人の数は1人とされ、法人は後見人等になることはできず、準禁治産の保佐人には代理権はありませんでした。

さらに、禁治産・準禁治産宣告がなされると戸籍にその旨の記載がされたため（戸籍法旧81条・85条、戸籍法施行規則旧35条5号）、制度に対するマイナスイメージが強く、運用も硬直的で、利用件数は極めて少なかったのです。

3　改正後の制度の理念

現行成年後見制度は、福祉サービスの利用システムを措置から契約に変えた介護保険制度の施行にあわせて、2000年4月から施行されました。民法の定める法定後見制度と任意後見法により新たに創設された任意後見制度という2つの制度により成り立っています（Q1参照）。

現行の成年後見制度は、精神上の障がいにより判断能力が不十分な者の判断能力を補い、その者の権利や利益を擁護する制度であり、この制度を導入した1999年の民法改正は、本人の意思の尊重、自己決定の尊重、ノーマライゼーションに配慮し、これらの現代的な理念と本人保護の理念との調和を図ることをめざしたものです（小林昭彦＝原司『平成11年民法一部改正法等の解説』3頁）。

ところが、現在でも、民法がかかわるのは、財産を有する者の取引行為であり、介護を要する無産の高齢者や知的障害者に対しては何らかかわらないとする学説が多いようです（内田貴『民法Ⅰ〔第4版〕』119頁、四宮和夫＝能見善久『民法総則』37頁、谷口知平＝石田喜久夫編『新版注釈民法(1)総則(1)通則・人〔改訂版〕』291頁〔鈴木禄弥〕等）。

しかし、財産を有しない者であっても、介護サービスを利用し、医療を受けるには契約を締結する必要があります。生活保護その他の福祉サービスを受けるための申請をするにも、判断能力が必要とされます。それゆえ、判断能力の不十分な者がこれらの行為を行うには、他者の援助が必要となります。新しい成年後見制度が介護保険制度とあわせて施行されたのは、まさにこの機能への期待があったからです。したがって、成年後見制度は、財産を有する者の「財産を保護する制度」から、判断能力を喪失または減退した者を法的に支援し、権利や利益を擁護する制度に変わったというべきでしょう。

4　禁治産・準禁治産制度との違い

法定後見制度は、禁治産に相当する後見、準禁治産に相当する保佐のほかに新たに補助制度を設けて3類型とし、保護の対象を広げました。他方、浪費者を制度の対象から外して、判断能力不十分者のための制度であることを明確にしました。

成年後見制度を利用するには家庭裁判所に対する申立てを必要とする申立主義は維持されましたが、老人福祉法32条、知的障害者福祉法27条の3（現在の28条）、精神保健福祉法51条の11の2により、福祉の必要があるときの市町村長の申立権が創設されました。権利擁護制度としての制度的整備です。

あわせて、成年後見等の開始を戸籍に記載することは廃止され、成年後見登記制度が創設されました。

複数の成年後見人等、法人の成年後見人等も認められるようになり、配偶者が当然に成年後見人等になるという規定は廃止されました。

成年後見人等の権限については、財産に関する代理権・取消権（同意権）とされる点は変わりませんでしたが、自己決定の尊重およびノーマライゼーションのため、日常生活に関する行為については、取消しの対象としないこととされました（民法9条ただし書・13条1項ただし書）。また、保佐人・補助人に代理権を付与することができるようになりました（同法876条の4・876条の9）。

成年後見人等の職務において重要なことは、本人の意思の尊重および身上に配慮する義務が定められたことです（民法858条。補助・保佐にも準用され、任意後見法6条にも同一の規定が置かれました）。この規定については、民法改正の作業にかかわった法務省担当者から、民法858条は、理念的に成年被後見人の身上への配慮およびその意思の尊重が事務処理の指導原理であることを明示するものであり、成年後見人の職務の指針であると説明されています（小林＝原・前掲書259頁・261頁）。ここにも、成年後見制度が、財産を保護する制度から、広く本人の権利を擁護する制度に変貌したことが示されています。

　　　　　　　　　　　　　　　　　　　　　　　　（赤沼　康弘）

第2部　法定後見

- 第1章　後見等開始に向けた実務（1巻）
- 第2章　後見等開始時の実務（1巻）
- 第3章　後見等開始後の実務（2巻・3巻）
- 第4章　成年後見監督人等の実務（4巻）
- 第5章　終了をめぐる実務（4巻）

第1章　後見等開始に向けた実務

1　成年後見の必要性の判断

Q10　精神上の障害

民法7条などに定められている「精神上の障害」とは、どのようなことでしょうか。精神保健福祉法5条の「精神障害」と同じなのでしょうか。

解説

1　法律上の規定

民法7条は、「精神上の障害により事理を弁識する能力を欠く常況にある者については、家庭裁判所は、本人、配偶者、4親等内の親族、未成年後見人、未成年後見監督人、保佐人、保佐監督人、補助人、補助監督人又は検察官の請求により、後見開始の審判をすることができる」として、後見開始の審判をする場合を定めています。

また、精神保健福祉法5条は、「この法律で『精神障害者』とは、統合失調症、精神作用物質による急性中毒又はその依存症、知的障害、精神病質その他の精神疾患を有する者をいう」と精神障害者の定義を定めています。

2　後見開始の要件（民法7条）の解釈

まず、民法7条の条文についてみていきます。

(1) 事理弁識能力を欠くこと

上記のとおり、後見が開始するためには、「事理を弁識する能力（事理弁識能力）を欠く」ことが必要ですが、この事理弁識能力とは、法律行為の結果を判断するに足りるだけの精神能力のことをいいます。

(2) 精神上の障害によること

後見が開始するためには、(1)の事理弁識能力を「精神上の障害により」欠くことが必要です。この「精神上の障害」には、病気や傷害によるものだけでなく、単に加齢によるものも含むと解されていますが（我妻栄ほか『コンメンタール民法　総則・物権・債権〔第2版追補版〕』74頁）、身体障害によって意思表示を行ううえでの困難がある場合であっても、精神的な判断力には障害がない場合には、この要件には該当しないことになります。

(3) (1)(2)が「常況」であること

「常況」とは、時々普通の精神状態に戻ることがあっても、大体において事理弁識能力を喪失する状態にある者を含む趣旨とされています。

(4) 具体的な事例

前述した(1)および(2)の要件を満たすものとして、後見開始の要件に該当するとされているのは、脳変性疾患（アルツハイマー病型認知症、前頭・側頭型認知症、レビー小体病型認知症等）、脳血管性認知症（脳梗塞、脳出血、脳動脈硬化等）、頭部外傷後認知症、脳腫瘍・てんかんによる障がい、統合失調症、アルコール依存症等の疾患や、精神遅滞等の障がいにより、判断能力が低下している事例等があげられます。

3　家庭裁判所の判定

後見開始の審判の申立てがあった場合には、本人が2で述べた要件に当てはまるか否か、家庭裁判所が判定します。家事事件手続法は「家庭裁判所は、成年被後見人となるべき者の精神の状況につき鑑定をしなければ、後見開始の審判をすることができない。ただし、明らかにその必要がないと認めるときは、この限りでない」と規定しており（119条）、医師等の鑑定を前提に、

家庭裁判所が判定する旨を定めています。

この医師の鑑定事項の例としては、①精神上の障がいの有無、内容および障がいの程度、②自己の財産を管理・処分する能力、③回復の可能性があげられており（最高裁判所事務総局家庭局「成年後見制度における鑑定書作成の手引」12頁）、精神上の障がいがあることに起因して、財産管理能力が低下していることの鑑定が求められています。

成年後見制度は、旧制度（禁治産・準禁治産制度）と異なり、本人の状況に応じた弾力的で利用しやすい制度を提供するために導入された制度であるため、判断能力の不十分な本人を保護するという観点から、その要件も、疾患別というよりは、本人の判断能力によって類型を分類し、幅をもった形で評価できるようにしているものと考えられます。

4　精神保健福祉法5条の解釈

精神保健福祉法における精神障害者の定義規定は1で述べたとおりですが、同法では、精神障害者は疾患という医学的側面から捉えて規定されています。精神疾患に含まれる具体的な病名は、「疾病及び関連保健問題の国際統計分類（ICD）」において詳細に規定されており、この分類の「精神および行動の障害」の章に掲げられているものが精神疾患に該当するといわれています。すなわち、精神保健福祉法5条の規定にある例示のほかに、うつ病等の「気分（感情）障害」、パニック障害等の「神経症性障害、ストレス関連障害及び身体表現性障害」、パーソナリティ障害等の「成人の人格及び行動の障害」、自閉症等の「心理的発達の障害」、多動性障害等の「小児期（児童）及び青年期に通常発症する行動及び情緒の障害」などが含まれます。

このように、精神保健福祉法における精神障害者の定義は非常に広いものであり、民法7条と重なる部分もありますが、必ずしも判断能力の低下を伴うとは限らない、という点では異なるといえます。これは、精神保健福祉法が、精神障害を疾患により分類しているということによる違いであることと考えられます。

（後藤　真紀子）

Q11 認知症

認知症とはどのような症状をいうのでしょうか。高齢によるもの忘れとは異なるのでしょうか。

解説

1 認知症に至る認知機能の変化〈図１〉

人の認知機能は乳幼児期・学童期・思春期と成長とともに発達し、20歳代後半に最大に達するといわれます。成人期には一定のレベルを維持しますが、精神障害など何らかの疾患によって一時的に低下する場合もあります。一方、約140億個あるとされる脳の神経細胞は30歳を過ぎると毎日10万個程度減少し、40歳を超えると10年で海馬の神経細胞が約５％減少するといわれています。実際、中年になると誰でも記憶力の低下を自覚します。若い頃に比べて覚えるのに時間がかかる、話そうとしても一瞬単語が出てこない、顔はわかっているけど名前が出てこないなどです。このような状態を「主観的認知障害（SCI）」といいます。この時点では、特に判断力低下や社会生活上の困難は認められません。しかし、後にアルツハイマー型認知症を発症する場合、病的過程（βアミロイドの多量沈着など）はすでにこの時期に始まっているといわれます。

主観的認知障害が何年も続いた後に、本人はそれほど変わったと思っていなくとも、同じことを何度も言うようになった、などと周囲の者が本人の物忘れが多くなったことに気づく場合があります。最近はそのような状態で受診する人も増えました。この段階を「軽度認知障害（MCI）」といいます。検査をしてみると、客観的な記憶力の低下はありますが、記憶以外の認知機能は正常です。判断力の低下も認められません。日常生活動作（ADL）も正常で、社会生活上問題はないのです。しかし、軽度認知障害は、一般人口と

比較して認知症に移行する比率が高く、認知症の前段階とみなされています。

　以上のように、主観的認知障害、軽度認知障害の時期を経て一部の人が認知症を発症します。しかし、85歳以上の高齢者では約半数が、90歳を超すと7～8割の人が認知症になるので、高齢になれば誰でも発症する可能性はあります。

〈図1〉　生涯を通じた認知機能の変化

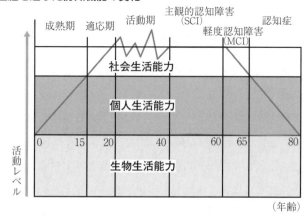

（出典）武田雅俊「診療のパースペクティブ早期診断と早期介入に尽きる」
Medical　ASAHI（2011年8号17頁）

2　認知症とは

　認知症とは、脳の病変によって、記憶を含む複数の認知機能が後天的に低下し、社会生活に支障（生活障害）を来すようになった状態をいいます。

　認知症では脳に病気が起きて神経細胞が異常に抜け落ちていくわけですが、正常老化では病的に脳神経細胞が抜け落ちることはありません。そのために、認知症は、「歳のせい」では起こらないような、ひどい物忘れや判断力の低下など認知機能の低下を起こすのです。

　認知症は精神の障がいですが、健常な高齢者にみられる判断能力の低下は生理的なもので、生活に支障はなく精神の障がいとはいえません。

　なお、認知症が64歳以前に発症した場合は、一括して「若年性認知症」と

呼ばれます。同様に、65歳以上の高齢者に発症する認知症は、従来「老年期認知症」とか「老人性認知症」などと呼ばれていましたが、現在では「晩発性認知症」と呼ばれるようになりました。

認知症の症状としては、中核症状と周辺症状があります。

(1) **中核症状**

中核症状というのは、「それまでできたことができにくくなること」です。中核症状は認知症には必ずある症状ですから、認知症は「できたことができなくなる病」といってもいいでしょう。もちろん誰でも歳をとれば若い時と比べて記憶力も落ちるし、暗算もしづらくなるなど「できたことができにくくなる」ものですが、認知症になれば「できなくなる」ことはその比ではありません。

記憶障害は、当初は健忘症から始まります。ど忘れ、物の名前が出ない、同じことを何度も尋ねる、物をしまい忘れる……などですが、それらの頻度が次第に多くなり生活上の不自由や失敗が多くなって社会生活に支障が出てきます。記憶の中でも、特に近時記憶といわれる数分から数週にわたる最近の記憶が障害されやすく、認知症の進行とともに聞いたことや体験したことなどを忘れるようになります。さらに進行すると、即時記憶（数秒から数分）や古い記憶である遠隔記憶（数カ月から数十年）も忘れるようになります。

記憶ばかりではありません、脳の病気が進行するうちに、今の日時や場所、それに周囲の人や状況などを見当づける能力も低下します。進行すると、トイレの場所がわからなくなる、人の顔がわからなくなるなどの症状が現れます。さらに思考力や理解力や判断力が低下し、遂行機能（実行機能）も障害されて、自立した生活ができなくなっていきます。やがて、無意識にできていたはずの日常生活の動作も次第に難しくなっていきます。

(2) **周辺症状**

認知症に伴う行動異常および心理症状を周辺症状といいますが、認知症に必ずみられるわけでありません。それでも、認知症の全経過中には約80～90％の人に何らかの周辺症状が認められます。最近では「認知症の行動・心

理症状（BPSD：behavioral and psychological symptoms of dementia)」と呼ばれるようになりました。認知症の行動異常として攻撃性、不穏、焦燥性興奮、脱抑制、収集癖、徘徊などがあり、心理症状としては、不安、うつ症状、アパシー（自発性の低下や無気力、無関心）、幻覚、妄想などがあげられます。

BPSDは、脳の障害部位に対応してみられるものや、本人の身体の状態を反映するものなどもありますが、ほとんどは中核症状をめぐって、認知症の人と周囲の状況との関係性の中で発生します。BPSDは認知症を生きるうえで、本人はもちろん介護をする人にとっても大きな困難になります。

3 認知症の原因疾患

認知症をもたらす疾患は多数ありますが、ここでは4大認知症といわれる代表的な疾患について簡単に述べます。

(1) アルツハイマー型認知症

アルツハイマー型認知症は、最も多い認知症で、全体の6～7割程度を占めます。βアミロイドが長年にわたって大量に蓄積した結果、脳の神経細胞が破壊され、脳の機能が損なわれていきます。50～90歳で健忘症から徐々に発症し、10～15年以上かけて徐々に進行します。高齢になるほど発症頻度が高くなります。男性より女性にやや多くみられます。近時記憶障害が顕著であり、見当識障害（時間や居場所がわからない）もみられます。もの忘れに対しては言い訳をして取り繕う傾向があります。初期には運動障害がなく、元気に歩行ができます。中核症状をめぐる周囲の人たちとの関係性の中で、種々のBPSDがみられるようになります。

(2) 脳血管性認知症

脳血管性認知症は、認知症全体の2割程度を占めます。脳梗塞や脳出血が起きると、その部分の神経細胞が破壊され、脳の働きが低下します。発作を繰り返すたびに症状が階段状に悪化します。女性より男性に多くみられます。記憶障害は比較的軽度ですが、感情コントロールがうまくできなくなり感情失禁が見られることもあります。アパシーが見られることもあります。障害

を受けていない部分の脳機能は保たれているため、症状にバラツキがあり、まだら認知症ともいわれます。歩行障害や手足の麻痺、嚥下・構音障害などを合併しやすい特徴があります。

(3) **レビー小体型認知症**

レビー小体型認知症は、認知症全体の1〜2割程度を占めます。レビー小体といわれる物質が沈着して起こる認知症です。女性より男性に多くみられます。最大の特徴は、鮮やかな幻視が繰り返し出現することと、手の震えや緩慢な動作などパーキンソン症状があることです。病状の変動しやすさもありますが、その他にも、夢をみて大声や奇声を出したり動き回ったりすることや、薬の副作用が出やすいこと、転倒・失神が多いなどの特徴があります。記憶障害はアルツハイマー型認知症ほど目立ちません。

(4) **前頭側頭型認知症**

若年性認知症の1つですが、頻度はそれほど多くはありません。脳の前頭葉と側頭葉が委縮して起こる認知症です。物忘れが目立たず、脱抑制や非社会的行動、常同行動（同じ行為をくり返し行うこと）、食行動異常、被影響性の亢進などの精神症状や行動障害が、アルツハイマー型認知症に比べて初期からみられます。これらの多彩な行動障害のために介護負担が大きい認知症です。

（高橋　幸男）

第2部　法定後見

Q12　認知症の人と接する際のポイント

認知症の成年被後見人Aさんは、直前に交わした会話も覚えていないことが多く、怒り出すこともあるため、会話が成り立ちません。何かよい方法はないでしょうか。

【解説】

1　認知症を病む人の基本的な理解（現実と真実）

認知症の人と接しようとすれば、認知症を病んでいる人たちはどのような人たちなのかを知っておく必要があります。認知症を病むということは、高血圧や糖尿病を病むということとはわけが違います。認知症という病に対しては強い偏見があるからです。

介護保険が始まって十数年経ち、認知症に対する情報はあふれ、病に対する理解はおおいに広がったとは思いますが、現実的には認知症に対する誤解と偏見は変わっていません。認知症に対するマイナスイメージはいまだ根強く存在します。認知症は相変わらず「わからなくなる病」「おかしな言動をして人に迷惑をかける病」と思われていて、「悲惨な病」「恥ずかしい病」であり、「なりたくない病」「なってほしくない病」であるため、認知症を生きることは、本人にも家族にも困難が大きいのです。

一方で、実際の認知症の人は、自分の物忘れが尋常でないことはおろか、周囲の状況についても私たちが思っている以上に理解しています。理解力や判断力が低下してはいますが、過去と現在そして未来に記憶がつながりにくい点を除けば、基本的に私たちと変わりはありません。

それどころか、認知症の人たちの多くのつぶやきや手記に書かれた言葉を整理してみると、認知症を病む経過には、ほとんどの事例に共通するマイナスイメージに影響された「心理社会的な特徴（心理社会的病理）」が認められ

ます。この心理社会的特徴を知ることは、認知症の人がどんな気持ちでいるのか、また認知症の人のBPSD（Q11参照）はなぜ起きるのかなどについて理解しやすいので、次にそれについて簡単に述べておきます。

(1) 認知症の経過の心理社会的特徴（心理社会的病理）〈図2〉

認知症を病む経過は、心理社会的病理（以下、「からくり」と呼びます）として以下のように整理することができます。

① 中核症状（記憶障害や見当識障害などそれまでできたことができにくくなること）のために不自由が多くなり小さな失敗が続くと不安やつらさが強まる。

② 中核症状の中でも言葉がスムーズに話せなくなり口数が減ってくるが、周囲からはわからなくなったとみなされて、普段のさりげない会話などの心温かい声がけが激減する。

③ コミュケーション能力が低下するため、つながりを断たれやすく、社会的にも家庭的にも孤立し、孤独で不安でよるべなき状態になりやすく

〈図2〉 認知症の経過（心理社会的病理）

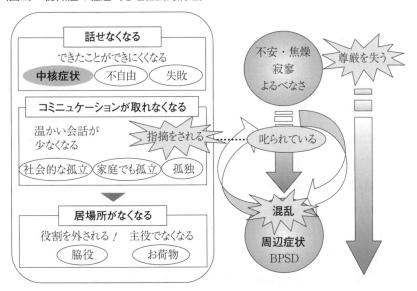

④　公私とも役割を奪われ、わが家にいても居場所をなくしやすくなる。

⑤　周囲の人からは、中核症状を病だと黙って受け止めてもらえず、「また忘れたのか」「違うでしょ」「こうするんでしょ」などと励ましや願望の指摘をされるが、本人は初期からそれを「叱られる」と受け止める（周りは叱っている意識はない）。

⑥　日常的な不安と孤独の中で叱られ続けるというストレスが続き、追い込まれてBPSDにつながりやすい。

⑦　ひとたびBPSDが生じると、なじられること（叱責）で混乱がより強まり、BPSDのさらなる悪化につながる。

⑧　結果的に介護する家族も疲れ果て、うつ状態に陥りやすく、イライラして、認知症の人の虐待につながる場合もある。この状態は、認知症の人の施設（病院）入所（入院）につながりやすくなる。

　この「からくり」は、アルツハイマー型認知症の人たちを中心にみたものですが、認知症の種類を問わず、家族関係の良し悪しを問わず、認知症を病めば誰にも大なり小なり共通してみられる現象です。

　ところで、BPSDは認知症の初期から中期に至る過程で発生しやすいのですが、抑うつ・アパシーはもちろん、興奮や暴力、徘徊、それに被害妄想やもの盗られ妄想、あるいは嫉妬妄想など、また人物誤認妄想や「帰る」などの妄想的言辞の発生機序は、「からくり」を念頭において、認知症の人の性別や性格、それに家族関係のありようを考慮することで了解しやすくなります。発生機序についての理解が深まれば、BPSDへの対処の道が開けるわけです。

(2) 認知症の人への対応の視点

　この「からくり」を念頭において、認知症の人のみならず家族が穏やかに暮らすためには、以下の点に注意することが肝要です。

①　認知症の人は不安で孤独な状態にあることを理解し、周囲の人は話しかけるなどのかかわりを意識的にする。その場合、現在の話よりも昔話

や思い出話（たとえば男性なら自慢話、女性なら苦労話など）がよい。
② 中核症状をできるだけ受け入れる。励ましのつもりでも言い間違いやし損ないに対して批判的な指摘を極力少なくする。
③ 認知症の人にできることをしてもらい、できたことには感謝・称賛する。

これだけで、認知症になっても追い込まれることは少なくなり、BPSDの発生を予防し、あっても軽減させる効果があり、結果的に家族にも安堵感をもたらします。認知症の人とかかわる際に参考になる視点です。

2 認知症の人との出会いと対応

認知症の人とは最初の出会いが大切です。認知症の人は、認知症が相当進んでも周囲の状況はわかっていますし、相手の不遜な態度や馬鹿にした言動には極めて敏感です。

まずは、認知症になってこれまでできたことができなくなったことでの自尊感情の低下や将来に対する不安をもち、地域や家庭で孤独でつらい状態にあることを理解することが大切です。「からくり」を念頭において、認知症の人と周囲の関係がどのような状態にあるのか知ることができれば、認知症の人の不安やつらさを共感でき、認知症の人自身も出会いの場に一緒に居ることに安心感をもつことができます。その際いうまでもなく敬老精神は大事ですし、「長生きすれば誰でもぼける、忘れてもいい。恥ずかしいことではない。自分だって可能性がある」との思いをもって接するほうがよいと思います。

会話の初めは、雑談から入ったほうがよいと思います。認知症の人は「わかっていても」自分から話題を提供することはできません。しかし、聴き取る能力は、認知症が高度になってもかなり保たれています。ですから、私たちのほうから話しかけるのですが、ごく初期の認知症の人の場合を除けば、先刻のことを忘れることが普通ですから、最近の話題よりも古い話のほうがよいのです。その方の趣味や特技や仕事関係について話すのもよいですし、

苦労話とか手柄話などを知っておいてさりげなく話題にするのもよいでしょう。認知症の人の人生史を知っておくことは最低限必要なことです。そういう話題には、ほとんどの認知症の方は表情を崩して乗ってきます。そしてそれが、自分が注目されて大事されているという思いにつながります。

　認知症の人との関係が良好であれば、伝えたいことは、ゆっくり、きちんと話すべきです。その際も、認知症の人が何かを答え、それがちぐはぐであっても、指摘したり正しい答えを求めたりしないほうがよいと思います。認知症の人の言葉にこだわりすぎると、認知症の方は、自分のふがいなさを指摘されたように感じ怒ってしまう場合もあります。とりあえず「ふむ、ふむ、なるほど」などと聞きとめることが大切です。

（高橋　幸男）

Q13 認知症でよく使用する薬

認知症の成年被後見人Aさんは、医師に処方された薬を飲んでいますが、成年後見人である私は、薬の名前を言われても、どのような効果があるのかわかりません。一般に認知症ではどのような薬がよく使用され、それぞれどのような効果があるのでしょうか。また、成年後見人として知っておくべき注意点を教えてください。

解説

1 認知症と薬

認知症の人が服用している薬は、中核症状に効く薬（抗認知症薬）とBPSDを改善する薬（向精神薬など）、それに高血圧など余病の薬もあると思われます。このうち向精神薬については、抗精神病薬や抗不安薬、それに抗うつ薬、睡眠薬、漢方など種類も多く、どの薬が使われるかは、病態や症状によっても、また使う医師によっても差がありますので、一般的にはあげきれません。ここでは抗認知症薬について述べたいと思います。

抗認知症薬といっても、認知症を治す根本治療薬はまだありません。現在用いられている抗認知症薬は、アルツハイマー型認知症（以下、「AD」といいます）に関して中核症状の進行を抑える効果が期待されるもので、症状改善薬です。適応としてはAD以外の認知症に対する症状改善薬はまだありませんが、実際上はレビー小体型認知症や脳血管性認知症にも使われていて、効果がみられることもあります。また、抗認知症薬は、中核症状の進行を遅らせる作用が主ですが、ケースによってはBPSDが改善する場合もあります。

現在、抗認知症薬としては4種類の薬があります。ADの脳で減少しているアセチルコリンという物質の伝達効果を促進する作用をもつ薬が3種類

（アリセプト、レミニール、イクセロンパッチ・リバスタッチ）と、全く作用機序が異なり神経細胞保護作用や記憶・学習障害抑制効果をもつ薬が１種類（メマリー）です。それぞれについて簡単に述べます。

(1) アリセプト

アリセプトは、わが国では1999年に発売され、2011年春までは唯一のAD治療薬でした。最も使用量が多く、効果においても実績のある薬剤です。軽度から高度まですべての段階のADに使えます。１日１回の服薬で済み、薬の増量も比較的簡単です。副作用としては、軽度ですが吐き気や嘔吐があります。

(2) レミニール

レミニールは、2011年３月に発売され、軽度および中等度のADに使えます。アリセプトにはない薬理作用をもち、１日朝夕食後２回の服薬ですが、４週間ごとに段階的に増量していきます。そうすることによって副作用（吐き気、嘔吐、めまい）を抑えることができます。

(3) イクセロンパッチ・リバスタッチ

イクセロンパッチ・リバスタッチは、2011年７月に貼り薬として発売され、軽度および中等度のADが適応です。貼り薬であることが最大の特徴であり、多剤併用で新たな薬剤を追加しにくい人への処方や、服薬状況の確認しやすさなどがあります。副作用としてはめまいなどが知られています。

(4) メマリー

メマリーは、2011年６月に発売され、中等度から高度のADに適応をもちます。上記３種の薬剤とは全く薬理作用が異なり、中核症状への効果に加え、BPSDに対して比較的効果があるとされます。上記の３種の薬剤との併用療法が推奨されています。副作用にはめまいや頭痛があります。

2　薬や生活における注意点

認知症の人にとって、薬は認知症の進行を緩やかにするという意義がありますが、誰にでも効果があるわけではありません。たとえば、アリセプトも

全例に効果があるわけではなく、そうした場合にはレミニールやイクセロンパッチ・リバスタッチに変更することになります。また、薬の効果がみられたとしても、認知症の進行を止めることはできません。いずれ認知症は進行していきますので、アリセプトであれば認知症が中等度になった段階で増量するか、メマリーとの併用療法を行うことによって、さらなる進行抑制を図ることになります。

　ところで、2013年 6 月現在、認知症の人は450万人を超しているとされています（厚生労働省推計）。認知症の 6 割弱が AD ですから、AD の人は270万人くらいいることになります。このうち AD 治療薬を服用している人はせいぜい半分くらいと推定されています。抗認知症薬の服用がまだ十分でない背景には、もの忘れなどを「歳のせい」とみなし、受診が遅れる場合があることや、薬が根本治療薬ではないために治療効果が理解しにくいためもあると思われます。

　しかし、AD は、早期診断・早期対応が大切です。抗認知症薬は早期に服用するほど効果が発揮されやすいことはわかっています。AD が軽度のうちに診断を受け、早期に抗認知症薬の服薬を開始し進行を遅らせることは、できるだけ QOL を維持するためにも重要です。さらに、早い時期から認知症と向き合い、認知症の経過について知ることの意味は大きいでしょう。前もって対応法を知ることが、BPSD（Q11参照）の予防にもつながり、認知症の人も家族も穏やかに生きることを可能にすると思われます。

　認知症の進行を緩やかにするためには、薬だけではなく生活のあり方も重要になります。認知症の防御因子として、①運動と知的活動、②少量の飲酒、③魚や野菜などバランスのよい食事があります。危険因子として、④喫煙、⑤葉酸、ビタミン B12・A・E・C の欠乏があります。この中で最も有効性があるといわれるのは、①の運動と知的活動です。最低でも週に 2 日は20分以上の運動を行う必要があります。また、囲碁や将棋、あるいは俳句や川柳などの知的活動を行うことが大切です。その他、食事も大事です。魚・オリーブ油・果物・野菜を習慣的に摂取し、脂肪の少ない「地中海式食事」が

よいとされています。なお、少量のアルコールの摂取（たとえば毎日ワインを1杯程度）はよいといわれますが、飲みすぎは逆に危険因子になります。

　薬や日常生活上の注意点をあげましたが、認知症の人が、服薬をきちんと行い、運動や知的活動を行って、栄養のバランスのとれた食事を作る、といったような自己管理をすることは、軽度のうちは可能ですが、中等度に進行すると難しくなります。多くの場合、家族や周囲の人のサポートが大切になります。1人暮らしであれば介護保険サービスを使い、ヘルパーを利用するとか施設の協力を得たりすることになります。

　この場合も、「～をするように」といって管理的にさせることは、あまりよい結果にはなりません。同じことを話すとしても、認知症の人の不安やつらさを知って、よい関係をもつことが前提になります。

column　運転免許への対処

　認知症の人の運転は今や社会問題になっています。実際に、免許証を保持している認知症の人は増加しています。確かに認知症になれば、記憶障害や判断力の低下などの認知障害から、運転能力や運転操作あるいは交通環境や規則を守るといったことに支障を来して事故を起こしやすくなると思われます。アメリカでは、認知症の人は健康な人に比べて2.5～4.7倍も交通事故を起こしやすいというデータがあります（Man-Son-Hing M ほか）。

　なお、認知症の種類によっても運転行動に差があります。ADではもの忘れをするために行き先や目的地を忘れてしまったり、遠近感がわかりにくくなって駐車場の枠に入れるときに隣の車との距離感がわからずぶつけたり、車庫に入れるときに壁にぶつけるなど接触事故が多いようです。脳血管性認知症では、運転中にボーッとして注意散漫運転になり、ハンドルやギアチェンジ、ブレーキペダルの運転操作ミスを起こしたりしやすいといわれています。また、前頭側頭型認知症では、信号や標識

の意味がわからず、交通ルールを無視したり、脇見運転で追突事故を起こしたりします。

　日本では、2009年6月1日より、75歳以上の人の運転免許更新に際して認知症スクリーニング検査が導入され、認知症の人が運転を継続することは事実上難しくなっています。

　認知症の人が運転しないほうがよいことはいうまでもありません。認知症の人であっても普通は自分の運転が不確かになってきたことについては認識しています。運転が好きであったり、もともとプロのドライバーであったりする人は、車の運転にこだわる人もいますが、本人の状況に応じて説明することで、渋々でも納得する場合も少なくありません。認知症の人はわからなくなっていつでも勝手に乗ってしまうと思われているかもしれませんが、それは一部の人の話ですし、本人にとって車しか安心できる場所がないなど、周囲との関係性の問題も大きいと思えます。

　しかし、公共交通機関が乏しく、自家用車しか交通手段がないない地域では、認知症の人の運転が家族の足になっている場合も少なくありません。そういうところでは、認知症の人は免許証を返上することを簡単には受け入れない場合があります。家族でさえも代替の交通手段がないため心配しながらも本人の運転を認めている場合が少なくありません。この問題を解決することは、そう簡単ではありません。

（高橋　幸男）

〈参考文献〉
Man-Son-Hing M,Marshall SC, Molnar FJ, Wilson KG "Systematic review of driving risk and the effecticacy of compensatory strategies in persons with dementia" J Am Geriatr Soc, 2007; 55(6): pp. 878-884.

Q14 障がいとは

障がいとはどのようなことを指すのでしょうか。また、どのような分類があるのでしょうか。

解説

1 障害者基本法における定義

わが国において、法令上の「障害」の定義は、障害者基本法に規定されています。その2条1号に、「身体障害、知的障害、精神障害（発達障害を含む。）その他の心身の機能の障害……がある者であつて、障害及び社会的障壁により継続的に日常生活又は社会生活に相当な制限を受ける状態にあるもの」をいうとしています。ただし、現在のところ福祉法が制定されているのは身体障害・知的障害・精神障害のみです。なお、「その他の心身の機能の障害」については、まず難病のある人が対象とされました。

同条2号には、社会的障壁とは、「障害がある者にとつて日常生活または社会生活を営む上で障壁となるような社会における事物、制度、慣行、観念その他一切のもの」と定められています。たとえば、道路の段差やエレベーターが設置されていない駅といった物理的なバリア、障がいに対する偏見などの心理的なバリア、障がいのある人の採用や入学を許可しないといった制度的なバリアなどが障壁としてあげられます。

つまり、障害者基本法は、「①本人に帰属する障害」と「②社会に帰属する社会的障壁」により「③生活上の支障がある人」を「障害者」と定義していることになります。したがって、単に障がいがあるだけでは障がい者といえず、社会との関係の中で障がい者が存在することになり、障がいのある人の生活のしにくさの原因の多くが社会にあると考えることができます。

2　社会モデルに沿った障害観

「障害」は従前、医学的な診断に基づく障がい観、つまり医学モデルが採用されていました。

しかし、その後、障がいのある人の生活のしにくさや社会参加のしにくさ等を中心に障がいを捉える「社会モデル」に拡大されてきました。

日本では、障害者基本法が2011年に改正され、それまでの医学的モデルの視点で定義されていた障がい観から、国際基準ともいえる社会モデルが採用され、「生活上の支障があること」という視点を障がいの定義に取り入れました。障害者基本法改正以前から発達障害者支援法や障害者自立支援法（現障害者総合支援法）の対象とはされていたものの、障がい者として法的にどう分類するのか不明確であった知的障害を伴わない高機能自閉症やアスペルガー症候群（自閉スペクトラム症）、身体障害を伴わない高次脳機能障害を「精神障害」として支援していくことになりました。さらに、これまで障がいとして分類されてこなかった難病も「その他の心身の機能の障害」として法的に支援するとされています（具体的には、パーキンソン病やクローン病等130の疾患が障害者総合支援法の対象となりました）。これらは「生活上の支障」「生活のしづらさ」の視点で障がいを取り扱っているといえます。

障害者基本法における「障害」の定義の変更を受けて、障害者虐待防止法（2012年10月1日施行）や改正障害者雇用促進法（2013年1月1日施行）、障害者総合支援法（2013年4月1日施行）でも、障害者基本法の「障害」概念を取り入れています。ただ、2013年に施行された改正障害者雇用促進法では、身体・知的・精神障害を雇用義務付けの対象としている一方、実際の精神障害等の雇用義務付けは2018年から予定されています。障害者基本法の改正から日が浅いため、この定義の関連法への広がりはまだ少ないのですが、今後、新たな法制度が成立したり、従来の福祉法制度等が再検討されることになると思われます。

3 いわゆる「障害」とは

(1) 「障害」と成年後見制度

　もともと「障害」という文字は「障碍」と表されていました。「障」も「碍」も「妨げる」という意味をもち、障がいのある人が社会から疎外されていることを示しています。

　障害者基本法はその1条で、障がい者の自立および社会参加の支援を国や地方自治体の責務にしており、社会参加をする努力を障がいのある人たちに求めるのではなく社会に求めています。また、同法3条で示される社会のあらゆる分野での社会参加と差別禁止は、成年後見制度の基本理念の一つであるノーマライゼーションと同様の考え方です。

(2) 民法上の「精神上の障害」との関係

　また、成年後見制度に関係する民法7条の「精神上の障害」と知的障害や精神障害が混同されることがありますが、福祉分野で取り扱う障がいは「生活のしにくさ」が根底にある概念です。また、高齢期にみられる認知症を精神障害に含めるかどうかの議論もあります。民法の「精神上の障害」とは、「知的障害」「精神障害」「認知症」などを想定しているものの、福祉法上の障がいや医学上の診断名にとらわれず、判断能力の有無や程度を家庭裁判所が医師の意見書や鑑定書を参考に判断する司法上の概念と考えることができます。たとえば、成年後見人等の選任申立てには診断書が必要ですが、そこには「精神上の障害」ではなく医学的な診断名が記載されることになります。また、成年後見制度の前身である禁治産制度では、視覚障害者や聴覚障害者を準禁治産者としてきました。しかし、現行の成年後見制度は、視覚障害や聴覚障害を含む身体上の障害は対象としておらず、あくまでも「精神上の障害」を原因として、判断能力の不十分な人を対象にしています。

　　　　　　　　　　　　　　　　　　　　　　　　　（小嶋　珠実）

> **column** 障がいの表記
>
> 「障害」の「害」という文字の響きが偏見をもたれやすいという理由で、自治体によっては「障がい」あるいは「しょうがい」とひらがな表記をするところがあります。ただし、障がいをもつ当事者からは、あまり表現にこだわらず、実質的な社会参加を求めていくべきとの意見が聞かれます。
>
> （小嶋　珠実）

第2部　法定後見

Q15　知的障害とは

知的障害とはどのような障害でしょうか。

> [解説]

1　法律上の定義

　1960年に、知的障害者の自立と社会経済活動への参加を促進するため、知的障害者の援助・保護を図る「精神薄弱者福祉法」が成立しました、しかし、この法律の中には、知的障害とは何かが定義されていませんでした。

　ただ、それでは「知的障害」のある人を対象とした福祉制度の運用はできないことから、厚生労働省の考え方が示されることになりました。厚生労働省は定期的に「知的障害児（者）基礎調査」と呼ばれる知的障害者の実態を把握する全国調査を行ってきましたが、その中の「用語の解説」において、「知的障害」とは「知的機能の障害が発達期（おおむね18歳まで）にあらわれ、日常生活に支障が生じているため、何らかの特別の援助を必要とする状態にあるもの」と定義しています。これがわが国における知的障害の定義といえます。

　医学的には、「精神遅滞」あるいは「知的（発達）障害」の診断名が用いられますが、その診断基準は厚生労働省の示した定義とおおむね同様です。

　ここでは、「知的障害」について知るために、厚生労働省による捉え方をさらに詳細に説明します。

2　厚生労働省による「知的障害」の捉え方

　厚生労働省は、知的障害の有無を、「知的機能の障害」と「日常生活能力の到達水準が総合的に同年齢の日常生活能力水準に達していない」という2つの基準から判断しています。単に知的機能の障がいだけでなく、日常生活

に支障を来す日常生活能力の不十分という2つの条件を満たした場合について、知的障害として福祉の対象としているのです。

このうち「知的機能の障害」については、「標準化された知能検査（ウェクスラーによるもの、ビネーによるものなど）によって測定された結果、知能指数がおおむね70までのもの」としています。ウェクスラー式、ビネー式というのは知能検査の方式をいいます（知能検査については、Q22参照）。つまり、ウェクスラー式あるいはビネー式の知能検査で知能指数（IQ:Intelligence Quotient）がおおむね70以下のものを知的機能の障がいと定義しているわけです。

また、「日常生活能力」については、自立機能、運動機能、意思交換、探索操作、移動、生活文化、職業等をあげています。

福祉制度の対象とする知的障害の有無の判断は、病院等の医療機関ではなく、18歳未満の人は児童相談所、18歳以上の人は知的障害者更生相談所で行うことになっています。そこでは、発達歴についての調査や知能検査等が行われ、その結果から総合的に障がいの有無を判断します。

3　知的障害への理解

厚生労働省の「平成17年度知的障害児（者）基礎調査」では、54万7000人の知的障害のある人が確認されており、その多くの人に支援が必要とされています。このような知的障害のある人にかかわっていくためにはいくつかの配慮が不可欠となります。

まず第1に、知的障害のある人への意思決定支援です。知的障害があることから、自らの生活、人生にかかわることまで、家族を含む他人に決められてきた人は、「私に関することを私抜きでは決めないで（Nothing about us without us）」と願います。したがって、支援者には、できる限り、知的障害のある人が意思を形成し、表明できるように支援し、またその意思を十分に聞き取り、その自己決定を尊重してかかわっていくことが求められます。たとえば、知的障害のある人への支援の方向性を確認していくために、サービ

ス担当者会議やケア会議が開催されますが、これまで、「理解できないから」「会議に参加するのは負担があるから」などの理由で、知的障害のある人がこの会議に参加することは控えられていることが多かったようです。しかし、本人の参加を前提にして本人が参加しやすいような環境を整えたり、理解しやすいよう説明に工夫をしたりして、本人の意思を聞き取り、その意思の方向性に沿った支援をしていくことが基本となります。包括的代理権をもつ成年後見人は、知的障害のある人を支援していくときには、一方的な保護ではなく、この意思決定の支援を常に意識する必要があります。重い知的障害のある人の意思を確認する、あるいは自己決定ができるよう支援していくためには、専門的な技術が必要になる場合もありますから、本人を、日常的に支援する人たちと十分な連携をとることが必要になります。

　第2に、知的機能の障害があったとしても、成人していれば、周囲の人は本人を大人としてかかわることが重要です。以前、親しみがもてる等の理由で、重い知的障害のある成人が「〇〇ちゃん」と呼ばれることが少なくなく、この是非が議論になりましたが、基本的には、本人を成人とは捉えていない呼び方で、不適切といえます。

　第3に、知的障害があっても、その人の経験とそれまでの人生を尊重した支援が必要となります。保護を優先しそれまで生活していた地域から離され遠方の施設入所を勧められることがありますが、何よりも、それまで慣れ親しんだ地域で、その人らしい生活を継続することを前提とした支援が重要といえます。

（小嶋　珠実）

Q16 精神障害とは

精神障害とはどのような障害でしょうか。

解説

1 精神障害者の福祉

精神障害について理解するには、医学的視点と福祉的視点の両方が必要です。精神障害は治療の対象であることから、他の障がいに比べて医学的な視点が優先されますが、長引く症状により生活面での支援も不可欠となる面があるため、福祉的な視点も重要になります。

そうしたことから、身体障害者福祉法や知的障害者福祉法から大きく遅れての制定とはなりましたが、1995年に「精神保健及び精神障害者福祉に関する法律」（精神保健福祉法）が施行され、これにより、「精神障害者の福祉」が明確にされ、精神障害を「病気」としてだけではなく、「障がい」として捉え、福祉の対象として支援が図られることになりました。障害者自立支援法（現障害者総合支援法）が施行されてからは、他の障がいと共通の福祉サービスが利用できるようになっています。

2 精神障害者の定義

「精神障害者」の定義は、精神保健福祉法5条に「統合失調症、精神作用物質による急性中毒又はその依存症、知的障害、精神病質その他の精神疾患を有する者をいう」と規定されています。

一方で、精神保健福祉法45条では、精神障害者保健福祉手帳の交付対象者について、「精神障害者（知的障害者を除く……。）は、……精神障害者保健福祉手帳の交付を申請することができる」と規定されています。ここで注目されるのは、「精神障害者」の定義では知的障害者を含めているのに対して、

「精神障害者保健福祉手帳」の対象からは知的障害者を除外している点です。精神障害者の定義では、医学的診断に準ずる医学モデルも用いていますが、精神障害者保健福祉手帳の交付といった福祉制度の対象を規定する段階で、知的障害は知的障害者福祉法の対象であることから精神保健福祉法上の手帳交付対象から除外しているのです。そして、政令（精神保健福祉法施行令 6 条 3 項）で定める精神障害の状態については、生活上の障がいがより明瞭になっています。たとえば、障がいの程度が最も軽い 3 級では、「日常生活若しくは社会生活が制限を受けるか、又は日常生活若しくは社会生活に制限を加えることを必要とする程度のもの」と示されています。

3　精神疾患の診断

精神疾患の診断基準を統一し国際的な比較研究を進めるために、医学的な診断基準が開発されています。その代表的なものとして、アメリカ精神医学会による DSM（Diagnostic and Statistical Manual）と、WHO（世界保健機関）による国際疾病分類（ICD：International Classification of Disease）とがあります。それぞれ改訂が行われ、現在、ICD は第10版が用いられていますが（現在、第11版への改訂作業が進められています）、DSM については、2013年には最新版（DSM-5）が、そして2014年にはその日本語訳が発表され、従来と違った診断名や診断基準が示されています。

DSM-5 での診断カテゴリーとしては、「神経発達症群」「統合失調症スペクトラム障害および他の精神病性障害群」「双極性障害および関連障害群」「抑うつ障害群」「不安症群」「秩序破壊的・衝動制御・素行症群」などがありますが、それぞれの詳細は医療専門職でないと理解しにくい点があります。ここでは、代表的な精神疾患である統合失調症を簡単に説明します。

統合失調症の症状は、陽性症状と陰性症状とからなります。陽性症状とは、幻聴や幻覚、妄想等により精神的な興奮が激しくなる症状のことをいい、陰性症状とは、意欲が低下して何もする気がなくなる、感情の起伏がなくなる、実際食事や身なりにも気配りができず日常生活を送ることが困難になるくら

いにエネルギーが低下した症状のことをいいます。ただし、症状については、人によりまた時期により差が大きいのが特徴で、症状の変化に注意する必要があります。

4　「精神障害」への治療と理解

　精神障害の治療は、医療機関による精神療法や薬物療法が中心となりますが、デイケア等の通所リハビリテーション施設を利用することもあります。何よりも、障がいのある人が自分の判断で通院・服薬を中断することは避けなければならず、周囲の人によるサポートは不可欠になります。

　成年後見人には医療同意権はなく、本人の意思による治療が優先されますが、病識のない人が多いのもこの疾患の特徴であり、精神科への通院や服薬管理について成年後見人は注意を払い、もし適切な治療が受けられていないと思われるときには、速やかに主治医あるいは地域の保健福祉センター（保健所）などに相談することが必要です。

　また、精神障害のある人が、成年後見制度を利用しようとする場合、後見類型に該当するような重い障がいのある人は少数であり、大多数が補助類型や保佐類型に相当する能力を有します。いわゆる「普通」の生活を送ってきた中途障害の人が多いことからも、成年後見人等を含む支援者は、その人のライフスタイルや価値観を十分に尊重していくことが必要です。病気によりそれまでの生活を送ることができなくなった人に対して、一方的な保護を目的とするのではなく、パワーが低下して機能しなくなった側面に必要最低限の支援をしていくことが求められているのです。特に、対人関係や金銭管理面、あるいは清潔保持面においてなど、生活上の特定の部分に支障が生じることが多いようです。

　改正精神保健福祉法の2014年の施行により「保護者」の規定はなくなり、長期の入院感謝の地域移行も検討されています。この時期だからこそ本人の代弁者である成年後見人等は、保護ではなく、本人の自己決定を尊重するためのかかわりを意識することが重要です。

　　　　　　　　　　　　　　　　　　　　　　　　　　（小嶋　珠実）

第2部　法定後見

Q17　高次脳機能障害とは

息子が半年前に交通事故に遭いました。入院・リハビリの後、今は家に戻って生活をしていますが、以前とは人が変わったような振る舞いをすることがあります。これは交通事故の後遺症なのでしょうか。

解説

1　高次脳機能障害への取組み

交通事故や脳血管障害等による脳損傷の後遺症の1つとして、認知・感情・言語の面で変化が生じることがあります。感情面でいうと、怒りやすくなった、意欲が低下したと感じさせるような振る舞いを示すことがあります。これらは、高次脳機能障害の症状である可能性が高いと思われます。

高次脳機能障害については、その定義が明確でなく、長い間、福祉の谷間に置かれ、なかなか適切な支援が受けられませんでした。その中で、障がいのある本人や家族の負担を少しでも軽減していくためにさまざまな検討がされてきました。2001年から、厚生労働省が、高次脳機能障害の定義やリハビリテーション、支援の方法を研究するモデル事業を実施しました。2004年からは、日本成年後見法学会が、継続的に、高次脳機能障害のある人に対する成年後見制度の利用、権利擁護の視点での支援について、研究や啓発を目的としたパンフレットの発行などを行っています。

その後、2009年に、厚生労働省社会・援護局障害保健福祉部長通知（平成21年8月24日障発0824第1号）により、高次脳機能障害を障害者自立支援法（現障害者総合支援法）の対象とし、都道府県地域生活支援事業の中に高次脳機能障害普及啓発事業を位置づけました。2011年の障害者自立支援法の改正においても、高次脳機能障害者は障害者福祉の対象であることを再確認するという方向性が引き継がれています。

2　高次脳機能障害の特徴

　高次脳機能障害の症状としては、脱抑制や易怒性等といった感情面の変化のほか、記憶障害、集中力が持続しない注意障害、ものごとを計画してそれを実行に結び付けることができない遂行機能障害、時間と場所の感覚がない見当識障害、失認・失行があげられます（なお、言葉を理解・表出できない失語症もありますが、失語症は、医学的には高次脳機能の障がいといえるものの、福祉的には身体障害者福祉法の対象とされています）。

　具体的には、判断力が低下して、到底あり得ないような条件で高額商品の契約をしたり、十分に検討しないで知り合いの借金の保証人になったりするなど、発症以前からは考えられないような行為をとることがあります。また、本人に症状の自覚がないこともあります。自分自身では何ともないと思っているのに、その症状に気づいている家族から症状を説明されても自覚できない、あるいは、受傷前と同じように生活や仕事をしようとし、家族や同僚など周囲の人たちとの摩擦が生じ、双方にイライラ感がつのることがあります。

3　「高次脳機能障害」への理解

　このような高次脳機能障害について、これまでの研究により、支援すべきポイントが徐々に明らかになってきています。

　まず、高次脳機能障害は、数年かけて徐々に回復する場合もあります。そして、それを前提として、その時々の症状を踏まえていかに日常生活に適応していくかが課題となります。たとえば、高次脳機能障害が発症する原因としては交通事故や脳梗塞、脳出血などがあげられますが、そこで本人に支払われる保険金をいかにして本人のために利用していくかといった金銭管理、身上監護は重要な支援の1つです。たとえば、交通事故による高次脳機能障害については、2001年から、自動車損害賠償責任保険（自賠責保険）において、自動者保険料率算定会（現損害保険料率算出機構）の認定により、交通事故によって生じた高次脳機能障害とされれば、その症状に応じて、自動車損

害賠償保障法の定める後遺障害等級のいずれかに該当する者として、損害賠償の対象となり、賠償金が支払われることになります。このようにして支払われた保険金を利用し生活を維持していくためには、本人の権利を代弁する成年後見人等の役割は大きいものがあります。

　また、高次脳機能障害者が周囲とのさまざまな軋轢(あつれき)を生じやすいことは先述しましたが、そのようなとき、本人と社会とのコミュニケーションの支援（通訳）を家族だけに任せるのではなく、成年後見人等の支援者も役割を分担することが必要です。気分の変化によって特定の人と急に関係が悪くなる等、これまで関係がとれていた人でさえ、本人とかかわり続けることが難しくなる場合もありますので、こうしたケースを想定して、チームで支援していくことが適切です。また、気分の変容、落ち込みなどの精神症状に対応するため、精神科医との連携は重要です。

　高次脳機能障害者への支援には高度な専門知識や技術が求められる場合がありますが、成年後見人等がそれらのすべてを取得することは困難です。高次脳機能障害者の成年後見人等に選任された場合には、疑問に思うことはリハビリテーション医や精神科医、臨床心理士などの専門家に積極的に質問していくといった姿勢が不可欠といえます。

　2013年から施行された障害者総合支援法における都道府県地域生活支援事業の１つに「高次脳機能障害及びその関連障害に対する支援普及事業」が予算化されており、その事業として都道府県に設置されている高次脳機能障害支援センターを利用することも可能です。

（小嶋　珠実）

Q18 発達障害とは

発達障害という言葉を聞くようになりました。これはどのような障害なのでしょうか。成年後見制度の対象になるのでしょうか。

解説

1 発達障害とは

2004年に成立した発達障害者支援法では、「自閉症、アスペルガー症候群その他の広汎性発達障害、学習障害、注意欠陥多動性障害その他これに類する脳機能の障害であってその症状が通常低年齢において発現するものとして政令で定めるもの」(同法2条1項)を「発達障害」としています。発達障害者支援法では複数の診断名が1つにまとめられていますが、それぞれに特徴と支援のポイントが異なりますので、以下で解説します。

2 発達障害の特徴

(1) 自閉症スペクトラム(自閉スペクトラム症)

2013年に発表された「DSM-5」(Q16参照)では、自閉症、アスペルガー症候群、その他の広汎性発達障害の3つの障がいをスペクトラム、つまり1つの障がいが示す多様性として捉えることにしており、「自閉スペクトラム症」という単一の診断名をつけています。さまざまなレベルの自閉的傾向を包括する概念と理解するとわかりやすいかもしれません。これにより「知的障害を伴う自閉症」から「知的障害を伴わない高機能自閉症」などの複数の診断名をつけるのではなく、多様な障害像が示されることになりました。

(2) 注意欠陥多動性障害(AD/HD)

次に、注意欠陥多動性障害のある人は、不注意や多動性、衝動性を特徴と

し、その特徴は行動として現れます。具体的には、注意が持続しない、落ち着きがない、話し続ける、カッとしやすい等の特徴が日常生活でみられることがあります。ただし、落ち着きのなさは年齢とともに収まることが多く、成人期には衝動性や一方的に話し続けるなど激しい行動で周囲との摩擦が生じる場合もあります。

先に説明した自閉スペクトラム症のある人の中には注意欠陥多動性障害を伴う人もおり、両方の障がいの特性に配慮する必要があります。

なお、法律上の用語ではありませんが、診断名としては、「注意欠如多動症」と表記されることがあります。

(3) 学習障害

学習障害のある人は、読む、書く、計算する、といった一部の特定の能力が不十分で、そのため学習の困難さが伴います。全体的な知的能力が低い知的障害とは区別します。能力の不十分な分野が限られており、それに合わせた教育や訓練の効果も期待できます。ただし、本人の努力だけに頼るのではなく、障がいを補う教材や道具を利用し、日常生活に支障がないように工夫していくことが望まれます。

3 発達障害への理解

発達障害のある人は、見た目では障がいがわかりにくい反面、その障がい特性ゆえに、社会参加や社会での自立に困難を示す場合が多くあります。

たとえば、計算はできるのに、小遣いや給料をバランスよく使用していくことが難しいことがあります。給料が入ると、欲しいものをわずかな期間に買ってしまい、食費にさえ困ることがあります。そのような人には、本人のために金銭管理を手伝う人の存在が重要な意味をもちます。また、社会性が不十分なことも多く、発達障害のある人と社会をつなぐ「通訳」としての役割をもつ人の存在も本人の負担を減らす効果があります。

このような点で、障がい特性を理解した成年後見人等の存在は、発達障害のある人が社会参加していくうえで重要といえます。ただし、知的な障がい

が軽度な場合や一部の機能だけが不十分な場合も多いことから、包括的な代理権や取消権よりも、不十分な側面だけを補うための特定の代理権や同意権による支援を前提として、補助人や保佐人によるかかわりが適切な場合も多いようです。

　発達障害のある人は、おおむね6歳前の発達期にその障害特性が発現しますが、大人になるまでその障がいがわからない場合もあります。「ちょっと変わった人」、「付き合いにくい人」と周囲にみられ、対人関係でのストレスにより二次的な精神症状が発症する人もいて、その相談内容や相談相手は多岐にわたります。

　発達障害のある人へのかかわりに迷ったときには、発達障害に特化して都道府県・政令指定都市に設置が義務付けられた専門的機関である発達障害者支援センターに相談できます。同センターは、発達障害者および家族に対し専門的な相談に応じ助言を行い、発達支援・就労支援等を実施することを目的にしていますが、地域の相談・支援機関のスーパーバイズ的な機能を発揮する機関でもあります。そのため、成年後見人等として地域で頻繁に相談し、あるいは連携をとっていくには、まず、障害者相談支援事業者や発達障害のある人が利用する福祉サービス事業者に相談していくほうが利便性の高い場合があります。

（小嶋　珠実）

Q19 さまざまな障がい

Aさんは1日おきに透析を受けながら仕事を続けています。職場の理解もあり、日常生活に関することは問題なく行うことができます。医師から身体障害者福祉手帳の申請を勧められましたが、障害福祉の制度を利用できるのでしょうか。また、成年後見制度を利用することはできるのでしょうか。その他の支援制度があれば教えてください。

解 説

1 福祉の対象としての障がい

　2011年の障害者基本法の改正により、わが国では、「障害」とは身体障害、知的障害、精神障害、その他の心身の機能の障害と定義され（Q14参照）、従前の定義より拡大されました。たとえば、これまで福祉の谷間で支援が困難とされていた知的障害を伴わない高次脳機能障害や発達障害のある人についても、現在では支援が可能になっています（Q17・Q18参照）。

　一方、身体障害者福祉法4条では、身体障害者を定義しています。そこでは、「『身体障害者』とは、別表に掲げる身体上の障害がある18歳以上の者」とされています。ここでいう別表、すなわち「身体障害福祉法障害程度等級表」には、いわゆる内部障害として、心臓、腎臓、呼吸器などさまざまな機能障害があげられています。このうち、身体障害の中の内部障害では、1998年にヒト免疫不全ウイルスによる免疫の機能の障がいのある人が、2010年に肝臓機能障害のある人が追加されています。ただし、肝臓機能障害については、診察前半年間アルコールの摂取がないことなど、個々の障がいに応じた条件があり、単に該当する疾病があるからといって障害福祉の対象となるわけではありません。

　このように、時代のニーズに即して、これまで医療だけの対象とされてい

た人たちが福祉の対象として社会参加していけるような支援が検討されています。

2　難　病

　障害者基本法改正を受けて、2013年には、障害者自立支援法を引き継ぐ障害者総合支援法が施行されました。この法律の施行により、難病の人たちも障害福祉サービスを受けられるようになりました。

　難病については、1972年に当時の厚生省が定めた「難病対策要綱」に従って支援がされてきました。この要綱によると、難病とされる疾病の範囲は、①原因不明、治療方法未確立であり、かつ、後遺症を残すおそれが少なくない疾病（例：ベーチェット病、重症筋無力症、全身性エリテマトーデス）、②経過が慢性にわたり、単に経済的な問題のみならず介護等に著しく人手を要するために家族の負担が重く、また精神的にも負担の大きい疾病、とされてきました。そして、難病対策として、症例数が少なく、原因不明で、治療方法が確立しておらず、生活面への長期にわたる支障がある疾患については、ⓐ調査研究の推進（難治性疾患克服研究事業）、ⓑ医療施設等の整備（重症難病患者拠点・協力病院設備）、ⓒ地域における保健・医療福祉の充実・連携（難病特別対策推進事業など）、ⓓ QOL（クオリティ・オブ・ライフ）の向上をめざした福祉施策の推進（難病患者等居宅生活支援事業）が実施され、また、難治性疾患克服研究事業における臨床調査研究対象疾患130疾患のうち、診断基準が一応確立し、かつ難治度や重症度が高く、患者数が比較的少ないため、公費負担の方法をとらないと原因の究明、治療法の開発などに困難を来すおそれのある疾患については、ⓔ医療費の自己負担の軽減（特定疾患治療研究事業）が実施されてきました（難病情報センターホームページ〈http://www.nanbyou.or.jp/entry/1360〉参照）。

　そして、このような難病の人たちを障害者総合支援法の対象とすること、難病の定義を示すこと、医療費の助成をすることについて検討され、2013年に施行された障害者総合支援法では130の疾病が対象とされました。また、

2014年には、難病の患者に対する医療等に関する法律（難病法）が成立し、この法に基づく医療費助成等が実施されました。

そして今後、膵臓や脾臓の疾病など内部障害に該当しない内臓疾患や、難病対策の130疾患に指定されていない治療困難な難病など福祉的支援が必要と思われる疾病への対策も期待されています。これは、これまで福祉の谷間に置かれていた発達障害や高次脳機能障害、あるいは難病のある人と同様の悩みをもつ人の支援につながるといえます。障害者総合支援法において福祉サービスを受けるにあたり障害者手帳の交付が条件でなくなった点も、今後の対象者拡大に期待がもてるところです。

3　福祉の対象者と成年後見制度の対象者

このように、以前は病気あるいは疾病として医療の対象とされるのみであった人たちが、福祉の対象とされ、福祉的な支援を受けることができるようになってきています。

では、福祉の対象となる人は誰でも成年後見制度の対象といえるかというと、そうではありません。成年後見制度の対象は「精神上の障害により」判断能力が不十分となった人を対象としています。単に生活上の障がいがあるからといって成年後見制度の対象になるわけではありません。その障がいにより情報を得ることが不十分である、あるいは判断能力は維持されていてもその意思を適切に表明できない場合は、まず、意思決定をするために適切な情報へのアクセスや意思表明の方法が保障されることになります。そして、そのような人たちにとって必要な支援者は、成年後見人等ではなく、自分自身で判断するための情報を提供してくれる支援者であったり、自らの判断を表明することを支援する人ということになります。もっとも、このような障がいのある人も、判断能力が保たれている間に、将来の判断能力の低下に備えて任意後見制度の利用を検討することは考えられます。

なお、2008年に、筋委縮性側索硬化症（ALS）でわずかな意思疎通も困難な患者に対して、社会的な植物状態として認知障害を伴った精神上の障害を

評価し、成年後見人を選任する必要性を認めた裁判例（東京高裁平成18年7月11日判決・判時1958号73頁）があります。訴訟の進行に支障を来さないために、成年後見人を選任する必要があることを総合考慮した結果、患者は心身喪失の常態にあるのと同等の状態にあるとみるのが相当とした判決です。ALSと同じく難病と診断され、その他の心身の障がいに含まれる人たちだけでなく、すべての障がいのある人たちの成年後見制度の利用については、この判決以後の2014年に批准された障害者権利条約の視点も加え、十分な議論と検討が必要といえます。

（小嶋　珠実）

第2部 法定後見

Q20 障がいのある人と接する際のポイント

成年被後見人のAさんは知的障害があります。成年後見人としてコミュニケーションを図りたいのですが、何かよい方法はありますか。

解説

1 知的障害とは

　知的障害とは、出生・発達期から18歳頃の青年期までの何らかの原因により、脳の発達全般において支障が出ている状態で、読み書き・計算能力、記銘・記憶能力、認知能力、応用能力等の障がいです。

　その一方で、知的障害のある人は、日常生活における具体的な経験を通じて新たな能力を獲得し、できることが増えることで自信をつけ、大きな成長をみせることがあります。誰しも自信をつけることは、希望・意欲・積極性をもつことにつながります。しかし、知的障害のある人は、さまざまな場面において、「できない」という経験を数多く体験しているため、自信が芽生えていないという傾向が多くみられます。また、周囲の人から年相応の対応をしてもらえることが少なく、会話にしても子どもに話しかけるような対応をされることが多いため、成人になってから相応にもつべき自信がついていない場合が多いのです。

　障害者権利条約や障害者基本法、障害者総合支援法においては、「権利主体である知的障害者の意思決定が生活のあらゆる側面において尊重され、それにあたって必要な支援が受けられるように制度を構築することが国の責務である」という方向性が示されています。それらを踏まえ、知的障害のある人とのコミュニケーションについて、以下にいくつかのポイントをあげてみます。

2 どのようにコミュニケーションを図るか

(1) 本人と一緒に動いてみる

　成年後見人等が本人と面談した際に、生活や人生をどうしたいか、本人の要望などを尋ねることがあります。そういったとき、本人から夢や希望がなかなか出てこない場合には、仕事や日中の活動場所、日々の暮らし等にまつわるさまざまな具体的事柄について、一緒に考えてみるとよいでしょう。一般的な相談室等での面会にこだわらず、静かで落ち着いた環境であればよいと思います。一緒に写真や本を見たり、インターネットで調べたり、実際に見学に行く等、本人とともに行動しながら、耳や目で具体的な情報収集を一つひとつ行うといった工夫が必要です。

(2) 視覚的・具体的な情報を活用する

　知的障害者は、話し言葉や書き言葉の理解、抽象的概念の理解に困難が伴います。幼少の頃から保護的な生活環境で育つことが多いため、社会的な経験が少なくかつ狭く、体験に基づいた知識も乏しいことがあります。そのため、見学や実習を行うといったような、本人の体験を広げるための具体的な支援が重要といえます。

　モデル（見本）を示すのも有効です。また、文字情報を平易かつ成人期にふさわしい表現に言い換える、やさしくわかりやすい対象に置き換えて視覚化する、絵や写真、ビデオを活用して、抽象的な情報を具体的・視覚的な情報に変えて提示する等の工夫が求められます。

(3) 教えすぎない

　知的障害者は、それぞれの生育過程において、自分で考えるよりも、他者から教えてもらう機会が多いという特徴があります。そのために、自ら試行錯誤するよりも答えを教えてくれるのを待つという傾向がみられます。また、成年後見人等の周囲の支援者も、すぐに答えを教えてしまいがちです。ともすると、支援者がアドバイスをしすぎたり、望ましい言動を強調したり、時として支援者の価値観を押し付けてしまったりする方向に流れやすいといえ

ます。

　しかし、適切な社会的行動は１つしかないというわけではありませんし、個々人の規範意識や価値観によっても異なります。ですから、成年後見人等は、何よりも成年被後見人等の個性や意思を尊重したうえで、本人の希望や意向を実現するためにはどのようにすべきか、何が必要なのかを、本人に考えてもらうようにしましょう。その際、成年後見人としては、本人がじっくりと考えることができる時間を確保し、「待つ」姿勢をとることが基本となります。支援者のアドバイスは本人にとってとても影響力が大きいので、「必要最小限」のヒントを示すにとどめ、考える材料を提供するといった配慮が必要です。さらに、「あなたが○○を選択した結果は○○のようになった」と、客観的な事実をわかりやすく伝え、振り返りとフィードバックの支援をそのつど行っていくことにより、本人の理解はより深まっていきます。

　さらに知的障害のある人と意思疎通を図るためには、以下のような具体的な工夫をすることが考えられます。

① 強い口調や相手をとがめるような表情ではなく、ゆっくりとていねいな言葉づかいで声をかける。
② 後ろから声をかけるのではなく、前から声かけをする。
③ 安心して話ができるよう、ゆっくりとリラックスした雰囲気をつくる。
④ 本人が話すのに時間がかかっている場合も、ゆっくりと待って対応する。
⑤ 本人の断片的な言葉からでも、状況や気持ちなどを推測して話の内容を理解するように努める。
⑥ 声量の調節がつきにくく大きな声を出しているときには、小さめの声で話しかけるとよい場合がある。
⑦ 言葉が出ずに困っている様子のときは、相手の状況や気持ちを推測して、こちらから簡潔な質問をして気持ちを確認する。
⑧ 自分の気持ちを言葉にしにくい人には、「はい」「いいえ」あるいは選択肢で答えられるようにする。

⑨　情報を視覚化する（絵記号・図・写真・映像・実物に置き換える）。

3　さらに心がけたいこと

さらに、以下の点に配慮することによって、よりコミュニケーションがとりやすくなるでしょう。たくさんのことを一度に言われるとわからなくなってしまう人もいますので、ポイントを絞って、ゆっくり、はっきり、短く、端的に話します。

①　相手が理解できるように必要に応じてわかりやすい言葉に言い換えます。「もうちょっと」「あそこ」といった抽象的な表現ではなく、「あと5分」「あの黄色の柱」のように具体的な言葉で説明しましょう。時には、こちらが説明した内容を理解しているか、確認のために復唱してもらうことも必要です。

②　伝わっていないと感じたら、伝え方を工夫します。ポイントを繰り返して伝える、視覚的にわかる方法で伝える、大切なことはメモに書いて渡す、本人に読んでもらう・書いてもらうなどをします。

③　話す際には幼児扱いせず、静かな場所を選んで話します。

成年後見人等は、本人の尊厳と意思を踏まえ、馴染みがあって本人が安心できる生活環境においてご本人ができることを支え、その中で本音を聞き出していくことが基本となります。

4　本人の可能性を信じる

知的障害のある人に対して、親や周囲の関係者は、ともすれば必要以上に将来に期待しない傾向が強くあります。そして、そのような姿勢が本人に大きな影響を及ぼしていることもあります。まずは、成年後見人等を含めた支援者が本人の可能性を信じ、本人と一緒に、将来のことや人生設計についてじっくりと語り合うことから始めたいものです。

（平野　光男）

第2部　法定後見

Q21　意思能力と事理弁識能力

解説

1　意思能力

　意思能力とは、自分の行為の結果を判断することのできる精神的能力であって、正常な認識力と予期力とを含むと定義されています（我妻栄『新訂民法総則』60頁）。意思能力のない者の法律行為は無効となります。契約などの法律行為が、そのとおりの法律効果を生じさせるのは、個人は原則として自己の意思に基づいてのみ、権利を取得しまたは義務を負担するという近代法の根本原理に基づいているからです（我妻・前掲書60頁）。なお、民法上、意思能力という用語を使用した条項はなく、これは法理論上の概念です。

　意思能力があるかどうかの判断はどのような取引を行うかによって異なります。たとえば、プラモデルを買う意思表示と土地に抵当権を設定する意思表示とではそのレベルが違うと説明されます（内田貴『民法Ⅰ〔第4版〕』103頁）。

　この点について、東京地裁平17年9月29日判決（判タ1203号173頁）は、意思能力とは、自分の行為の結果を正しく認識し、これに基づいて正しく意思決定をする精神能力をいうと解すべきであり、意思無能力であるかどうかは問題となる個々の法律行為ごとにその難易・重大性なども考慮して、行為の結果を正しく認識できていたかどうかということを中心に判断されるべきものであると説明しています。

　なお、ここでいう「意思決定」というのは、法律行為に関する決定を意味し、たとえば散歩に行く、嗜好品を選ぶ等の事実行為に関する決定は含みません。「意思決定支援」（Q6参照）という場合、広く事実行為も含むすべての決定を意味していることがあるので、注意が必要です。

2　事理弁識能力

　民法7条は、精神上の障がいにより事理を弁識する能力（「事理弁識能力」）を欠く常況にある者に後見開始の審判をすることができると定めています。

　この事理弁識能力について、成年後見制度の改正作業にかかわった法務省の担当者は、事理弁識能力とは判断能力の法令用語による表現であり（平成8年改正前の民事訴訟法171条1項・2項の「事理ヲ弁識スルニ足ルベキ知能」および民法712条の「行為ノ責任ヲ弁識スルニ足ルベキ知能」を参照）、法律行為の結果（法律行為に基づく権利義務の変動）による利害得失を弁識する能力であると説明しています（小林昭彦＝原司『平成11年民法一部改正法等の解説』61頁・62頁）。

　この説明は、意思能力の定義とほとんど変わらないのですが、しかし、同書は続けて、この「事理を弁識する能力」とはいわゆる判断能力を指し、意思能力と同義ではないと解する立場で、本条（7条）は立案されている、意思能力はその有無のみが問題とされ、その程度を問題にする余地は概念上ないと考えられる、と説明します（小林＝原・前掲書64頁）。すなわち、意思能力は、個別の法律行為の結果を判断する能力であり、意思能力があれば法律行為は有効、なければ法律行為は無効となるという概念であるから、その行為との関係で、あるかないかが問題となるだけだというわけです。

3　意思能力と事理弁識能力は違うか

　ところが、解説書によっては、意思能力の不十分な者の保護を目的とするのが行為無能力者制度（現在の制限行為能力制度）であると、意思能力にも程度があるような説明がされています（我妻栄ほか『民法案内2　民法総則』65頁、谷口知平＝石田喜久夫編『新版注釈民法(1)総則(1)通則・人〔改訂版〕』274頁〔鈴木禄弥〕も同様の解説をしています）。それを根拠づけるように、事理弁識能力は、意思能力あるいは判断能力を示すものと考えて差し支えなく、後見開始の実体要件としての精神能力の減退は、すべての財産行為につき後見人の代理を要するほどに重度であることを要するとの見解も示されています

（須永醇『新訂民法総則要論追録』4頁）。つまり、意思能力と事理弁識能力は実体としては同一であり、判定する側の視点・尺度が違うだけだというのです（村田彰「意思能力と事理弁識能力」赤沼康弘編『成年後見制度をめぐる諸問題』34頁）。

　確かに、事理弁識能力も意思能力も、人間の法律行為に関する能力ですから、その能力というものの実体は同一というべきでしょう。しかし、概念として、意思能力と事理弁識能力とを同じとすると、事理弁識能力が欠如するということと、これが不十分ということの違いがわかりにくくなります。日常の生活に必要な行為はできる、すなわちその事理弁識能力はあるが、保証契約を行う能力はないという場合もあるわけですが、その場合は保証契約を行う意思能力はないのであり、不十分であるという必要はありません。

　そう考えると、やはり、3類型で区分けされる現行の成年後見制度のもとでは、個別の行為との関係で理解される意思能力と、個別の行為との関係を考慮しない事理弁識能力とは、概念としては異なると理解したほうがわかりやすいのです。仮に事理弁識能力が個別の行為ごとに違うとすると、類型化は不可能になります。不動産取引では後見レベルの能力だが、プラモデルを買う場合は保佐レベルなどとなってしまうからです。

　もっとも、すべての法律行為を行い得ないほどに判断能力が欠如した状態を事理弁識能力が欠如した状態というのですから、事理弁識能力と、最も簡易な法律行為を行う意思能力とは重なり合うということができます。

　裁判例も、その違いを意識しています。福岡高裁平成16年7月21日判決（判時1878号100頁）は、保佐相当の判断能力の者が行った連帯保証契約が無効となるかどうかが争われたケースでしたが、意思無能力かどうかは、問題となる個々の法律行為ごとにその難易・重大性なども考慮して、行為の結果を正しく認識できていたかどうかということを中心に判断されるべきものであるから、一般的に事理弁識能力が著しく不十分であるとして保佐開始審判がされたことはこの判断の妨げとはならないとして、連帯保証契約を意思無能力により無効としました。

　　　　　　　　　　　　　　　　　　　　　　　　　　（赤沼　康弘）

Q22 本人の能力を判定する方法

成年後見の相談を受けています。判断能力を判定するテストにはどのようなものがありますか。専門家でなくともできるのでしょうか。

解説

1 判断能力

　成年後見制度では、「事理弁識能力」「判断能力」「意思能力」について、しばしば議論されます。これらは法律上の概念で、医学あるいは心理学の用語ではありません。家庭裁判所ではこの法律概念である「事理弁識能力」の程度を判断し、成年後見人等を選任しています。

　一方、この能力を見極めるために、家庭裁判所は、医師による診断書や鑑定書を参考にしています。診断書や鑑定書で用いられる能力は、法律上の概念ではなく、医学的に判断されたものです。

　この医学的な能力観に基づいて診断書や鑑定書が作成されますが、そこではデータとして、知的能力や認知能力の程度を示す知的検査の結果等が示されています。

2 心理検査

　ここでは、診断書や鑑定書に記載される、知的能力や認知レベルなどの各種能力を判定する時に使用される心理テストについて説明します。

(1) **ウェクスラー式知能検査（WAIS Ⅲ）**

　ウェクスラー式知能検査（WAIS Ⅲ）は、16歳以上の成人用に開発された知能を測るための一般的な検査です。知能指数（IQ）によって知能の程度が数値化され同年齢集団内での位置づけによってわかります。知的障害の判断や認知症初期の判断のために多く実施されます。

これまでの言語性IQと動作性IQによる分析の他に「群指数」と呼ばれる認知・理解、情報処理化の側面から知的能力の把握や解釈が多面的に可能となっています。

(2) ビネー式知能検査

ビネー式知能検査は、知的障害の有無と程度を判定するために全国の児童相談所や知的障害者更生相談所で主に使用されている検査で、「鈴木ビネー式」と「田中ビネー式」があります。各年齢級に応じたいくつかの問題を実施するもので、知的能力の特性を分析するというよりも大体の知能指数を把握するために用いられます。この知能指数は療育手帳の障がいの程度を決定する材料になります。知能指数等により「重度」とそれ以外の障がいの程度に分けますが、都道府県によってその基準は異なります。多くは最重度・重度・中度・軽度に分類しています。しかし、本人の障がい像を把握するためには、療育手帳に記載される障がい程度だけでなく、知能指数や検査結果のプロフィールが役に立ちます。

(3) 改訂長谷川式認知症スケール (HDS-R)

改訂長谷川式認知症スケール (HDS-R) は、数種類の質問の結果を通して認知症を判断する検査です。得点の分布によって、「認知症でない」から「高度認知症」まで5つの程度で判断されます。非常に簡便で本人への負担が少ないことに加え、結果の信頼性が高いことから、認知症の判断のためのテストとして多くの医療機関などで利用されています。

(4) ミニメンタルステート検査 (MMSE)

ミニメンタルステート検査 (MMSE) は、長谷川式認知症スケールと同様、認知症を判断する検査です。口頭による質問を通して、記憶力、計算力、言語力、見当識を測定します。

(5) 金銭管理能力評価尺度 (FCAT)

自立した生活を行うために必要な金銭管理能力を把握する検査です。6領域の能力から全体的なプロフィールを把握することができます。社会生活能力の程度を判断するテストの中でも、計算能力や日常の買い物、金融

機関を利用する力、先の見通しを立て計画的に金銭を使用する力などを具体的に測定します。

3 検査結果についての注意点

こうしたテストは主に医療機関において医師や心理士によって実施されており、誰でも実施できるわけではありません。また、結果の解釈の仕方にも専門的知見が必要です。判断能力について、テストなどに基づく客観的評価を希望する場合には、専門家によく相談し、実施された場合は結果の内容について詳しい説明を受けるとよいでしょう。

これらの検査は、必ずしも診断書や鑑定書を作成する主治医の下で実施されるとは限らず、すでに他の機関で実施された結果が用いられることがあります。診断書を作成するかかりつけの医師に、過去のデータなどを適切に説明できるよう、日頃から医療機関や公的機関のデータを準備しておくことが重要です。

そもそも、知的能力を測定する各検査には、質問項目の中に非常に簡単な知識を問う内容も含まれており、検査を受ける当事者にとっては、不快に感じる可能性もあります。検査を実施する前に、本人に対して検査実施の目的がわかりやすく説明され、得られた結果に利益があると本人が納得してはじめて実施することができます。

また、知的能力は検査だけで測定されるものではありません。検査を実施しなくとも、本人の日々の様子をよく観察し、日常生活面でどのような支援が必要とされているのかを身近にいる人が理解することが、本人への支援にとって何よりも大切なことだと思われます。

(小嶋　珠実)

Q23 本人の能力に応じた制度の選択

Aさんは日常生活に関することや普段の買い物は自分でできますが、高額の買い物など難しい判断になるとうまくできないようです。成年後見制度の利用を検討していますが、後見、保佐、補助のどれを選択して申立てをすればよいのでしょうか。

[解　説]

1　法定後見制度とは

民法は、本人の判断能力の減退の度合いに応じて、「後見」、「保佐」、「補助」と3つの類型の制度を定めており、判断能力の状態に応じて、援助者である後見人、保佐人、補助人の権限（本人の財産管理への干渉の度合い）を変えています。「後見」、「保佐」、「補助」は、家庭裁判所が申立てに対し、開始の審判を出し、それぞれ後見人、保佐人、補助人を選任するもので、これを法定後見といいます。

2　「後見」とは

後見とは、認知症、知的障害、精神障害などによって、1人で判断する能力がない状態の人について、申立てにより、家庭裁判所が「後見開始の審判」をして、本人を援助する人として成年後見人を選任する制度です。

成年後見人は、後見開始の審判を受けた本人に代わって契約を結んだり、本人の契約を取り消したりすることができ、これらの権限の行使により、本人の財産を管理します（民法859条・9条）。

このように幅広い権限をもつため、成年後見人は、本人の財産全体をきちんと管理して、本人が日常生活に困らないように十分に配慮していかなければなりません（民法858条）。

3　「保佐」とは

　保佐とは、認知症、知的障害、精神障害などによって、1人で判断する能力が、後見の場合ほど減退していないものの、著しく不十分な方について、申立てによって、家庭裁判所が「保佐開始の審判」をして、本人を援助する人として保佐人を選任する制度です。

　保佐人は、成年後見人のように本人のすべての財産管理につき代理権を有したり、すべての法律行為について取り消すことができるというわけではありません。民法13条で定められている重要な行為を本人がしようとする場合にこれに同意したり、あるいは、本人が保佐人の同意を得ないでこれらの重要行為をすでにしてしまった場合にこれを取り消したりすることができるだけです。また代理権については、成年後見人のように当然にもつわけではなく、あらかじめ本人が望んだ一定の事項について、家庭裁判所が代理権を与えるとの審判をすることによって、はじめて本人に代理して契約を結んだりする権限をもつことになります。

　保佐人は、以上の権限を行使して、本人が十分に判断できずに財産を失ったりすることがないようにし、本人が日常生活に困らないよう配慮します（民法876条の5第1項）。

4　「補助」とは

　補助とは、認知症、知的障害、精神障害などによって、保佐のレベルまでではないものの、1人で判断する能力が不十分である場合に、申立てにより、家庭裁判所が「補助開始の審判」をして、本人を援助する人として補助人を選任する制度です。

　補助の申立ては、本人以外の者がする場合には本人の同意が必要です（民法15条2項）。

　選任された補助人は、保佐人のように民法13条で定められた重要な行為の全部について当然に同意したり取り消したりすることができるわけではなく、

本人が望む一定の事項について、家庭裁判所の権限付与決定を受けて同意したり、代理できるだけです。そして、補助人は、この同意権・取消権、代理権を行使することにより、本人が日常生活に困らないように配慮します（民法876条の10第1項・876条の5第1項）。そのため、補助の制度を利用する場合は、その申立てと一緒に、あらかじめ、同意したり代理したりできる事項の範囲を定めるための申立てをする必要があります。

5　「任意後見」とは

　任意後見制度は、判断能力が減退したときのために、本人自身が自分に代わって契約などの法律行為を行う人を選ぶことができ、また、依頼する内容についても、あらかじめ作成する公正証書で代理権の範囲を限定して与えることもできる制度です。

　この制度を利用するには、本人が、任意後見人候補者との間で、公正証書により任意後見契約を締結し、委任をする範囲などを定めておく必要がありますので（任意後見法3条）、契約締結時は、本人に、任意後見契約を締結できるだけの判断能力が備わっていることが必要です。

　この任意後見契約は、家庭裁判所で任意後見人を監督する任意後見監督人が選任されてはじめて効力を有することになります（任意後見法2条1号）。この点が、任意の委任契約と異なります。家庭裁判所に任意後見監督人を選任してもらう時期については、本人の判断能力の低下が補助程度となった場合でも可能です。その意味で、早い段階から任意後見人による支援を受けることができます。

6　どの制度を利用するか

　ご質問のケースでは、おそらく保佐に相当するものと思われますが、まず、診断書を確認してください。

　後見、保佐、補助は、本人の財産管理権に対して干渉するものですので、必要性がないのに、過度の干渉をすることは相当ではありません。ですから、

まず、本人の判断能力の状態に応じて、どの制度によるのが相当かを判断することになります。

したがって、本人の現在の状況はどのような状態かを、診断書を参考にして、該当すると思われる類型の申立てをするということになります。

そして、家庭裁判所の審判により申立ての類型と異なると考えられた場合には、類型を変えるために、申立ての趣旨の変更という手続をすることになります（家事事件手続法50条）。

その意味で、まず、診断書を書いてもらう主治医とよく相談して、本人の状況を客観的に把握するとともに、本人の意向も聴き、本人の意向にできるだけ沿った制度の利用を考えるようにしましょう。

（森　徹）

第2部 法定後見

2 成年後見対象者の発見と制度へのつなぎ

Q24 成年後見の対象者を発見するきっかけ

先日、地元の社会福祉協議会から、成年後見の利用を検討している人がいるので相談に乗ってほしいという連絡がありました。成年後見の対象者の発見には、どのような人がかかわるのでしょうか。

[解説]

1 成年後見制度の利用について誰がどこに相談しているか

成年後見の利用について、対象者本人が自ら相談機関に相談するということは、法定後見においてはまれなことといってもよいでしょう。実際には、親族やサービス提供事業者などが相談機関に相談をしています。相談先としては、認知症高齢者の場合には、地域包括支援センターや在宅介護支援センター、行政の高齢相談窓口などがあげられ、知的障害者や精神障害者については、障害者相談支援事業を担う相談支援センターなどがあげられます。

わが国においては、成年後見制度利用者の約8割が後見類型の審判を受けており、対象者本人が制度利用の必要性を理解できない中で、周辺の支援者（家族も含む）の必要性に迫られて制度利用に結びついていることが多いといえます。そこで、いずれの場合も、対象者が抱える課題に対応する中で、成年後見制度の利用が必要であるかどうかのスクリーニングが行われますが、大事な点は、制度を利用する本人が、その人なりにこの制度を理解し、利用することに前向きな姿勢をとれるようにかかわることです。

その際に、行政から委託を受けて運営される成年後見支援センターや権利擁護センター等（社会福祉協議会に設置されている自治体が多い）が成年後見制度推進の事業を担っている場合、そういったセンターが、具体的な手続等

への助言や専門職との連携のために、相談を受けた機関とともに関与していきます。

2　成年後見制度の必要性についての判断

(1)　成年後見制度の必要性は相談の中に隠れていることもある

　成年後見制度の利用の検討が必要な人は、成年後見制度だけでなく、医療・保健・福祉などのさまざまなサービスや支援を必要としています。その中で成年後見制度は複雑で理解が難しく、手続が煩雑という理由で、利用を回避されることがあります。そのため、ストレートに「成年後見制度の利用を検討している」という内容での相談としては入ってこないことが多いものです。

　「認知症が進行して、在宅での独居生活が限界になっている」、「転倒骨折して入院中で、病院からそろそろ退院といわれているが、自宅へ戻ることは不可能なので、施設を探さなくてはいけない」。このような地域包括支援センター等への相談の中には、本人の状況からすれば本来は成年後見制度の利用が検討される必要があるにもかかわらず、成年後見人等という本人の代弁者が存在しないまま、家族や支援者の意向に沿った支援が行われていってしまうこともあるのです。

(2)　誰のための、何のための制度利用か

　逆に、成年後見制度の利用が必要という相談では、「入所先の施設から成年後見人との契約を求められている」「費用の支払いのために定期預金を解約しようとしたら、金融機関から成年後見制度を利用するように言われた」というように、成年後見人でなければ対応ができない課題の解決のために、制度の利用が検討されることがあります。

(3)　成年後見制度は手段にすぎない

　また、成年後見制度の利用につながったから、すべての問題が解決されるわけではなく、引き続き、地域のさまざまな支援者のネットワークの中で、対象者を中心とした支援体制は継続されていきます。成年後見制度は制度を

利用することが目的ではなく、本人らしい生活を継続していくために必要な手段の１つであるといえます。

3　地域の相談窓口へつなぐことは地域住民すべての役割

　何らかの事情で判断能力が不十分である（となった）者については、成年後見制度の理念に則った形で第三者が関与していくしくみとして、法的な根拠に基づき成年後見制度が利用される必要があるといえます。しかし、すべての対象者に成年後見人等が選任されているのかといえば、そうではありません。

　このような状況にある方々については、日常生活をその人らしく送っていくためにもさまざまなサポートが必要となります。そのときに、誰がどのように本人の意思を引き出し、受け止め、その人の立場に立って方針を立てていくのか、というように考えていったときに、成年後見制度の利用を検討する、というプロセスが出てくるものと思われます。業務として本人にかかわる関係機関の従事者はもちろん、地域の中で気になることがある場合は、地域住民が気軽に相談を寄せられることが必要です。地域にはさまざまな相談窓口が設置されています。公的な機関である民間機関であるを問わず、生活上の相談を受ける窓口の対応者が成年後見制度を正しく理解し、相談として受け止めていくことが重要です。

　ただし、現行の成年後見制度には多くの課題があり、運用の見直しも含めて、まさに動いている制度ともいえることに注意しておく必要があるでしょう。

（星野　美子）

Q25 親族等からの成年後見に関する相談を受けた際の注意点

Aさんから、自分の親について、成年後見制度を利用できないかという相談を受けています。相談を受けるにあたり、どのような点に気をつければよいでしょうか。

解説

1 相談者と制度利用者（本人）が異なるという特徴

　成年後見制度の相談を受けるにあたっては、一般的に、相談者と制度を利用する本人とが異なるということを念頭におく必要があります。

　成年後見制度の利用に関する相談は、本件事例のような親族からの相談のほか、本人の入所施設関係者、行政機関の福祉関係担当者、中には不動産業者からの相談もあります。任意後見契約に関する相談の場合を除いて、本人の判断能力が不十分な状況にあるため、本人自らが相談するということはほとんどありません。

　相談者はそれぞれ具体的な問題を抱えているので相談するのですが、注意しなければならないのは、相談者にとって最善の解決策が本人にとって最善であるとは限らないこと、場合によっては互いの利益が相反する可能性もあるということです。

　成年後見制度は、従前の「禁治産・準禁治産制度」と異なり、本人の利益を護ることを目的とする制度であるということを、相談者に理解してもらう必要があります。

2 成年後見制度を利用する目的の聴取

　まず、成年後見制度を利用しようとする理由について聴き取ります。

前述のとおり、成年後見制度は、判断能力の不十分な本人のための制度であり、本人に代わって成年後見人等が本人の利益を護ることを趣旨としています。本人の親族その他の関係者の利益を守るための制度ではありません。

　しかし中には、相談者や関係者が、こうした制度趣旨に反するような行為（本人の財産を利用するなど）を意図している場合があります。たとえば、父親名義の土地に子どもが担保権を設定して金融機関から融資を受け、その土地の上に子どもが2世帯住宅を建てて父親と同居して父親の世話をしようとする場合です。このような場合、本人に不利益が及ぶことになるので、原則として、成年後見人等が本人に代わって担保権設定契約を締結することはできません。当該契約行為が全く認められないということではありませんが、諸般の事情から必要と認められる場合には、子どもが成年後見人等であれば、家庭裁判所が特別代理人を選任して（民法860条・826条）、当該契約を締結することになります。

　また、入所予定施設から、身寄りのない入居者が施設や他の入居者に損害を与えたときの損害賠償責任を担保するためなどに、成年後見人等に身元引受人・身元保証人等への就任を求めようとして、成年後見制度の利用を進める場合があります。この場合、名称のいかんを問わず成年後見人等が自らの負担で本人に代わって損害賠償を行うと、本人と成年後見人等の間で利益相反が生じるなどの問題がありますから、身元引受人などに成年後見人等が就任することは難しいでしょう。

　このように、成年後見に関する相談を受けた際は、相談者の要望と必ずしも一致しない結果となる可能性があることを説明しておく必要があります。

3　本人の状況の聴取

　次に、本人の状況を聴き取ります。

　この場合、単に本人の判断能力がどの程度なのかと聴くだけでなく、相談者がそう判断した根拠を聴き出すことが大切です。この聴き取りによって、後見・保佐・補助のどの類型に該当するのか、ある程度予想できます。また、

成年後見人等候補者として周囲にふさわしい人がいるかどうかのヒントを得られることもあります。

さらに、判断能力のほか、健康状態や生活状況（介護契約締結の必要性や施設入所の必要性の判断材料）、月々の収支状況や資産・負債状況、家族の考え（成年後見制度の利用に協力的か否か）も聴き取ったうえで、後見等開始審判申立ての必要性や可否を判断することになります。

4 後見等開始の審判申立てをする際の注意事項

一般的に、相談者は自身が成年後見人等になることを予定していたり、相談をした専門職に成年後見人等になってもらいたいと依頼することがあります。しかし、誰を成年後見人等に選任するかは裁判所の判断により決定されることですので、その点を相談者に説明しておく必要があります。

従前は、申立人が自ら成年後見人等候補者として申し立てて、裁判所から別の人を成年後見人等とするとの意向を聞いた段階で申立てを取り下げることが行われていました。これについて、申立人の思惑どおりの決定が下されないからといって取下げができるということは本人の保護の点で不十分であるとの観点から疑問視されていました。

これについて、家事事件手続法では、家庭裁判所の許可がなければ取下げができなくなりました（同法121条）。このことを相談者に知らせておく必要があります。

（正木　文久）

第2部　法定後見

Q26　成年後見制度を利用する際の注意点

成年後見制度を利用しようとしているAさんに、制度のメリット・デメリットを説明しようと思います。どのように説明すればよいでしょうか。

解説

1　後見制度を利用する場合のメリット・デメリット

　後見制度は、認知症、知的障害、精神障害などによって、1人で判断する能力がない状態の人について、本人を援助する人として成年後見人を選任する制度です。成年後見人は、本人に代わって契約を結んだり、本人の契約を取り消したりすることにより、本人の身上に配慮した財産管理を行い、本人を支援します（民859条・9条）。

　この制度を利用すると、たとえば、家庭裁判所から選任された成年後見人が、本人が判断能力を喪失した状態で不利な契約を結んだ場合などについて、これを取り消すことによって債務が生じないようにしたり、支払った金銭や引き渡した物などの返還を求めたりすることになります。これにより、本人の財産を守ることができます。また、成年後見人は、本人の生活や療養看護についても、本人の意思を尊重して、心身の状態や生活の状況に配慮しなければらず、本人の状況を見守ることなどにより、本人の身上の保護を図ることになります。

　このように、後見制度では、判断能力がなくなった本人に代わって必要な契約などをし、財産全体を守り、本人の心身の状態や生活の状況に配慮する成年後見人を家庭裁判所が選任しますので、安心・安全な生活を送ることができるようになるメリットがあります。

　しかし、反面、本人が自分で好きなように財産を管理することが制限され

るというデメリットがあります(ただし、日用品(食料品や衣料品等)の購入など「日常生活に関する行為」については、自己決定の尊重とノーマライゼーションの観点から、取消しの対象にならず、この限りでは、財産管理を自分で行うことは制限されません(民法9条))。

また、後見が開始されると、印鑑登録が抹消され、新たに印鑑登録ができなくなります。そのほか、医師、弁護士、司法書士、社会福祉士、行政書士などの資格がなくなる(医師法3条、弁護士法7条4号、司法書士法5条2号、行政書士法2条の2第2号)、公務員や会社の役員になれず、すでになっている場合はその資格がなくなる(国家公務員法38条1号、地方公務員法16条1号、会社法331条1項2号)などの資格の制限があります。

なお、かつては、後見が開始すると、本人は選挙権および被選挙権を有しなくなるとされていましたが、平成25年の公職選挙法の改正によりこの条項は削除されました(公職選挙法旧11条1項1号)(Q27参照)。

2　保佐制度を利用する場合のメリット・デメリット

保佐は、前記疾病や障がいなどによって、1人で判断する能力が、後見の場合ほど減退していないものの著しく不十分な方について、本人を援助する人として保佐人を選任する制度です。

保佐人は、成年後見人のように本人のすべての財産管理につき代理権を有したり、すべての法律行為について取り消すことができるというわけではなく、民法13条で定められている重要な行為を本人がしようとする場合にこれに同意したり、あるいは、本人が保佐人の同意を得ないでこれらの重要行為をすでにしてしまった場合にこれを取り消したりすることができます。

代理権については、成年後見人のように当然もつわけではなく、本人が望む一定の事項について、申立てにより、家庭裁判所が代理権を与えるとの審判をすることによってはじめて、本人に代理して契約を結ぶ権限をもつことになります。

このように、保佐の場合は後見の場合に比べて、援助をする保佐人の権限

は成年後見人ほど広くありません。その分、財産管理の自由は本人に残されており、自己決定の尊重という意味では後見ほど制限的でないという点で、メリットがあります。

ただし、後見と同様に、資格制限があることに注意が必要です。たとえば本人がオーナー会社の役員となっている場合などには、役員を続けることができなくなります。また、公務員も、現業職であっても欠格事由となりますので、申立てにあたっては注意する必要があります。

3　補助制度を利用する場合のメリット・デメリット

補助は、前記疾病や障がいなどによって、保佐レベルほどではないものの、1人で判断する能力が不十分である場合に、本人を援助する人として補助人を選任する制度です。

補助人は、保佐人のように民法13条で定められた重要な行為の全部について当然に同意したり取り消したりすることができるわけではなく、本人が望む一定の事項について、申立てにより家庭裁判所が権限を付与することで、同意したり、代理できることになります。

その意味で、本人の財産管理に対する干渉の程度が保佐の場合より低く、補助人の干渉できる範囲が限られている点で、本人の自己決定を尊重し、残存能力（現有能力）を活用するというメリットがあります。

他方、補助人の権限が限定されているため、たとえば同意権の対象としていない契約を本人が締結しても取り消すことができないこととなります。

なお、補助開始の審判が出されても、後見や保佐のように、資格が制限されることはありません。

4　任意後見制度を利用する場合のメリット・デメリット

任意後見制度は、いわばオーダーメイドのように、本人自身が自分に代わって契約などの法律行為を行う人を選ぶことができ、また、依頼する内容についても、本人が希望する法律行為について限定して与えることができま

す。

　その意味では、補助と同様、本人の財産管理に対する干渉の程度が低く、干渉される範囲は限られており、本人の自己決定を尊重し、残存能力（現有能力）を活用するという点ではメリットがあります。そして、それが本人自身の判断能力がある時点で、公正証書によって細かく定めることができるという点が利点といえます。

　また、任意後見人は、取消権を有しないという点が特徴的です。これは一方で、本人が締結した契約などを取り消すことができないため、債務を負担しないようにしたり、支払ったお金や引き渡した物の返還を求めるということができないことになります。このことから、取消権を行使すべきなのにそれがないとして本人の保護に欠ける場合が出てくることを懸念する考えもあります。しかし、むしろ、本人が財産管理できるならばそれに干渉せず、本人の意思を尊重するというのが任意後見の特徴です。もし、そのような本人の保護が必要な場合や予定していなかった代理権が必要となった場合は、法定後見の申立てを行うことにより対応できます（任意後見法10条）し、当初から取消権を行使して本人を保護する必要があるような場合は、任意後見制度の利用にはなじまないと事案といえるでしょう。

　なお、任意後見の場合は、後見や保佐のように、資格が制限されることはありません。

（森　徹）

第2部　法定後見

Q27　成年被後見人の選挙権

Aさんは政治への関心が強く、選挙に行くことを楽しみにしています。今、Aさんは成年後見制度の利用を検討していますが、成年被後見人になると選挙権がなくなるのでしょうか。

解説

1　選挙権は喪失しません

成年後見を利用する人も選挙権を行使することができます。

2013年5月27日、「成年被後見人の選挙権の回復等のための公職選挙法等の一部を改正する法律」が成立し、同年6月30日から施行されました。

この改正法は、成年被後見人は選挙権（および被選挙権＝立候補の資格）がないとする公職選挙法旧11条1項1号（選挙権の欠格条項）を削除したものです。

2　選挙権のない時代が続きました

言い換えると、それまでは、成年後見の対象となった人には選挙権がありませんでした。

選挙権がなくなることはおかしいという声は、成年後見を利用する本人や障害者団体、一部の学説からあがっていましたが、成年後見制度が2000年4月に施行されて以来13年間余りにわたって成年被後見人から選挙権が奪われていたのは事実です。

3　選挙権のあることは当然であることの理由

(1)　選挙権は民主主義を支える基幹的権利であること

最高裁判所は、在外日本人選挙権剥奪違憲訴訟において、選挙権は「国民

の国政への参加の機会を保障する基本的権利として、議会制民主主義の根幹を成すものであり、民主国家においては、一定の年齢に達した国民のすべてに平等に与えられるべきものである」、「国民の選挙権又はその行使を制限することは原則として許されず、国民の選挙権又はその行使を制限するためには、そのような制限をすることがやむを得ないと認められる事由がなければならない」としています（最高裁平成17年9月14日判決・民集59巻7号2087頁）。

この最高裁判所の趣旨からしても、国民の1人として国政に参加する権利が安易に奪われることがあってはならず、成年後見制度を利用する人にも当然選挙権が認められるべきです。

(2) 民法による後見開始の判定は政治的判断能力を問うものでないこと

成年被後見人は「精神上の障害により事理を弁識する能力を欠く常況にある者」（民法7条）と裁判所から判断されています。しかし、ここにいう「事理弁識能力」は、自分の財産の管理能力や身上監護・生活上の支援の必要性と目的から判定されるものであって、「政治分野における判断能力が欠如しているか」を判定するものではありません。

(3) 成年後見制度の趣旨との矛盾

成年後見制度の趣旨は、本人の権利を擁護し、社会参加を促進し、自己決定権を尊重することにあります。

その制度を利用すると選挙という社会参加権の中で最も重要な権利が自動的に剥奪されるというしくみは、背理・矛盾です。

(4) 障害者権利条約違反

成年後見の利用により選挙権が喪失する規定は、障害者の社会参加の推進を重要な目的とする障害者権利条約に違反するとの指摘がされていました（松井亮輔＝川島聡編『概説　障害者権利条約』183頁～199頁、池原毅和『精神障害法』266頁～317頁）。同条約を日本政府は2014年1月に批准し、同年2月19日から国内法的効力が発効し、民法の上位法となりました。それよりも前にこの規定が削除されたことで、条約違反状態には至らなかったことになります。

(5) 憲法違反

成年後見制度の趣旨、憲法の趣旨等に照らして、成年被後見人から選挙権を奪う規定は憲法15条（選挙権）等に反すると、一部の学説も指摘していました（竹中勲「成年被後見人の自己人生創造希求権と選挙権」新井誠ほか編『成年後見法制の展望』217頁～223頁、野中俊彦ほか編『憲法Ⅰ〔第5版〕』541頁～542頁等）。

4　違憲訴訟

この問題は、成年被後見人となったことで選挙権を奪われた知的障害者ら4名が、2011年～2012年に、東京、さいたま、札幌、京都の各地方裁判所に違憲訴訟を提起したことで、社会的に注目されるようになりました。

5　東京地裁平成25年3月14日判決

上記4件の訴訟のうち最初の判決として、東京地方裁判所は2013年3月14日、「成年被後見人に選挙権を付与しないとした公職選挙法11条1項1号は憲法に違反し無効であると言わざるを得ない」とする違憲判決を下しました（東京地裁平成25年3月14日判決・判時2178号3頁）。

判決は、主文において、成年後見を利用したことにより選挙権が奪われた知的障害のあるダウン症の原告に対して、「次回の衆議院・参議院の選挙において投票できる地位にあることを確認する」とする原告全面勝訴の判決を下しています。

また、判決は、①選挙権は国民すべてに平等に与えられるべきもの、②憲法43条1項・15条は国民の選挙権を保障し、44条ただし書・14条は差別を禁止しており、このような憲法の趣旨に鑑みれば、選挙権を制限することは原則として許されない、③国民にはさまざまなハンディキャップを負う者が多数存在し、そのような国民も主権者として自己統治を行う主体であること、等を論じ、公職選挙法11条1項1号は憲法に違反し無効であるといわざるを得ないと断定しています。

判決の理由は、自己決定の尊重、ノーマライゼーションの理念等の本来の成年後見の意義を論じ、国際的動向も詳細に分析して、成年被後見人から選挙権を奪うことは国際的潮流に反するなどと説得力に富む内容です。

6　判決を受けた公職選挙法改正

この判決の社会的な反響は大きく、政府は公職選挙法改正の必要を認め、第183国会において、冒頭の改正法が成立し、2013年7月21日の参議院選挙で成年被後見人も選挙権が行使できるように、同年6月末日からの改正法施行となったものです。なお、前記の東京地裁の訴訟は国により控訴され、同年7月17日、一審判決の趣旨を踏まえて本人の選挙権を認める和解が成立しています。

7　選挙権に限らない多くの「欠格事由問題」

成年後見を利用することによる本人の不当な権利制約の問題は、選挙権に限りません。

成年被後見人となることにより本人の権利・資格などが制約されることは、「欠格事由問題」「資格制限問題」などといわれています。被保佐人になることによる資格制限の規定も存在しています。成年後見制度を利用することによる資格制限は170以上に及んでいます（〔表1〕参照）。

主要な資格制限の例としては、①公務員、②会社の役員（①について Q28 参照）、③弁護士・司法書士・社会福祉士・建築士・医師等の専門職の国家資格、④宅地建物取引業の免許等の営業に関する免許・許可があげられます。

8　欠格事由問題は安易な「転用」による権利制限

しかし、成年後見制度利用者になったことによって、別の法制度が定める権利や資格までもが自動的に剥奪されたり制約されるしくみ自体、成年後見制度の理念である「ノーマライゼーション」、「自己決定の尊重」、「本人の能力の活用」と矛盾するというべきです。上記東京地裁判決も同趣旨の指摘を

しています。

　こういったしくみは、「成年後見を利用するほど能力が不十分な者は、多くの別の制度の資格要件も機械的・画一的に制限して構わない」といういささか乱暴な「転用」のしくみとして見直されるべきです（上山泰「身上監護に関する決定権限——成年後見制度の転用問題を中心に——」成年後見法研究7号41頁～52頁）。

　また、それらは、憲法が本人に保障する職業選択の自由（22条1項）、勤労の権利（27条）、営業の自由（29条）等を制約しています。

9　欠格事由は個別審査を原則とするべき

　各法令が資格等を付与する制度は、国民の健康や社会生活を維持するなどの目的のため、有資格者に一定の能力が備わっていることを要件とします。

　確かに「精神上の障害により事理を弁識する能力を欠く常況にある者」とされ、自分の財産管理さえ単独ではできない者に対して、国民の財産や健康を預かるような資格を付与してよいのかという素朴な疑問もあり得ましょう。

　しかし、本来は、各資格の要件においてそのような事柄を個別に具備すれば足りるはずです。各法制度において資格等を定める趣旨はさまざまなものがありますから、法令の目的を個別に考慮し、成年被後見人等に資格を付与することがおよそ許されない場合を除いて、一律の資格制限を廃止し、職務や資格の内容に応じて個別に適性を判断する個別審査に委ねる制度に改正し、本人の権利を尊重することが重要と考えます。

　　　　　　　　　　　　　　　　　　　　　　　　　　　　（藤岡　毅）

〔表1〕 制限規定一覧

(出典)井上具美子「成年被後見人が受ける170を超える権利制限」
実践成年後見49号93頁～94頁

よみ	番号	法令等	関連官庁	条文	制限される資格・内容等	後	保	破	整備法
あ	1	あへん法	厚生労働省	13条・14条	けしの栽培の許可	×	×	○	30条
え	10	液化石油ガスの保安の確保及び取引の適正化に関する法律	経済産業省	4条	液化石油ガスの販売事業者の登録	×	○	○	96条
				30条	保安業務の認定	×	○	○	
				35条の3	保安機関の認定取り消し	×	○	○	
	12	介護保険法	厚生労働省	69条の2	介護支援専門員の登録	×	×	○	
	16	会社法	法務省	331条・335条・478条	取締役・監査役・清算人	×	×	＊	
	20	化学物質の審査及び製造等の規制に関する法律	経済産業省・厚生労働省	19条	第一種特定化学物質の製造事業の許可	×	○	○	99条
	21	化学兵器の禁止及び特定物資の規制等に関する法律	経済産業省	5条	特定物資の製造許可	×	○	○	105条
か	23	貸金業法	内閣府（金融庁）	6条	貸金業者の登録	×	×	×	100条
				24条の27	（貸金業務取扱主任者の）登録の拒否	×	×	×	
				41条の13	信用情報提供等業務を行う者の指定（役員等）	×	×	×	
				41条の39	（紛争解決等業務を行う者の）指定	×	×	×	
	31	火薬類取締法	経済産業省	6条	火薬類の製造、販売の許可	×	○	○	47条
	47	銀行法	財務省	52条の62	紛争解決等業務を行う者の役員	×	×	×	
	54	クラスター弾等の製造の禁止及び所持の規制等に関する法律	経済産業省	6条	所持の許可	×	○	○	
け	55	警察法	内閣府（警察庁）	7条	国家公安委員会の委員	○	○	×	78条で制限削除
				39条	都道府県公安委員会の委員	○	○	×	
	56	競馬法	農林水産省	23条の21	運営委員会の委員	○	○	×	28条で制限削除

No	法律名	所管	条文	内容	成	保	補	備考
57	競馬法施行規則	農林水産省	3条	競馬の実施に関する事務の委託	×	×	×	
			15条	馬主登録	×	×	×	
			22条	調教手・騎手の免許	×	×	×	
			30条	地方競馬の実施に関する事務の委託	×	×	×	
64	建設労働者の雇用の改善等に関する法律	厚生労働省	13条	事業主団体	×	×	×	
		厚生労働省	32条	建設業務労働者就業機会確保事業の許可	×	×	×	
65	建築基準法	国土交通省	77条の19	確認検査業務者の指定	×	×	×	50条
			77条の35の3	指定構造計算適合性判定機関	×	×	×	50条
			77条の37	指定認定機関欠格事由	×	×	×	50条
			77条の59	建築基準適合判定資格者	×	×	○	50条
66	建築士法	国土交通省	7条	一級建築士、二級建築士又は木造建築士	×	×	○	51条
			10条の23	欠格条項	×	×	×	
			23条の4	登録の拒否	×	×	×	
67	高圧ガス保安法	経済産業省	7条	高圧ガスの製造、販売の許可	×	○	○	66条
74	公証人法	法務省	14条・16条	公証人	○	○	×	7条で制限削除
75	公職選挙法	総務省	ー	選挙権及被選挙権	○	○	○	44条、後改正で制限削除
			5条の2	中央選挙管理委員会の委員	○	○	○	44条、後改正で制限削除
80	高齢者の居住の安定確保に関する法律	国交省・厚労省	8条	サービス付き高齢者向け住宅事業者登録の拒否	×	×	×	
			29条	指定登録機関の指定	×	×	×	
90	国家公務員法	総務省	5条③	人事官	○	○	×	20条で制限削除
			38条	国家公務員	×	×	○	20条
91	古物営業法	内閣府(警察庁)	4条	古物営業の許可資格	×	×	×	8条

第 1 章　後見等開始に向けた実務

	98	塩事業法	財務省	7条	登録の拒否	×	×	×	106条
	105	質屋営業法	内閣府	3条・25条	質屋営業の許可資格	×	○	×	48条
し	107	私的独占の禁止及び公正取引の確保に関する法律	内閣府（公正取引委員会）	31条	公正取引委員会の委員長及び委員	○	○	×	17条で制限削除
	114	司法書士法	法務省	5条	司法書士	×	×	×	
	115	社会福祉法	厚生労働省	36条	社会福祉法人の役員	×	×	○	60条
	122	住宅の品質確保の促進等に関する法律	内閣府・国交省	8条	住宅性能評価機関の登録	×	×	×	8条
	140	人権擁護委員法	法務省	7条	人権擁護委員	○	○	○	32条で制限削除
	155	対人地雷の製造の禁止及び所持の規制に関する法律	経済産業省	6条	対人地雷の所持の許可	×	○	×	11条
	156	大麻取締法	厚生労働省	5条	大麻取扱者の免許	×	×	○	25条
た	157	宅地建物取引業法	国土交通省	18条	宅地建物取引主任者の登録	×	×	×	69条
				52条	手付金等保証事業の指定（役員）	×	×	×	69条
				5条	宅地建物取引業の免許	×	×	×	69条
	158	たばこ事業法	財務省	13条	特定販売業の登録の拒否	×	×	×	101条
				17条	特定販売業の登録取消し等	×	×	×	101条
				23条	たばこ小売販売業の許可	×	×	×	101条
				31条	たばこ小売販売業の許可取消し	×	×	×	101条
ち	164	地方公務員法	総務省	16条	職員・競争試験及び選考の受験資格	×	×	○	56条
				9条の2	人事委員会及び公平委員会の委員	○	○	○	
と	185	道路交通法	内閣府	103条	免許の取消し等	○	○	○	
				51条の8	確認事務の委託	×	×	×	
	189	特定製品に係るフロン類の回収及び破壊の実施の確保等に関する法律	環境省	11条	業者登録の拒否	×	×	×	
				26条	許可の基準	×	×	×	
に	201	日本銀行法	内閣府	25条	日本銀行の役員（理事を除く）	○	○	×	108条で制限削除

111

第2部　法定後見

	番号	法令名	関連官庁	条	内容	成年被後見人	被保佐人	破産者	H11整備法
	202	日本国憲法の改正手続に関する法律	総務省	3条	国民投票の投票権	○	○	○	
	203	日本中央競馬会法	農林水産省	13条	日本中央競馬会の役員	○	○	×	28条で制限削除
ひ	211	非訟事件手続法	法務省	16条	当事者能力	△	△		
へ	218	弁護士法	法務省	7条	弁護士	×	×	×	39条
ま	225	麻薬及び向精神薬取締法	厚生労働省	3条	麻薬輸入業者等の免許	×	○	○	74条
				50条	向精神薬輸入業者等の免許	×	○	○	74条
	226	マンションの管理の適正化の推進に関する法律	国土交通省	30条	マンション管理士の登録	×	×	○	
				33条	登録取り消し	×	×	○	
				47条	登録の拒否	×	×	○	
				59条	管理業務主任の登録	×	×	×	
や	231	薬剤師法	厚生労働省	4条	薬剤師（絶対的欠格事由）	×	×	○	8条
				8条	薬剤師の免許取消	×	×	○	

●本法令データは、「平成11年民法一部改正法等の解説」（小林昭彦・原司著／法曹会）及び選挙権確認請求事件（平成23年東京地裁）における被告準備書面から引用したものに調査を加えて作成したものです。
法令の条文及び内容はでき得る限りの確認を行っておりますが、正確性を保証するものではございません。
また、調査時期以降に改正がなされた場合等は内容に変更が生じている場合もございます。

●表の記載について：
【関連官庁】法令によっては複数の官庁が管轄していますが、主な関連官庁のみを記載しております。
【成年被後見人／被保佐人／破産者】○は法令に制限がない、×は法令に制限規定があることを示しています。
△は条文解釈上、制限の有無を明確にできないもの、＊は破産法265条（詐欺破産罪）以下に該当する場合に制限が課せられることを示しています。
【H11整備法】
「民法の一部を改正する法律の施行に伴う関係法律の整備等に関する法律」（法律第151号、平成11年12月8日公布）での記載条文数を示します（但し、その後の改正があった場合はその年を記載）

※本表は、公益社団法人成年後見センター・リーガルサポートウェブサイト〈http://www.legal-support.or.jp/act/symposium_doc/20131116seigenhou.pdf〉にて公表されている制限規定一覧から抜粋したものである。

Q28 公務員についての資格制限

Aさんは、公務員として市役所でずっと働いてきました。数カ月前、交通事故にあって高次脳機能障害となり、財産の管理能力に不安があったことから、保佐が開始されました。すると、市役所から、被保佐人は公務員でいることはできないという通知がありました。今、Aさんは、公園の清掃係などをしており、その仕事であれば十分にすることができます。公務員を辞めなければいけないのでしょうか。

解説

1 地方公務員法の規定

地方公務員法16条は次のとおり規定しています。

> 次の各号の一に該当する者は、条例で定める場合を除くほか、職員となり、又は競争試験若しくは選考を受けることができない。
> 一 成年被後見人又は被保佐人

そして、地方公務員法28条4項は、16条各号の1つに該当するに至ったときは、その職を失うとしています。

したがって、現行法令上、成年被後見人と被保佐人は原則として公務員となることはできず、公務員が成年被後見人または被保佐人となると資格を喪失します。国家公務員法でも同様の規定があります(国家公務員法38条・76条)。

この欠格事由の趣旨は、従来、次のように説明されてきました。

「欠格事由該当者は『全体の奉仕者』としての適格性を欠く」、「行為能力を完全に持たない者は、地方公務員の任用の資格要件についても、当然適格性を欠くとみてよい」(青木宗也=室井力編『地方公務員法〔新版〕』(別冊法学

セミナー）62頁）。

　ただし、これは、旧民法の「禁治産・準禁治産」時代の説明であり、ノーマライゼーション・自己決定の尊重・能力の活用等の現行の成年後見制度の趣旨に照らして、そのまま維持できる解釈とは思えません。

　しかし、現行成年後見制度下においても次のように解説されています。

　「自己の財産についてさえ自らの判断だけで処分などをする能力がないとされるのであるから、そのような者に公務の遂行を委ねることはできないとされたのである」（橋本勇『新版　逐条地方公務員法〔第1次改訂版〕』232頁）。

　したがって、現在の法律上、ご質問のケースでは、「保佐が開始されたことにより公務員の地位を失う」ことになります。

2　欠格事由条項への疑問

　上記の地方公務員法の立法趣旨は、「公務員」の職責の重要性から一見もっともともいえる説明ですが、疑問があります。

　公務員の職務内容にもさまざまなものがあります。副市町村長（旧助役）やその補助的職務のように重要な政策決定を担当する職務や、警察職員の多くのように市民に対する公権力行使を司る職務もありますが、他方、簡易な事務作業、清掃業務、補助的業務、現業職務等の業務に従事する公務員もいます。まさにご質問のようなケースで公務員を辞めざるを得ないことは、成年後見制度が本人の能力の活用・発揮、ノーマライゼーションの推進という理念に立つことにかんがみると、制度の趣旨から疑問があります。

　現行法制度では、公務員として清掃業務等に従事し社会参加を果たしている高次脳機能障害者が、生活上の安心を得てさらに職務に邁進するために保佐制度を利用したところ、それが災いして公務員を辞めなければならないという結論が導き出されます。

　しかし、そうだとしたら、「成年後見制度とはいったい何なのだ」「社会的排除の制度ではないか」という制度自体への社会一般の不信につながるというべきです。

また、障害者権利条約は日本政府が2014年1月に批准し、2月19日から国内法的効力を有するに至っている同条約12条2項は、「締結国は障害者が生活のあらゆる側面において他の者との平等を基礎として法的能力を享有することを認める」としています。現行の地方公務員法の一律欠格事由条項は条約に違反するというべきでしょう。

　上記のような、成年被後見人等でも遂行可能な職務類型のあることを考慮し、成年被後見人等となることを理由とした機械的・一律の公務員の資格喪失という法制度は改正されるべきです。

　たとえば、神奈川県川崎市では、自閉症を伴う知的障害者が平成5年から地方公務員として約20年間勤務している実例があります（明石洋子『お仕事がんばります──自閉症の息子と共に……③』）。障害者に公務員が務まらないというのは偏見にすぎません。

　あくまで個々の人物が当該職務の内容に応じた適性があるかを、個別に判断するべきものと思われます。

3　条例による例外

　もっとも、現行法令を改正しなくても、ご質問のケースで公務員を続けることが違法でない場合もあり得ます。

　それは地方公務員法28条4項で「条例で定める場合を除くほか」とされていることから成年被後見人か被保佐人でも公務員となれるとする条例を制定している場合です。

　ただし、橋本・前掲書230頁では「特例を条例で定める余地はほとんどないように思える」とされており、成年後見制度の趣旨からの考察は従来なされていないように思えます。また、実際に被保佐人や成年被後見人でも公務員となれるとする条例を制定している自治体が存在するのかは不明です。

　しかし、成年後見制度とノーマライゼーションの理念等のもと、全国の地方自治体で、成年被後見人や被保佐人であっても公務員として就労が可能となるような条例の制定が各地で進むことが望まれます。　　　　　（藤岡　毅）

第2部　法定後見

Q29 関係機関と専門職との連携・ネットワークの構築

先日、75歳の本人の成年後見人に選任されました。初めて成年後見人の業務を行います。関係機関との連携が大事だといわれますが、ネットワークをつくっていくにはどのようにすればよいでしょうか。また、その際に注意しなければならないことはあるでしょうか。

解説

1　成年被後見人の生活の成り立ちを理解する

　成年後見人の職務遂行のための基本的な活動指針として、民法858条の規定があります。民法858条の規定は、成年後見人が行うべき事務には、成年被後見人の「生活、療養看護、財産管理に関する事務」があり、これらの事務を遂行する際に、「成年被後見人の意思を尊重」し、さらに「心身の状態及び生活の状況に配慮」しなければならないと明示しています。

　関係機関や専門職との連携、ネットワークの構築をする前提として、本人の「心身の状態及び生活の状況に配慮」するために、成年後見人等としては、まず本人がどのような人なのかを知ることが必要です。

　基本は本人に直接会い、本人の考え、趣味・嗜好、生活の様子などを把握します。

　そのうえで、本人の生活を支えているさまざまな人々とその関係や役割について理解をすることが必要です。その際、本人の「心身の状態及び生活の状況」は常に変化すること、また、成年後見人等や関係者と本人との関係の中で尊重すべき「本人の意思」の把握が適切にできているかの判断も求められることに留意すべきです。

2　成年被後見人等に必要な関係機関や社会資源を知る

そこで、本人はどのような関係機関や社会資源とつながっているのかを把握します。在宅で1人暮しをしているのか、家族と同居をしているのか。1人暮しであっても、親族の定期的な訪問やかかわりがあるのか。介護保険の認定を受け、介護保険サービスや地域の福祉サービスを利用しながら生活をしているのか。障害手帳等を取得し、障害福祉サービスを利用しているのか。あるいは、施設に入所、病院に入院しているのか。施設はどのような種別の施設で、そこではどのような介護や生活の支援を受けているのか。病院はどのような種別の病院で、今後の本人の居所についてはどのような見通しがあるのか、本人が現在利用している関係機関や社会資源、さらに、現在は利用していないけれど必要な関係機関や社会資源、また、今後、本人の状況の変化に伴い必要となる可能性のある関係機関や社会資源を把握することなども必要です。

成年後見人等は、既存の制度やサービス、社会資源の中で本人の生活を支えるという発想から、本人の生活を中心に捉えた場合に不足している制度やサービス、社会資源に気づきそれらとつながりをもてるように効果的に発信していくことが求められます。その際にも、関係機関とのネットワークは重要な位置づけになります。

3　成年後見人等の立ち位置と役割を理解する

本人の生活を支える関係機関は、医療・福祉・保健サービスに限定されません。時には弁護士や司法書士等の法律の専門家、税理士など税務の専門家と相談しながら解決すべき問題も出てくるでしょう。また、地域で生活するということは、住宅の賃貸借や維持管理のために必要な業者との交渉や契約、ライフラインの契約等によって成り立っています。

また、本人の家族や友人・知人・近隣の方といったインフォーマルな関係も、本人がその人らしい生活を送るためには大切に維持されるべき関係です。

このように、本人の生活を支えていくためにはさまざまな関係機関や社会資源等とのネットワークが構築されているわけです。それらをしっかりと把握したうえで、成年後見人等の機能や役割は、そのネットワークの中でどこに位置づけられるのかを確認し、自らの立ち位置を理解しましょう。

成年後見人等、特に後見類型における成年後見人は、本人の法定代理人としての権限を行使することがその役割で、あくまでも本人の代理人です。ネットワークの中心にいる本人そのものともいえ、本人に代わって、本人の権利を擁護するための代弁者として機能しなければなりません。本人の周辺に位置する関係機関や社会資源とは、立ち位置が異なることを認識する必要があります。

また、ネットワークはある程度でき上がっている場合もありますが、状況の変化に応じて再構築し、関係者とともに作り上げていくものでもあります。その際には、地域の社会福祉士やソーシャルワーカーを活用し、本人の生活全般を支えるネットワークが機能するよう働きかけていくことも重要です。

（星野　美子）

〈図3〉　関係機関とのネットワーク

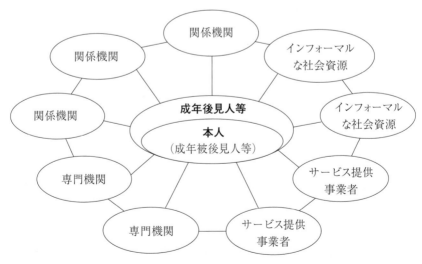

（出典）㈳日本社会福祉士会編『権利擁護と成年後見実践〔第2版〕』308頁

3 申立てと審判手続

Q30 審判手続と注意点

成年後見が開始されるまでの手続はどのように進行するのでしょうか。また、その際に注意することにはどのようなものがあるでしょうか。

[解説]

1 申立時に提出する診断書の取得

申立てにあたっては、本人の判断能力に関する診断書の提出が求められます。

診断書を作成する医師は、成年被後見人等本人に日常的に触れ合い、本人の状況をある程度長期的に観察できる状況にある主治医であることが望ましいと考えられますが、これに限定されるものではありません。また、精神科専門医でなくてもよいとされています。

対立親族が本人を抱え込んだりしてどうしても医師の診断を受けられない場合、そのままでは申立てができないことがあります。近時の運用では、事件数が増大したこともあり、診断書を添えないとそもそも申立て・面接の予約すら受け付けない裁判所もあります。しかし、診断書の提出は、法律上の要件ではないので、そのような場合にも、診断書がとれないからとあきらめるのではなく、ほかに本人の精神状況に関する疎明資料（申立人および関係者の陳述書、介護している施設や訪問介護している職員とやりとりした時の電話聴取記録書、他の対立親族からの事情聴取時の聴き取りメモなど）を揃えて受診を求めるべきでしょう。

第2部　法定後見

2　申立権者

　申立権者は法定されており、配偶者、4親等内の親族のほか（民法7条・11条・15条）、公益の代表者として検察官、市町村の長（老人福祉法32条、知的障害者法28条、精神保健福祉法51条の11の2）に申立権が認められています。本人ももちろん申立権者ですが、判断能力に問題があるわけですから、そもそも申立能力すらないと判断されると受け付けてもらえない可能性もあります。しかし、ある手続に必要な能力の程度は相対的ですので、少なくとも、自分を保護してもらうために何らかの手続をするという程度の申立ての意味を理解できる意思能力があれば、申立ては可能です。

　配偶者、親族などの申立てが期待できない場合に、市町村長の申立て、検察官の申立て（実際にはほとんど運用されていません）が認められる関係にありますが、運用では、2親等内の親族がいないか、2親等内の親族に申立意思がない場合には市町村長申立てが認められ、虐待事例、親族囲い込み事例などではむしろ親族の意思に反しても申立てが認められる場合もあります。

　申立てにあたって、他の親族の同意書の提出を求められることがありますが、これはあくまで、申立ての要否・成年後見人等選任の参考資料であり、意見照会の代わりとするためのものですから、同意を得られないと申し立てられないということではありません。

3　管　轄

　後見開始の審判を申し立てる裁判所は、成年被後見人等の「住所地」を管轄する家庭裁判所となります（家事事件手続法117条1項）。東京家庭裁判所などでは原則として住民票上の住所を基準として定めていますが、「住所」とは「生活の本拠」をいうものですので、施設に長期滞在している場合などは、そこを住所として認められる場合もあり、また、必ずしも「住所」地の裁判所でなくても「自庁処理」により管轄を認めることが認められています（家事事件手続法9条1項ただし書。なお、旧家事審判規則4条1項）ので、実際に

ふさわしい地の裁判所に申し立てる工夫をする必要があります。

4　申立費用

　後見等申立てに必要な費用としては、申立手数料・後見登記費用・送達用郵便切手のほか、鑑定費用が必要となります。

　これらの手続費用は、原則として、成年被後見人等となる本人が負担するのではなく、申立人となった者が負担することになっています（家事事件手続法28条1項）。ただし、事情により家庭裁判所は本人に負担を命ずることができ（同法28条2項）、申立書中に本人負担とする旨を申し立てておけばその旨の決定を受けることができるようになっています。この場合、負担を命じることができるのは、あくまで申立てに直接必要な費用（申立手数料、送達費用、後見登記費用、鑑定料）だけであり、申立書に添付する診断書の費用は申立関係費用として認められず、申立代行・代理をする弁護士等の手数料なども認められません。

　実際には、市町村・特別区などで、条例などにより、これらの費用を本人が負担できないような事情がある場合には、公費の扶助が認められる場合があり、市町村によっては、後見報酬についても一定の条件のもとに補助が得られる場合がありますので、各自治体の援助制度を十分に調査して活用する必要があります（Q49参照）。

5　保全処分・審判手続

　家庭裁判所は申立人および本人に面接して後見開始の要件を具備しているかどうかを確認します（実際には参与員などが実施している運用が多いようです）。本人が裁判所まで行けない場合は、本人面接は省略されることが多いのですが、面接の必要性が高いときは、調査官が本人のところに出張して事情聴取を行います。

　最近は、申立てから審判に至るまでの期間は、だいぶ短縮されていますが、それでもまだ一定の期間がかかりますので、後見等開始決定までの間に取り

返しのつかない事態が発生する場合もあり得ます。その場合、財産の管理者の選任や管理権者に対する本人の財産管理または療養看護に関する指示、後見・保佐・補助命令などを出すことができる、「審判前の保全処分」を申し立てて本人の保護を図ることができます（家事事件手続法126条・134条・143条）（Q60以下参照）。

6　鑑　定

後見および保佐開始の審判をするには、本人に対する行為能力の制限になることから原則として医師の専門的判断を経ることが必要なので、「鑑定」が実施されることとなっています（家事事件手続法119条1項本文）。ただ、すでに申立段階の本人の状況や診断書の記載などから、明らかに後見等が必要な状況であることが判明している場合には、鑑定を省略することができます（同条1項ただし書参照）。現在ではむしろ鑑定を行う部分のほうが少なくなっています。

7　後見等開始決定

審理の結果、申立てが認容された場合には家庭裁判所の後見開始の決定とともに、職権で特定の成年後見人等を選任する旨の決定がなされます。

成年後見人等候補者は、申立人自身や申立人の希望する者を推薦することはできますが、最終的には最もふさわしい者を家庭裁判所が決定することとなります。誰を成年後見人等とするかの決定に対しては、不服申立てはできません。親族間で紛争がある場合には第三者専門家が選任される場合が多く、親族を成年後見人等にする場合でも財産が高額だったり複雑だったりする場合には後見監督人が付けられるか、後見支援信託の利用を求められるという運用になっています。

8　審判の告知・通知、不服申立て

後見等開始の審判は、当事者および利害関係参加人（これらの者以外の審

判を受ける者にも）に告知（原則として特別送達の方法によると解されます）される（家事事件手続法74条1項）ほか、成年後見人等に選任される者など（同法122条2項1号）、にも「告知」されますが、成年被後見人等となる者には「通知」（適宜の方法で行われます。）がなされます（同法122条1項）。

　審判が告知された時から（告知を受けるものでない者にとっては、成年後見人等に選任される者が審判の告知を受けた日（最も遅い日）から）、それぞれ不服申立て（この場合は、「即時抗告」となります）をされることなく所定の期間を経過した時点で審判は確定し、後見等が開始されることになります（家事事件手続法74条2項ただし書）。

（野本　雅志）

Q31 申立権者

Aさんの認知症が進んできました。本人とも話し合って、成年後見の利用に向けて進めることになりました。成年後見の申立てはどのような人ができるのでしょうか。

解説

1 民法上の申立権者

(1) 民法の規定

後見・保佐・補助開始の審判の申立権者は、民法上、本人、配偶者、4親等内の親族、未成年後見人、未成年後見監督人、保佐人、保佐監督人、補助人、補助監督人（保佐人から補助監督人までは、類型変更のための申立て）または検察官となっています（民法7条・11条・15条）。

公益の代表者として検察官にも申立権が認められていますが、検察官申立制度の趣旨については、旧禁治産・準禁治産制度時代の裁判例に、「禁治産者とすべき客観的な必要性があるにもかかわらず、配偶者、4親等内の親族らや本人が申立をしない場合に備えて補充的に認めたものである」と判示したものがあり（東京高裁昭和56年12月21日決定・判時1035号57頁）、実際上も検察官がこの権限を行使することは極めてまれです。

(2) 4親等内の親族とは

「4親等内の親族」とは、4親等の血族、配偶者、3親等内の姻族のことをいいます（民法725条、〈図4参照〉）。

ここで、「親等」は、親族間の世代数を数えて定めます（民法726条1項）。直系とは、「一方が他方の子孫に当たる関係」なので、その世代数を数えます。傍系とは「共通の始祖から分かれた枝の関係にあること」なので、この場合には当該者またはその配偶者から同一の祖先にさかのぼり、その祖先か

ら他の一人に下るまでの世代数によって定めます（同条2項）。

また、「血族」とは、実際に血縁のつながりまたは養子縁組などの法的関係により親族関係にある者をいいます。

したがって、申立権者となりうる親族の限界は、本人の血族関係では、直系血族として、本人の玄孫（孫の孫）まで、傍系血族として、本人の兄弟姉妹の子である甥姪の子（兄弟の孫）まで（なお、いわゆる「はとこ」は、祖父母の兄弟姉妹の孫に当たり、6親等の親族となるので申立権はありません）、および本人の親の兄弟姉妹（おじ・おば）の子（いとこ）まで、となります。

姻族（配偶者の血族）としてはそれぞれ一つ親等が少ないところまでなので、直系姻族では曾孫まで、義兄弟・義姉妹（兄弟の配偶者）の関係では、その甥・姪まで、義親の兄弟姉妹関係ではおじ・おばまで、ということになります。

2　特別法上の申立権者

実務上は申立権者の多くが親族ですが、近時の少子高齢化社会の進展から、身寄りのない認知症の高齢者、知的障害者・精神障害者が増えつつあり、適切な申立人がいないまま放置されている状況も少なくありません。そのような状況に対応するために、旧禁治産・準禁治産制度の時代から公益の代表者としての検察官申立制度が用意されていました。しかし、前述のようにこの制度がほとんど機能していなかったことから、新しい成年後見制度の制定の際に、65歳以上の者（高齢者）・知的障害者・精神障害者について、市町村長に申立権が認められました（老人福祉法32条、精神保健福祉法51条の11の2、知的障害者福祉法28条）。これは、市町村は、上記各対象者に対する各種の福祉サービスを行う責任があり、各人の状況を的確に把握しているので、その状況に応じて的確な申立権者がいない場合には適切な対応が可能であるため、その首長に申立権を付与すべき、という趣旨に基づくものです。特別区の長も同様です（地方自治法281条）。

市町村長等の申立てができるのは、「その福祉を図るため特に必要がある

と認めるとき」と規定されています。これは、一般的には、本人の保護を図るため成年後見制度の利用が必要とされる状況にありながら、民法の定める申立権者がいない場合、または、いてもそれらの者が行方不明であったり疎遠だったりしてかかわりを拒否していたり、それらの者から本人が虐待を受けているなどの事情により申立てが期待できない場合、と解されています。

当初は、この条項が厳格に解釈され、あくまでも民法上の申立人がいない場合に限るという趣旨で4親等内の親族の存在を調査する必要があるとされましたが、近時は、申立人の有無に関する親族調査は原則2親等までで足りるとされるようになっています（平成17年7月29日厚生労働省通知）。特に、虐待事例のように、親族が本人の権利を侵害していることが明らかな場合には、親族の意向に反しても、市町村長が申立てをすべき場合もあります。

高齢者虐待防止法9条2項では、虐待の通報・届け出があった場合に、市町村長に後見等開始の審判申立ての責務があることを定めています。また、障害者虐待防止法9条3項にも同趣旨の規定があります。

3　市町村長申立てと検察官申立ての関係

検察官の申立権もまた、検察官の公益の代表者としての立場から認められるもので、前述のように、必要な後見等の申立てがなされない場合の最後の砦として位置づけられています。身寄りのない65歳未満の若年の高次脳機能障害者について検察官申立てがなされた例がありましたが、現在では高次脳機能障害については、器質性来診疾患として、精神障害に位置づけられています（宮本哲也「高次脳機能障害のある方々への支援」実践成年後見24号9頁〜10頁）から、同例についても精神保健福祉法による市町村長申立てが可能と解されていますので、現実の問題として、情報が入りやすく、市民との距離が近い市町村長申立てによるほうが適切であると解されます。

しかし、市町村によって高次脳機能障害者が「精神障害」等に該当すると確定した取扱いが確定的になされていない場合には、検察官申立ての適用を検討する必要があると考えられます。

（野本　雅志）

第1章　後見等開始に向けた実務

〈図4〉　親等図

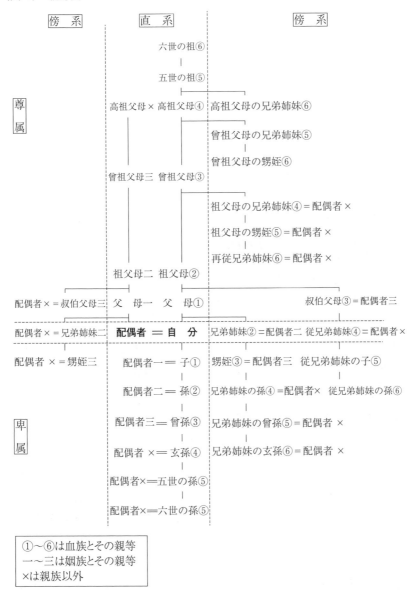

①～⑥は血族とその親等
一～三は姻族とその親等
×は親族以外

（出典）村田彰ほか編『わかりやすい成年後見・権利擁護〔第2版〕』37頁

第2部　法定後見

Q32　戸籍謄本の取得方法・見方

父親が成年後見を利用することになりました。申立てに必要な書類を集めています。

(1) 戸籍謄本はどのようにして取り寄せることができるでしょうか。

(2) 戸籍謄本を取り寄せたのですが、どのように見ればよいのかわかりません。見方を教えてください。

解　説

1　戸籍謄本の取得方法

戸籍謄本は、本籍地の市区町村で取得できます。

(1)　取得方法①――窓口で取得する場合

当事者（またはその代理人）が自身の戸籍を当該市区町村の役所の担当窓口に行って請求する（取り寄せる）場合は、窓口の申請書に必要事項を記載し、運転免許証等の本人確認を提示し、所定の手数料を納付して請求すればこれを取得することができます。

(2)　取得方法②――郵送で取得する場合

本籍地が遠方にあり、直接窓口に出向くことが困難な場合、そうでなくても窓口の対応時間内に自らが出向くことが困難な事情がある場合などには、郵送の方法によりこれを取り寄せること（戸籍謄本等の送付を求めること）ができます（戸籍法10条3項）。この場合、以下の書類等が必要となります。

① 申請書（申請書は住所地の各市町村役場、その支所等で入手できますが、所定事項が書いてある様式であれば私製のものでもかまいません）

② 本人確認書類の写し（たとえば、運転免許証の写し、写真付き住民基本台帳カードの写しなど（戸籍法10条の3第1項））

③ 定額小為替または現金書留（定額小為替しか扱っていない場合もありま

す）　定額小為替は郵便局で買います。定額小為替の発行手数料は1枚につき一律108円となっています。

④　切手を貼った返信用封筒

以上のような書類等を、本籍地のある市区町村役場へ郵送することになります。

(3) 第三者による取寄せ

(A) 原　則

以上は、同じ戸籍に記載されている者が戸籍謄本を請求する場合を念頭において説明しています。戸籍に記載されていない第三者がその戸籍謄本を請求する場合については、制限があります。

2008年改正前の戸籍法の旧規定では、誰でもその戸籍謄本等の交付の請求ができましたが、現行の規定では、プライバシー・個人情報保護の観点から、第三者による請求が制限されています。

原則として「その戸籍から除かれた者」またはその「配偶者、直系尊属若しくは直系卑属」の者であれば請求できますが（戸籍法10条1項）、それ以外の者は、①自己の権利行使・義務履行のために戸籍記載事項を確認する必要がある場合、②国または地方公共団体の機関に提出する必要がある場合、③利用する「正当な理由」がある場合、のいずれかでないと請求できません（同法10条の2第1項各号）。また、「その戸籍から除かれた者」またはその「配偶者、直系尊属若しくは直系卑属」の者が請求する場合も、上記(2)で述べた必要書類に加えて、請求者と本人の関係を示す戸籍謄本等が必要となります。

(B) 職務上請求

弁護士、司法書士、弁理士、税理士、土地家屋調査士、社会保険労務士、海事代理士、行政書士等の特定の職務にある者（8士業といわれています）は、具体的に第三者から受任している事件または事務に関する業務を遂行するために必要がある場合には、戸籍謄本等の交付の請求をすることができます（戸籍法10条の2第3項）。しかし、この場合でも、具体的な依頼者の氏名を

明らかにして、かつ、前述の同法10条の2第1項1号～3号のいずれかの要件を満たす必要があります。

弁護士、司法書士、土地家屋調査士、税理士、社会保険労務士、弁理士（6士業）は、紛争処理手続についての代理業務のため必要がある場合には、戸籍法10条の2第3項より緩和された要件で戸籍謄本等を請求することができます（同条4項）。

この請求の場合は、前述の戸籍法10条の2第1項各号の要件を満たす必要はなく、その有する資格、当該事件の種類、業務として代理しまたは代理しようとする手続および戸籍の記載事項の利用の目的を明らかにすればよく、委任者の氏名を明らかにする必要もありません。

(C) 成年後見人等としての請求

成年後見人等として本人を代理して請求する場合は、当該戸籍に記載された者と本人との身分関係に応じて、戸籍法10条1項あるいは同法10条の2第1項の規定に基づくことになります。

弁護士会や司法書士会および税理士会等では、この規定による定型の請求用紙を設けており、弁護士会では「弁護士業務用」、司法書士会は「2号様式」、税理士会は「請求書（税理士業務以外）」等と表示しています。

その資格があることを示すため、後見登記事項証明書（戸籍法施行規則11条の4第2項により作成後3ヵ月以内のもの）の提出が必要となります。

2　戸籍の見方

(1) 基本知識

「戸籍」は、「人の親族的な身分関係を登録・公証する制度」またはその制度上の記載そのものをいいます。現行法上の戸籍は、原則として一組の夫婦およびその「氏」を同じくする子ごとに作成されます（戸籍法6条）。

「戸籍謄本」とは戸籍の原本に記載されている全員の記載事項を写した書面です。

これに対して、請求された特定の個人の部分の記載事項だけを抜粋して写

した書面を、「戸籍抄本」といいます。

現在のコンピュータ管理化された戸籍の場合には、上記の「戸籍謄本」は「全部事項証明書」に、戸籍抄本は「一部事項証明書」に呼び方が変わりましたが、内容的にはほぼ同様です。

「除籍謄本」とは、「在籍者が1人もいなくなった戸籍」をいいます。この場合、元の戸籍は、現在戸籍（簿）としては意味がなくなりますので、戸籍としては消除されることになります。

ここで、「除籍」には、2つの意味があります。1つは、当該戸籍上から死亡や転籍（ある戸籍に載っている者が当該戸籍から消除されて他の戸籍に新たに移転して登録されることをいいます）等の原因で、当該戸籍に記載されていた人が除かれることを意味します。もう1つは、戸籍上の在籍者が死亡や転籍等により除籍されていき、最終的に戸籍上の在籍者が1人もいなくなった戸籍それ自体を意味します。戸籍の種類としての「除籍」（除籍謄本など）は、この後者を意味します。戸籍の筆頭者が転籍（本籍を他の場所に移すこと）した場合もやはり「在籍者が誰もいなくなった戸籍」となるので、この場合も除籍（簿）となります。

転籍の場合、転籍先に編成される戸籍には、「転籍の時点で戸籍に在籍している者（の情報）」のみが移記され、その時までに婚姻などで除籍されていた者は移記されません。ですから、転籍後の戸籍だけをみても、転籍時点で他の戸籍に在籍していた者や死亡した者との親族関係を知ることはできません。その場合には、転籍前の除籍謄本を取り寄せる必要があります。

「改製原戸籍」とは、戸籍の改製により使われなくなった改製前の前様式の戸籍をいいます。このような改製としては、1957年の法務省令による改製（旧民法の家制度廃止に伴う改製）と、1994年の法務省令による改製（戸籍の電子化・コンピュータ化に伴う改製）が重要なものです。

戸籍の様式自体が法令によって改められ戸籍を編製替え（改製）する際、前様式の戸籍は戸籍簿から除かれ、改製時に前戸籍に載っていた記載内容のみが新様式の戸籍に移されることになります。この場合、戸籍簿から除かれ

る点では除籍と全く同じですが、その原因が様式の変更による「改製」という公的な一律の事由が原因なので、これを「改製原戸籍」といって区別しているのです。この場合も、改製前の時点までの戸籍事項、改製時に在籍していなかった者の情報は新戸籍には載らないので、それらを知るには改製原戸籍をとる必要があります。

(2) 戸籍（謄本）の記載事項

(A) 「本籍」欄

本籍とは、「戸籍に記載される人が任意に定める、日本国内のいずれかの場所を示す所在地表示」です。これは身分関係を公証する基準にすぎませんので、実際の住所地と直接の関係はありません。実在する地名・地番であれば、申請者が任意にこれを選択できます。

戸籍は、本籍地の所在する市町村役場に編製されます。

(B) 「氏名」欄

これは戸籍を作成するに際して基準となる者（筆頭者）の氏名です。戸籍は、本籍地と筆頭者の2つの情報を基準として特定・管理されます。

(C) 「戸籍事項」欄

この欄は、戸籍内の構成員全員に共通する戸籍の発生・変更・消除の原因とその時期が記載されているところです。具体的には、新戸籍の編製、転籍、再製または改製、戸籍の全部の消除・訂正、氏の変更に関する事項が書かれます（戸籍法施行規則34条）。ここには、以前の戸籍の表示およびその後の新たな戸籍の表示がそれぞれ記載されていますので、それをたどれば、必ずそれ以前・以後の戸籍にたどり着くことができるようになっています。

(D) 「戸籍に記載されている者」（個人欄）

本籍・氏名（筆頭者）・戸籍事項欄に続いて、この戸籍に所属している各人の身分情報が書かれる個人欄が始まります。

この欄には構成員の各員の「名」などの基本情報を中心に、その「身分事項」が書かれます。記載の順番は、最初が筆頭者の個人情報、次に配偶者（がいれば）の情報、次いで子（記載順序は出生の前後に拠ります。戸籍法14条）

の順に書かれています。

　(E)　上段部分（身分事項）

　電子化前の戸籍では、上段部分に、戸籍法施行規則35条に記載される個人の身分上の重要な（変動）事項（出生、死亡、婚姻、縁組、離婚、離縁等の事実およびその日時等）他の戸籍から入った者はその前戸籍の表示（入籍事項）、他の戸籍に移った者はこの移転後の戸籍などの「除斥事項」が文章形式で書かれています。

　(F)　下段部分（基本情報）

　電子化前の戸籍では、下段には「名」とその者の「出生の年月日」、「実父母の氏名及び実父母との続柄」、「養子であるときは、養親の氏名及び養親との続柄」、配偶者がいれば、「夫又は妻である旨」という、個人の身分上の基本情報が書かれています。

(3)　記載事項の読み取り方

　電子化後は、(E)(F)の上段・下段は、「戸籍に記録されている者」との記載の右欄に「名」などの構成員の身分上の基本情報が、その次の「身分事項」欄に、それぞれの個人の身分上の重要な（変動）事項が、それぞれ文章ではなく情報として記載される形に変わっています。

　この(D)から(F)までの記載をみれば戸籍に載っている当該人の父母が誰なのかなどの基本情報がわかり、そして、構成員一人ひとりについて、「入籍事項」には、出生のように前の戸籍がない場合を除き、必ず、どの戸籍から入ってきたかのかが記載されます。また、「除籍事項」には、死亡のように新たな戸籍のない場合を除き、必ず、どの戸籍に出て行ったのかが記載されるようになっています。

　ですから、(C)の戸籍全体の情報とあわせて、一つひとつたどっていけば、必ず、各構成員の身分上の変動、戸籍上の出入りを読み取ることができます。

　　　　　　　　　　　　　　　　　　　　　　　（野本　雅志）

Q33 申立ての際の家庭裁判所の管轄

成年後見の利用に向けて、家庭裁判所に申立てを行おうと思います。本人の自宅はA県にあるのですが、今は隣県のB県にある施設に入所しています。どこの裁判所に申し立ててもよいのでしょうか。

解説

1 家事事件の管轄全般

後見事件を含む家事事件の管轄（管轄とは、民事訴訟において、特定の事件について、どの裁判所が裁判権を行使するかという分担の定めのことをいいます）は、家事事件の公益性等を考慮して、「事件の解決のために最適な地において審理すべきである」という考え方を基本に、原則として専属管轄（当事者が合意で定めることができる任意管轄とは違い、法定管轄のうち、公益的要請から裁判権が特定の裁判所に専属し、当事者の意思により変更することのできない管轄をいいます）とされています。したがって、合意管轄や、他の申立てによって管轄裁判所を創設することになる併合管轄も認めていません。

また、管轄違いの場合は管轄権を有する裁判所に移送することとされています。当事者は本来の管轄裁判所で審理を受ける利益を有しますので、管轄違いを理由とする移送の申立権と、移送の申立てを却下する裁判に対する即時抗告権が認められています（家事事件手続法9条1項・3項）。

2 成年後見事件の管轄

(1) 家事事件手続法の規定

成年後見、保佐、補助の各開始の審判事件の管轄は、成年被後見人、被保佐人、被補助人となるべき者の「住所地」を管轄する家庭裁判所とされていますから（家事事件手続法117条・128条・136条。旧法では家事審判規則において

定められていました)、成年被後見人等本人の住所地を管轄する裁判所に申し立てることになります。家事事件手続法では、成年後見事件に関する管轄は、後見開始決定後に成年被後見人等の住所地が移っても、最初に後見等開始決定をした裁判所が最後まで統一的に担当することとするとの規定(117条)を設けていますから、当初の管轄裁判所はどこかを決定することはますます重要となっています。

(2) 住所地

ここで、住所地とは、「各人の生活の本拠」をいいます(民法22条)。「住所」の解釈について、現在の通説では、客観的に本人の生活の本拠としての実態があることを要し、主観的に本人がそこを住居として定める意思があることは必ずしも必要条件ではなく、ただ生活の本拠としての実態を総合的に認定するうえでの一要素にすぎないこと(客観説)、原則として住所は単一の場所である必要があり、具体的な法律関係に基づいて複数の住所を認めることはできないこと(単一説)とされています。ただし、民法22条で定義する「住所」概念は、各人の生活の本拠地という抽象的なものですので、本件のように、本人が、医療施設や福祉施設等に長期滞在している場合、実際に本人の日常生活がすべて施設内で行われているにもかかわらず、ただ以前に住んでいたというだけで住民票上の住所が形式的に残されているにすぎない場合には、生活の本拠が住民票上の場所にあるとはいえず、常に住民票上の住所地のみが管轄の基準となるというのでは不都合なことも生じます。本人が裁判所に出向くには、現実に生活をしている地に近い裁判所がよいでしょう。

3 ご質問のケース

ご質問のケースでは、自宅がA県にあるということは、住民票もそこにあると考えられます。一方、生活の実態は施設にあると解されますから、施設の所在地を管轄する家庭裁判所に申し立てたいところです。

このような場合には、現在の施設に生活実態があることを客観的な資料で

疎明することにより、その地の家庭裁判所の管轄が認められます。

　なお、2013年1月1日に施行された家事事件手続法では、この点について、事件の申立てを受けた家庭裁判所が「事件を処理するために特に必要があると認めるとき」には、管轄権を有しない裁判所に移送したり、管轄権がなくとも自ら処理すること（いわゆる自庁処理）を認めています（同法9条1項ただし書・9条2項2号。なお、旧家事審判規則4条1項）。ですから、家庭裁判所に管轄がないという場合でも、後見等開始審判の申立て時に、後見等開始により住所地を入所中の療養施設等の所在地へ変更する予定があるなどの特別な事情が存在する場合には、上記の自庁処理をするように家庭裁判所を説得することが必要となるでしょう。

　なお、本件では直接関係ありませんが、住所地等の管轄の家庭裁判所に申し立てた後、近い将来に別の家庭裁判所の管轄区域内の病院・施設等に転院・転所する予定がある場合なども、原則どおり当初の管轄裁判所に申し立てるべきとすると、移転後の関係者の手続負担が増え、家庭裁判所の調査・情報収集も困難となることから、最初から移転後の管轄区域内の裁判所に申し立てて自庁処理をしてもらうこと、あるいはそのような事情が判明した時点で移送すること、などを考慮してもらうよう、裁判所に相談することが望ましいでしょう。

（野本　雅志）

Q34 申立書と添付資料

初めて成年後見の申立手続を行います。申立書の書き方や注意点、添付書類の収集方法を教えてください。

[解説]

1 申立書の書き方・注意点

(1) 申立書書式の入手方法など

裁判所ウェブサイトにおいて、標準的な申立書および申立付票のひな形が示されています〈http://www.courts.go.jp/vcms_lf/31901001.pdf〉。

また、各家庭裁判所においても、独自の書式を作成していることがあります（東京家庭裁判所では、申立書のほかに、①申立事情説明書、②親族関係図、③親族の同意書、④本人の財産目録、⑤本人の収支状況報告書、⑥後見人等候補者事情説明書等を提出することになっています。これらのフォーマットは、東京家庭裁判所ウェブサイト「後見サイト」からダウンロードできます）。

いずれも、本人および申立人の住所・氏名・生年月日といったデータや、申立てに至る事情、財産状況などを記入していくものになっていますので、この書式に従って、必要事項を記入していきましょう。

(2) 申立代理と申立書作成代行の違い

申立人が自分で申立書を作成するのが難しかったり、添付資料を揃えるのが困難だったりする場合には、弁護士や司法書士にそれらを依頼することができます。

弁護士に依頼する場合、弁護士は、申立人の代理人として手続を進めていきます（申立代理）。他方、司法書士に依頼する場合、申立代理は原則として弁護士しかできないこととなっていますので、司法書士は、申立書の作成や添付資料収集を代わりに行うことになります（申立書作成代行）。申立書作

成代行の場合、裁判所への申立てを行うのはあくまでも申立人本人ということになります。

2 添付書類とその収集方法

　最高裁判所が「標準的な申立添付書類」として示しているものは、以下の①〜⑥です。もっとも、各地の家庭裁判所によって、他の添付資料が必要となることがありますので、注意する必要があります。この点は、申立てをする家庭裁判所のウェブサイトを確認したり、家庭裁判所に直接問い合わせたりするとよいでしょう。

① 　本人の戸籍謄本（全部事項証明書）
② 　本人の住民票または戸籍附票
③ 　成年後見人等候補者の住民票または戸籍附票
④ 　本人の診断書
⑤ 　本人の成年後見登記等に関する登記がされていないことの証明書
⑥ 　本人の財産に関する資料

以下では、これら添付書類の取得方法について説明します。

(1) 診断書（成年後見用）

　本人の判断能力が成年後見の各類型のいずれかに相当するものであることを医師に診断してもらい、その診断書を添付します。通常、本人の主治医などに作成してもらいます。

　主治医などが成年後見用の診断書作成に不慣れな場合があるかもしれません。そのような場合に対処するため、最高裁判所事務総局家庭局が「成年後見制度における診断書作成の手引」（裁判所ウェブサイト〈http://www.courts.go.jp/vcms_lf/30475005.pdf〉）を作成し、その中で診断書のひな形やその作成方法などを示しています。申立人から、この「手引」を主治医などに渡して、これに従って診断書を作成してもらうとよいでしょう。

(2) 戸籍謄本（本人）、戸籍附票（本人、成年後見人等候補者）

　戸籍所在地の市区町村役場で取得します。通常、申立人が自ら取得するか、

申立人の依頼を受けた弁護士・司法書士が職務上請求によって取得します。

(3) 住民票（本人、成年後見人等候補者）

住民票所在地の市区町村役場で取得します。通常、世帯全部の記載がなされ、省略のないものを提出します。

戸籍謄本等と同様、通常は、申立人が自ら取得するか、申立人の依頼を受けた弁護士・司法書士が職務上請求によって取得します。

(4) 登記されていないことの証明書（本人）

法務局の「後見登記等ファイル」に現時点では成年後見等の登記がなされていないことを証明するものです。

登記されていないことの証明書の交付には、戸籍謄本や住民票のような職務上請求の制度がありませんので、①本人、②その配偶者、③４親等内の親族、④これらの者から委任を受けた代理人、のいずれかが取得するほかありません。このうち、②③の親族（または④その代理人）が請求をする場合には、本人と当該親族の関係を示す戸籍謄本が必要です（なお、戸籍謄本は、申立ての際に原本を提出しますので、あらかじめ戸籍謄本のコピーをとり、原本に添付して提出することで、その原本を還付してもらうことができます）。また、④の代理人が請求する場合には、別途、委任状も必要となってきます。

申請書や委任状のひな形や申請方法の詳細は、法務省のウェブサイトに説明されていますので（「登記されていないことの証明申請（後見登記用ファイル）」〈http://www.moj.go.jp/ONLINE/GUARDIAN/7-1.html〉）、確認するとよいでしょう。

窓口で申請する場合には、全国の各法務局・地方法務局で取得することができます。他方、郵送で申請する場合には、東京法務局民事行政部後見登録課に請求することになります。

（井村　華子）

第2部　法定後見

Q35　診断書のとり方

母親の成年後見利用に向けた検討をしており、診断書が必要だと言われたので、いつも診てもらっている医師に相談したのですが、「診断書は書けない」と断られました。どうすればよいでしょうか。

解　説

1　診断書を必要とする趣旨

診断書は、成年後見の手続上、後見等開始審判の申立て後に円滑に審理を進めていくうえで、あるいは、鑑定の要否を判断する資料として必要なものであり、申立てをする際に添付が求められています。日常の診察場面で本人や付添者からの情報を得た医師により作成された診断書は、本人の判断能力の程度について家庭裁判所が判断する際の資料となります。

家庭裁判所は、後見および保佐開始の審判をするときには、本人の精神状況について医師その他適当な者に鑑定をさせなければならないとされていますが、診断書の記載等から明らかに鑑定の必要はないと認めるときはこの限りではないともされています（家事事件手続法119条・133条）。その背景には、鑑定に要する時間や費用をより少ないものにして、手続をより利用しやすいものとするという意向があります。

2　診断書のとり方（医師の探し方）

(1)　かかりつけ医（主治医）に再度依頼する場合

診断書の作成については、本人の日頃の状況を知っているという点から、かかりつけ医に依頼することが最も適切であると考えられます。しかし、医師にとっては、日頃あまり記載しない診断書の様式は、作成までに時間がかかること等から、躊躇する医師もいるようです。

そのような場合には、診断書の様式や診断書記載ガイドラインについて、裁判所ウェブサイトから「成年後見制度における診断書作成の手引」をダウンロード・印刷して医師に渡すと、診断書記載についてイメージすることができ、作成に応じてもらいやすくなるのではないでしょうか。
 また、かかりつけ医が所属する医療機関の医療相談室のソーシャルワーカー、医療秘書、受付（診療所の窓口や病院の文書係）等の担当者へあらかじめ連絡をし、上記「手引」等の情報提供を行っておくと、医師の受け入れ態勢も整えやすいと思われます。

(2) 他の医師に依頼する場合

 どうしてもかかりつけ医に診断書の作成に応じてもらえないときは、他の医師に頼むことになります。その場合は、診察前の事前準備として、医療機関の受付等の窓口や医療相談室等へ、成年後見用の診断書の作成等について相談しておくと、医療機関の意向が確認できてよいでしょう。
 診断書作成を依頼する医療機関としては、精神神経疾患に関連する診療科（精神科、物忘れ外来等）がまずあげられますが、それだけでなく、成年後見制度の診断書等を作成したことがある医療機関等を、行政の福祉（高齢者）相談窓口や家庭裁判所等で教えてもらうことも考えられます。
 受診する際は、本人や家族等の情報だけでなく、かかりつけ医等からの情報提供（「診療情報提供書」等）のほか、福祉サービスを利用している人であれば、介護保険の居宅介護支援事業所や地域包括支援センターの介護支援専門員（ケアマネジャー）からの情報、障害福祉サービスの相談支援事業所の相談支援専門員からの情報（「介護支援専門員や相談支援専門員等の報告書」等）を添付するか、あるいは介護支援専門員等に同行を求めて本人の日頃の状況を話してもらうと、医師にとっては本人を理解し診断書を作成するための一助となると考えられます。
 ただ、1回の受診では診断書作成が難しい場合もあるため、おおむね1カ月程度の期間に2～3回程度の診察で作成されることが多いと思われます。

（新藤　優子）

第２部　法定後見

Q36　診断書の記載内容

父親について、成年後見を申し立てようかと考えています。診断書には、どのようなことを書いてもらえばよいのでしょうか。

解説

1　診断書の作成者

後見等開始審判の申立てをする際には、医師が作成する診断書を添付することが求められます。

この診断書を作成するのに、認知症等の専門医であることは要しません。かかりつけの医師による通常の臨床で行われる程度の診察によって作成されることを前提としており、記載内容も、最高裁判所の作成した「成年後見制度における診断書作成の手引」（後記）では、一部にチェック方式を採用することで、通常の診断書の作成よりも作成者の負担を軽減するようになっています。

かかりつけの医師がいない場合であっても、必ずしも精神科や物忘れ外来を受診する必要はありません。ただし、医師によっては診断書作成を躊躇する人もいますので、あらかじめ電話等で問い合わせたほうがスムーズでしょう。

診断書には、作成した医師の署名（または記名）・押印、担当診療科、所属する病院・診療所の所在地・名称（および電話番号）、作成年月日が記載されます。

2　診断書から読み取ること

家庭裁判所では、提出された診断書の記載内容から、後見・保佐・補助制度の利用の要否、必要とした場合にその類型は何か、鑑定が必要か否かの判断の材料としているようです。

3 診断書作成のポイント

　最高裁判所事務総局家庭局作成の「成年後見制度における診断書作成の手引」〈http://www.courts.go.jp/vcms_lf/30475005.pdf〉によれば、診断書には本人を特定する情報（住所、氏名、生年月日）のほかに、後見等開始審判の申立てに使用するという目的から、次の2つのことが記載される必要があります（〈図5〉参照）。

① 医学的判断（本人の精神上の障がいに関する記載）　診断名、所見（現在の病気の経緯、現在の症状、症状の重症度、現在の精神状態と関連すると思われる既往症や合併症など）、その他今後の見通しや必要と思われる検査などが記載されます。

② 判断能力についての意見（本人の判断能力の程度に関する記載）　本人の現在の判断能力を、成年後見開始相当、保佐開始相当、補助開始相当、いずれにも該当しないという4段階に分けてチェック方式で判定を行い、判定の根拠が記述されます。また、判定の根拠となる各種のテストを実施した場合には、そのテスト結果の具体的な記述を求める家庭裁判所もあります。

　裁判所によっては、上記のほか、本人の状況についての質問が付け加えられます。具体的には、本人との意思疎通がどの程度可能なのかという意思疎通能力についての質問、その状態がどの程度継続しているのかという状態の継続期間についての質問、回復の可能性が極めて低いのかどうかという回復可能性についての質問等、チェック方式や記述方式で回答を求めています。

　医師によっては、後見等開始の申立てのための診断書の作成に不慣れな場合もあると思います。そのような場合は、この「診断書作成の手引」を印刷して医師に提供することも、円滑な申立てを行ううえで有益と思われます。

　なお、全国の家庭裁判所では独自の様式を採用しているところがあります。詳しいことは、申立てを行う家庭裁判所の窓口で尋ねてみてください。

（正木　文久）

第2部　法定後見

〈図5〉　診断書（成年後見用）

※　この診断書の記載要領については，最寄りの家庭裁判所にお問い合わせください。

診　断　書（成年後見用）

1　氏名　　　　　　　　　　　　　　　　　　　　　　男・女 　　生年月日　　M・T・S・H　　年　　月　　日生　（　　歳） 　　住所
2　医学的診断 　　診断名   　　所見（現病歴，現在症，重症度，現在の精神状態と関連する既往症・合併症など）   　　備考（診断が未確定のときの今後の見通し，必要な検査など）
3　判断能力についての意見（下記のいずれかをチェックするか，（意見）欄に記載する） 　　□　自己の財産を管理・処分することができない。 　　□　自己の財産を管理・処分するには，常に援助が必要である。 　　□　自己の財産を管理・処分するには，援助が必要な場合がある。 　　□　自己の財産を単独で管理・処分することができる。 （意見）   　　判定の根拠（検査所見・説明）   　　備考（本人以外の情報提供者など）

以上のとおり診断します。　　　　　　　　　　　　平成　　年　　月　　日
　　病院又は診療所の名称・所在地
　　担当診療科名
　　担当医師氏名　　　　　　　　　　　　　　　　　　　　　　印

Q37 診断書がとれない場合の申立て

母親の成年後見制度の利用について検討しています。相談に行ったところ診断書が必要だと言われたため、いつも診てもらっている医師に相談したら、診断書は書けないと断られました。
(1) 診断書がないまま申立てをすることができるでしょうか。
(2) 診断書代わりに、いろいろな情報を集めて、なんとか申立手続に入りました。今度は、鑑定が必要と言われました。鑑定も主治医に依頼するのでしょうか。

解説

1 診断書がないままで申立てができるか

(1) 申立てにおける診断書の位置づけ

家事事件手続法119条1項は、「家庭裁判所は、成年被後見人となるべき者の精神の状況につき鑑定をしなければ、後見開始の審判をすることができない。ただし、明らかにその必要がないと認めるときは、この限りでない」と定めており、後見開始審判をするためには、原則として、本人の精神状況についての医師等による鑑定をしなければならない旨を定めています（鑑定についてはQ56以下参照）。

申立段階において家庭裁判所が提出するように求めている診断書は、「申立後の手続を進行させ、あるいは、鑑定の要否を判断する資料としての意味を有する」ものと解されており（東京家裁後見問題研究会編著『東京家裁後見センターにおける成年後見制度運用の状況と課題』（判タ1165号38頁））、後見等開始審判申立てにあたって、診断書の添付は、法律上、必ずしも必要不可欠なものではありません。

(2) 診断書を取得できない場合の申立方法

ご質問の場合のように診断書を提出できない場合、「療育手帳や精神障害者保健福祉手帳の写し」、「保健師や社会福祉士、ケアマネジャー等の専門家による報告書」、「診療情報提供書」、「介護保険認定の際の主治医意見書」などを診断書の代わりに提出し、裁判所に鑑定の要否を判断するための資料として使ってもらうことが考えられます。

あわせて、診断書を提出できない事情を申立書に記載するなどして、裁判所に診断書が取得できない実情を理解してもらうことも必要でしょう。

(3) 診断書取得に向けたアイディア

以上のとおり、診断書がないままでも、後見等開始審判申立てをすることは、一応可能です。

もっとも、その場合、本人の判断能力低下を示す資料が乏しいものと評価されがちであり、その結果、審理に長期間を要したり、場合によっては、申立書の受理をしてもらえなかったりすることもあるようです。そこで、診断書を取得するためにできる限りの努力を尽くすことを考えたほうが得策といえます。

まず、申立書に添付する診断書は、主治医でなくとも作成可能です。本件において、主治医以外の診断を受けることが可能なのであれば、主治医以外の医師に成年後見用の診断書を作成してもらうとよいでしょう。

また、医師法19条は、「診療に従事する医師は、診察治療の求があつた場合には、正当な事由がなければ、これを拒んではならない」（1項）、「診察……をし……た医師は、診断書……の交付の求があつた場合には、正当な事由がなければ、これを拒んではならない」（2項）と規定しており、医師は、正当事由のない限り診察治療を拒むこと、診断書の交付を拒むことができません。

ご質問は、これまで診療をしてきた主治医が診断書の交付を拒否しているという事案ですが、そのような場合、診療契約の存在、成年後見制度を利用することにより本人の支援・保護を図る必要性等から考えて、医師の診断書

の交付拒否に「正当な事由」が認められるのは、かなり限定されるものと考えられます。したがって、医師法上の義務、診療契約上の義務などを根拠に、診断書の取得に向けて主治医と粘り強く交渉することも十分に検討されてよいでしょう。

2 鑑定をする医師

　ご質問の場合、主治医が診断書の作成を拒んでいるのですから、当該主治医は鑑定をすることも拒むものと考えられます。

　もっとも、主治医であれば、通常、本人の状況を最もよく知っている医師ということになると思われますので、上記の医師法上の義務などを示しつつ、鑑定に協力してもらうように依頼・説得をすることも検討するとよいでしょう。

　また、鑑定を行う医師は、主治医でなくてもかまいません。ですから、主治医が鑑定を行えない場合には、他の医師に鑑定してもらうことになります。

　申立人において鑑定医の候補者が見つからない場合には、家庭裁判所が鑑定医を探すことになります。

　もっとも、家庭裁判所が鑑定医を探すのには時間がかかることもありますので、申立人において、ケアマネジャーや施設などと相談して、鑑定医を探す努力をしておいたほうがよいでしょう。

　また、入居している施設が親族の意向に基づいて鑑定医の立入りを拒むなど、事実上、鑑定できない状態となってしまうと、せっかく鑑定医を探してきても意味がなくなってしまいます。このような場合、申立人において、鑑定が行えるように環境調整を行う必要があります。その際には、家庭裁判所調査官等に環境調整の協力を求めるなどすることも考えられます。

（井村　華子）

Q38 保佐人の代理権付与の申立て

私はAさんの保佐人として、現在は民法13条に掲げられている事項についての同意権のみがあります。最近、Aさんから、財産管理に関する代理もしてほしいと言われました。代理権付与の申立てをすることになりますが、申立ての際に注意することを教えてください。

解説

1 保佐人の代理権

(1) **代理権付与**

成年後見人と異なり、保佐人には代理権が当然に付与されるものではありません。これは、保佐では本人に一定の判断能力があることから、自己決定を尊重するという理念に則り、支援方法の選択を当事者に任せたためです。

家庭裁判所は、保佐開始審判の申立てとは別個の申立てにより（申立時期は、保佐開始審判申立てと同時でも後でも可）、被保佐人本人のために、「特定の法律行為」について保佐人に代理権を付与する旨の審判をすることができます（民法876条の4第1項）。

そこで保佐人としては、家庭裁判所に対し、財産管理に関する代理権付与審判の申立てを行うことになります。

(2) **代理権付与審判の申立手続**

代理権付与審判の申立てができる申立権者は、保佐人のほかにも、本人（被保佐人）、保佐監督人、配偶者、4親等内の親族、検察官のほか、後見や補助から保佐に移行する場合の後見人、後見監督人、補助人、補助監督人です（民法876条の4第1項）。

ただし、自己決定尊重の理念に基づき、本人（被保佐人）以外の者が代理権付与申立てをする場合においては、本人の同意が必要とされています（民

法876条の4第2項)。

　本人の同意があるか否かは、家庭裁判所による本人同意確認手続によって確認されることになります。そのため、保佐人と本人との間で、どのような範囲の代理権を付与するか、可能な限り話し合っておき、同意確認手続に備えるべきでしょう。

　特に本件のように、「財産管理に関する代理権」といった場合、Aさんがどの範囲まで代理権の付与を求め、またどの範囲の代理権付与に同意するのか不明確ですから、預貯金・不動産・保険・有価証券など、どのような範囲の財産についてどのような法律行為に関する代理権を付与するのか、よく話し合っておくことが必要です。

　代理権付与の審判申立書には、代理権の対象となる法律行為を記載することになります。記載された行為が法律行為以外の事実行為であったり、曖昧すぎて代理権の「特定」が不十分であったりすることがないよう注意する必要があります。法律行為の「特定」という限定のない包括的な代理権付与が必要ならば、保佐ではなく後見による保護が適切ということになります（代理権の特定の仕方については、Q41を参照）。

(3) 代理権付与の対象

　代理権の対象となる法律行為には、民法上、一般的な制限はありません。ただし、婚姻、離婚、養子縁組、認知といった身分行為に関する行為や、遺言、推定相続人の廃除（民法892条）、祭祀主宰者の指定（同法897条1項）、戸籍法上の創設的届出（転籍、分籍、氏の変更、就籍、復氏等）等については、行為の一身専属性からして代理権を付与することはできません。

　付与された代理権については、裁判所から法務局に対し登記嘱託がなされ、登記されることになります（後見登記法4条1項6号）。

　新たに代理権付与の審判を申し立てた場合、あらためて判断能力について鑑定が必要となるかという問題がありますが、家事事件手続法133条が保佐開始の場合に同法119条1項を準用するとしているだけであることから、特に障がいの軽減を疑わせる事情がなければ、あらためて精神鑑定を実施する

必要はないと解されます。

2　同意権と代理権

(1)　同意権の拡張の申立て

　保佐人は、民法13条1項各号所定の事項に関して同意権および取消権を有していますが、これらに追加して同意権の拡張を求める審判を申し立てることができます。ただし、「日常生活に関する行為」につき同意権を付与することはできません（民法13条2項・9条ただし書）。

　他方、保佐人の代理権は、特定の法律行為である限り、保佐人に付与された同意権の範囲に限定されるものではありませんし、「日常生活に関する行為」に含まれる行為であっても代理権の対象とすることも可能です。

　この点、財産管理の実効性を上げるために、代理権付与とともに同意権拡張の審判申立てをすることも検討に値します。

(2)　具体例

　また、財産管理の実効性を確保するために必要であれば、短期賃貸借契約（民法602条）、たとえば駐車場の賃貸借等についても、同意権拡張の申立てを検討してもよいでしょう（民法13条1項9号は、「（民法）第602条に定める期間を超える賃貸借をすること」につき、保佐人の同意を得なければならない旨定めています。このため、同意権拡張がない限り、短期賃貸借契約をする分には保佐人の同意は不要というのが原則です）。

　なお、同意権拡張の審判申立ては、代理権付与の審判とは異なり、本人の申立てまたは同意が要件とはなりません。

　また、民法13条1項所定の行為以外の行為について、保佐人の同意を要することとなった場合は、その行為が法務局に登記されます（後見登記法4条1項5号）。

　ちなみに、数人の保佐人がいる場合や、同意権・代理権の対象となる行為がそれぞれ複数ある場合には、どの行為につきどの保佐人に同意権や代理権を付すかを定めることもできると解されます。

3 代理権の適正な付与

(1) 自己決定の尊重

あらゆる法律行為について保佐人が本人の意向を確認せずに代理行為をするとなると、本人の自己決定権が侵害されるおそれがあります。たとえば、現在本人が所有しておらず所有する予定もない金融商品に関する取引や、居住用でない不動産購入契約の締結といったことに関する権限を保佐人に付与することには制限的であるべき事案もあるでしょう。

上記のような行為の代理は、本人の自己決定尊重という成年後見制度の理念に反する場合があるだけでなく、実際に本人の財産を減少させる結果を招く等、本人の利益を損なう危険も伴います。

(2) 実務上の要請

もっとも、代理権付与の範囲を限定しすぎた場合、将来において代理権行使の必要が生じても、そのたびごとに必要となった代理権付与審判を申し立てなければならないことになり、煩雑であるのみならず、申立てから審判までの時間も必要になることから、本人のために必要な代理権を必要な時に行使して迅速に対応することができなくなるおそれがあります。そのため、将来の必要に備えて一定程度広汎な権限をあらかじめ付与しておき、想定外の事態が発生した場合にもある程度は対処できるようにしたいという実際的な要請があります。

結局のところ、いかなる範囲の代理権を付与すべきかについては、個別の事案ごとに判断せざるを得ませんが、一般的には、申立て時点で実際に必要な代理権と、将来本人のために必要になることが想定される代理権の付与を申し立てるのがよいでしょう。

（福嶋　正洋）

Q39 補助人の同意権付与・代理権付与の申立て

　Aさんの補助人として、現在は不動産の売買に関する同意権・代理権のみが付与されており、たまにAさんの相談に乗る程度の業務をしています。先日Aさんに会ったところ、たまたま来ていた子どもさんから、最近、物忘れが激しくなったので、銀行預金の管理もしてもらえないか、と言われました。どのように手続をすればよいでしょうか。

解説

1　裁判所に対する手続

(1)　審判の申立て

　補助人あるいは本人であるAさんから家庭裁判所に対し、従前より付与されている同意権・代理権に加えて、被補助人の銀行預金に関する取引（預金の管理、振込み、払戻し、口座解約等）についても、同意権・代理権を付与する審判を申し立てることができます（民法876条の9第1項）。

　ただし、身分行為等、一身専属性のある行為については、同意権や代理権を付与することはできません。

(2)　同意権付与の対象

　補助人に付与される同意権の対象となる行為は、民法13条1項所定の行為の一部に限られます（同法17条1項）。そのため、13条1項に定められていない短期賃貸借（同項9号参照）等の行為については補助人に同意権を付与することはできませんし、「日常生活に関する行為」についても同意権を付与することはできません（同法9条ただし書参照）。また、13条1項所定のすべての行為につき同意権の付与が必要ということであれば、それは保佐制度による保護の対象者ということになります。

(3) 代理権付与

家庭裁判所は、申立てにより、補助人に対して、特定の法律行為について代理権を付与することもできます（民法876条の9第1項）。

同意権の付与とは異なり、代理権の付与については、民法13条1項所定の行為の一部という限定はありませんから、同項各号所定の行為以外の行為であっても、特定の法律行為に関し代理権を付与することが可能です。

(4) 本人の同意が必要

補助人が同意権・代理権を得るには、当該同意権・代理権を付与することについて本人（被補助人）の申立てまたは同意が必要となります（民法17条2項・876条の9第2項・876条の4第2項）。代理権の付与のみならず、同意権の付与についても本人の同意が必要となるという点が、保佐の場合と異なります。本人による申立てまたは本人の同意を要件としたのは、本人の有する補助相当の判断能力にかんがみ、補助制度によっていかなる範囲の保護を求めるかにつき、本人の自己決定を尊重したためです。

本人の同意の確認は、通常、調査官が本人と面接することにより行います。そのため、補助人としては、本人に対して、付与すべき同意権・代理権の内容について、本人が同意するか否かという点をよく確認しておく必要があります。あらかじめ同意権・代理権を付与する行為の文言を決めて本人から同意を得ておき、裁判所の本人面接に備えるとよいでしょう。

(5) 自己決定の尊重

同意権・代理権付与の審判申立てに際して留意すべきは、本人の自己決定を尊重する成年後見制度の理念との兼ね合いです。特段の目的もなく無用に広く同意権・代理権付与を求めることは、補助相当の判断能力を有している本人の自己決定尊重の理念からして望ましくありません。

本人の行為能力の制限は保護が必要な範囲にとどめるべきとして、裁判所より同意権の範囲の修正を提案されることもあります。反対に、本人の意思が明確である場合は、その意思に基づき同意権・代理権の範囲を拡大する方向に修正することを提案されることもあり得るでしょう。

(6) 補助人が複数選任されている場合

なお、数人の補助人がいる場合や、同意を得なければならない行為や代理権の対象となる行為がそれぞれ複数ある場合には、どの行為につきどの補助人に同意権や代理権を付すかを定めることもできると解されます。

(7) 小　括

ご質問のケースでは、Aさんの同意を得たうえで「被補助人（Aさん）に帰属する預貯金に関する管理、振込依頼、払戻し、口座解約等の取引」について、同意権・代理権付与の審判を申し立てることになるでしょう。同意権・代理権を付与する審判の効力が生じた場合には、裁判所から登記所に対する嘱託によって登記がなされます（後見登記法4条1項5号・6号参照）。

2　銀行に対する手続

補助人に銀行預金の取引に関する同意権・代理権が付与されていたとしても、本人が単独で自己の預貯金を引き出したり、口座を解約するといった行動自体を止めることはできません。したがって、そのままでは、たとえば、被補助人が悪質商法業者にだまされて、自ら多額の預貯金を引き出して喪失させてしまったり振込送金してしまったりするといった事態を防ぎきれません。その場合、補助人の同意がないため、被補助人の行った払戻しや振込みにつき取消権を行使すると主張しても、銀行としては補助人の同意を要することを知らなかったとして、「銀行に対する届出以前に為された取引につき銀行は免責される」旨規定した免責約款等を根拠に免責を主張してくるでしょう（なお、銀行の免責を認めた裁判例として東京高裁平成22年12月8日判決・金法1949号115頁参照）。

そこで、補助人としては銀行に対し、同意権・代理権を付与する審判が出た旨を速やかに届け出る必要があります。そうすれば、被補助人が補助人の同意なく単独で預金引き出し等を行った場合でも、かかる事態を許した銀行に対し、補助人として取消権を行使して預金を元に戻すことが可能となるでしょう。

（福嶋　正洋）

Q40 同意権の特定の仕方——補助

これから、私を補助人候補者として、Aさんの補助開始の申立てをする予定です。Aさんは、たびたび悪質商法の被害にあっていることから、高額な取引については補助人の同意を必要とするようにしたいと思っています。申立書には、具体的にどう書けばよいでしょうか。

解説

1 補助人の同意権

家庭裁判所は、申立てにより、補助人に同意権を付与する旨の審判をすることができますが、補助人に付与される同意権は、「(民法)第13条第1項に規定する行為の一部」であり、かつ「特定の法律行為」である必要があります(民法17条1項)。

このような限定が付されたのは、本人の自己決定を尊重し、個別的に必要な範囲で補助人に代理させるためであり、また、民法17条1項ほどに包括的な同意権を付与するのが必要な判断能力の場合には、保佐の対象者とするのが適当であるといえるからです。

2 法律行為の「特定」

「特定の法律行為」という要件を充足するためには、いかなる程度まで特定する必要があるのかが問題となります。

この点、ご質問の場合は、Aさんが悪質商法の被害にあっており、高額な取引については補助人の同意を必要とするようにしたいとのことですが、「高額な取引」というだけでは法律行為の「特定」として十分ではありません。「高額」といえるかどうかは本人の財産状況や生活状況等個別のケースによって異なる場合が想定され、また、単に「取引」というだけでは、その

155

種類が広範すぎて不明確であることから、同意権の対象となるかどうかで争いが生じることが考えられます。とはいえ、「特定」の要件を充足するために、個別具体的な財産を指定したり（たとえば、銀行名・支店名・口座番号まで特定して列挙すること等）、個別具体的な法律行為を限定すること（特定の人物に特定の物を売却すること等）まで必須とされているわけではありません。

「特定の法律行為」といえるためには、少なくとも法律行為の種類を特定する必要があります。たとえば、民法13条1項各号が定める文言（「元本を領収し、又は利用すること」、「借財又は保証をすること」、「不動産に関する権利の得喪を目的とする行為をすること」等）をそのまま用いて、法律行為の種類だけで特定する方法があります。

この点、「重要な財産に関する権利の得喪を目的とする行為をすること」（民法13条1項3号）について同意権を付与された場合、実際に同意権（取消権）を行使するときになって、対象財産が「重要な財産」に該当するか否かで紛争が生じる可能性があります。このような紛争を避けるために、一定金額を具体的に定めて、その範囲を超える取引について同意権付与を申し立てる方法が考えられます。たとえば、「5万円以上の支出を要する物品購入（割賦購入契約・ローン提携購入契約を含む）およびサービス提供契約」について同意権の付与を求める方法があります。ただし、「日用品の購入その他日常生活に関する行為」（民法9条ただし書）については同意権を付与することができないところでもあり（同法17条1項ただし書・13条1項）、上記のような具体的な金額を設定する際には、本人の資産状況や日常生活の状況、想定される悪質商法等の内容など、あらゆる事情を考慮し、本人による日用品の購入が妨げられることがないよう、適切な額を設定することが必要です。

3　申立書記載例

ご質問のように本人に悪質商法被害の危険がある場合は、次のいずれかの同意権付与を求めることになるでしょう。

① 「〇万円以上の物品購入（割賦購入契約、ローン提携購入契約を含む）

およびサービス提供契約に関する事項」
② 「取引価額が○万円以上の売買・贈与・賃貸・保証・消費貸借等の取引全般に関する事項」

なお、東京家庭裁判所の後見サイトにおいて公開されている補助人の同意行為目録は、【書式1】のようになっており、参考になります〈http://www.courts.go.jp/tokyo-f/vcms_lf/30203016.pdf〉。 (福嶋　正洋)

【書式1】　同意行為目録（補助開始申立て用）

保佐の場合には、自動的に下記の範囲について同意権・取消権が付与されます。

同 意 行 為 目 録

作成者　　　　　　　　　　　　

必要な行為（日用品の購入その他日常生活に関する行為を除く。）にチェックしてください。

内容については、本人の同意を踏まえた上で、最終的に、裁判所が決めます。

1　元本の領収又は利用
　□(1)　預貯金の払戻し
　□(2)　金銭の利息付貸付け
2　借財又は保証
　□(1)　金銭消費貸借契約の締結（貸付けについては1又は3にも当たる。）
　□(2)　債務保証契約の締結
3　不動産その他重要な財産に関する権利の得喪を目的とする行為
　□(1)　本人所有の土地又は建物の売却
　□(2)　本人所有の土地又は建物についての抵当権の設定
　□(3)　贈与又は寄附行為
　□(4)　商品取引又は証券取引
　□(5)　通信販売（インターネット取引を含む）又は訪問販売による契約の締結
　□(6)　クレジット契約の締結
　□(7)　金銭の無利息貸付け
　□(8)
□4　訴訟行為
　（相手方の提起した訴え又は上訴に対して応訴するには同意を要しない。）

- □5 和解又は仲裁合意
- □6 相続の承認若しくは放棄又は遺産分割
- □7 贈与の申込みの拒絶，遺贈の放棄，負担付贈与の申込みの承諾又は負担付遺贈の承認
- □8 新築，改築，増築又は大修繕
- □9 民法602条に定める期間を超える賃貸借

（出典）東京家庭裁判所後見サイト

Q41 代理権の特定の仕方──保佐

被保佐人のAさんから、所有している不動産を売却してほしいと言われました。不動産の処分に関する代理権は付与されていないので、これから申立てをするのですが、代理権の内容をどのように書けばよいでしょうか。

解説

1 保佐人の代理権

家庭裁判所は、申立てによって、被保佐人のために、「特定の法律行為」について保佐人に代理権を付与する旨の審判をすることができます（民法876条の4第1項）。代理権付与の対象は保佐人の同意権の対象行為の範囲内に限定されるものではありませんが、付与される代理権は「特定」されていなければなりません。

このように「特定」という限定が付されたのは、本人の自己決定を尊重して、個別的に必要な範囲で代理させるためであり、また、包括的な代理権を付与することが必要なほどに判断能力がなくなっている場合には、後見の対象者とするのが適当といえるからです。

2 代理権の「特定」

保佐人の代理権付与申立てにおいて、「特定の法律行為」という要件を充足するためにはどの程度まで特定する必要があるのかが問題となります。

この点、「特定の法律行為」には、「本人所有の甲不動産の売却」というような個別具体的な行為が含まれるのはもとより、「本人所有の不動産の売却・賃貸・担保権設定」というように対象財産の種類と法律行為の種類を限定するだけでも特定として足りると解されています。また、不動産売却に際

して必要な登記申請、税務申告、その他当該不動産売却に関連するいっさいの行為についても代理権を付与しておくことが考えられます。

なお、保佐人の売却する不動産が本人の居住用不動産の場合には、売却の際に家庭裁判所の許可が必要です（民法876条の5第2項・859条の3）。家庭裁判所の許可を得ずになされた売却等の処分行為（賃貸・賃貸借解除・担保権設定等を含む）は無効となります。

3　申立書記載例

本件のように、不動産処分にかかる代理権付与を申し立てる場合、具体的には次のいずれかの記載事項をもって申し立てることになるでしょう。

①　本人所有の不動産の処分・管理・保存・変更に関する事項
②　本人所有の別紙「物件目録」記載の不動産についての売却その他いっさいの処分行為
③　別紙「物件目録」記載の不動産について、売買契約の締結・変更・解除並びに売買代金の請求および受領

なお、上記に加えて、次の代理権を組み合わせて申し立てることも可能です。

④　登記の申請
⑤　税金の申告・納付

4　その他の代理権の具体的記載例

参考までに、不動産処分以外の代理権についても、その具体的な記載例をいくつかご紹介しておきます。必要に応じてこれらの代理権付与を検討するとよいでしょう。

①　「預貯金目録」記載の預貯金に関する取引（預貯金の管理、振込依頼、払戻し、口座の変更、解約等）
②　預貯金口座の新規開設
③　保険契約の締結・変更・解除

④　保険金の受領
⑤　定期的な収入の受領およびこれに関する諸手続（家賃、地代、年金、障害手当金その他の社会保障給付）
⑥　医療契約および病院への入院に関する契約の締結、変更、解除および費用の支払い
⑦　介護契約その他の福祉サービス契約の締結、変更、解除および費用の支払い
⑧　要介護認定の申請および認定に関する承認または異議申立て
⑨　遺産分割または相続の承認・放棄
⑩　遺留分減殺請求
⑪　訴訟行為（訴訟の提起、調停もしくは保全処分の申立てまたはこれらの手続の追行、応訴等）
⑫　以上の各事務の処理に必要な費用の支払い

なお、東京家庭裁判所の後見サイトにおいて公開されている保佐人・補助人の代理行為目録は、【書式2】のようになっており、参考になります〈http://www.courts.go.jp/tokyo-f/vcms_lf/30203015.pdf〉。

（福嶋　正洋）

【書式2】　代理行為目録

代 理 行 為 目 録

作成者＿＿＿＿＿＿＿＿＿＿＿＿＿

1　財産管理関係
　(1)　不動産関係
　　□①本人の不動産に関する取引（□売却，□担保権設定，□賃貸，□＿＿）
　　□②他人の不動産に関する（□購入，□借地，□借家）契約の締結・変更・解除
　　□③住居等の新築・増改築・修繕に関する請負契約の締結・変更・解除
　(2)　預貯金等金融関係

□①預貯金に関する金融機関等との一切の取引（解約・新規口座の開設を含む。）
　　□②その他の本人と金融機関との取引（□貸金庫取引，□保護預かり取引，□証券取引，□為替取引，□信託取引，□＿＿＿＿）
　(3)　保険に関する事項
　　□①保険契約の締結・変更・解除
　　□②保険金の請求及び受領
　(4)　その他
　　□①定期的な収入の受領及びこれに関する諸手続（□家賃・地代，□年金・障害手当金その他の社会保障給付，□その他＿＿＿＿）
　　□②定期的な支出を要する費用の支払及びこれに関する諸手続（□家賃・地代，□公共料金，□保険料，□ローンの返済金，□その他＿＿＿＿）
　　□③本人の負担している債務の弁済及びその処理
2　相続関係
　　□①相続の承認・放棄
　　□②贈与，遺贈の受諾
　　□③遺産分割又は単独相続に関する諸手続
　　□④遺留分減殺の請求
3　身上監護関係
　　□①介護契約その他の福祉サービス契約の締結・変更・解除及び費用の支払
　　□②要介護認定の申請及び認定に関する不服申立て
　　□③福祉関係施設への入所に関する契約（有料老人ホームの入居契約等を含む。）の締結・変更・解除及び費用の支払
　　□④医療契約及び病院への入院に関する契約の締結・変更・解除及び費用の支払
4　登記・税金・訴訟
　　□①税金の申告・納付
　　□②登記・登録の申請
　　□③本人に帰属する財産に関して生ずる紛争についての訴訟行為（民事訴訟法55条2項の特別授権事項を含む。）（＊保佐人又は補助人が当該訴訟行為について訴訟代理人となる資格を有する者であるとき。）
　　□④訴訟行為（民事訴訟法55条2項の特別授権事項を含む。）について，当該行為につき訴訟代理人となる資格を有する者に対し授権をすること

5　その他
　□①以上の各事務の処理に必要な費用の支払
　□②以上の各事務に関連する一切の事項
＊民法上，代理行為を特定するべきことになっていますので，「本人の不動産，動産等に関する管理・処分」といった包括的代理権の付与は許されません。

（出典）東京家庭裁判所後見サイト

第2部　法定後見

Q42　申立費用とその負担

成年後見についての相談を受けています。申立てをするのに、どれくらいの費用がかかるでしょうか。また、その費用は本人に負担してもらってよいのでしょうか。

解　説

1　申立てに要する諸費用

(1)　申立費用の種別・分類

後見等開始審判の申立てに際しては、諸々の費用がかかりますが、その費用の性質や支払い（納付）先は一律ではないので、これを分類・整理して考える必要があります。

(A)　法の規定する費用

(a)　家事事件手続法施行前

家事事件手続法施行前は、家事審判法も家事審判規則も、後見等開始審判申立費用の負担に関する規定を設けていなかったため、平成23年法律第51号により改正される前の非訟事件手続法（明治31年法律第14号。これを「旧非訟事件手続法」といいます）の規定が準用されていました（家事審判法7条）。

そして、その旧非訟事件手続法26条は、「裁判前ノ手続及ビ裁判ノ告知ノ費用」について規定していましたが、これは一般に「手続費用」と呼ばれ、その範囲は、民訴費用法が列挙している範囲に等しいとされていました。

しかるところ、民訴費用法はその2条において、当事者その他の者が負担すべき費用の範囲と額について規定し、さらに、そのうち裁判所に納める費用については、2章に詳細な規定を設けています。そして、2章規定の裁判所に納める費用を「裁判上の費用」、それ以外の同法規定の費用を「当事者費用」と呼ぶのが一般です。

ただし、民訴費用法2条記載の登記費用は、裁判所に納める費用ではありませんが、後見等開始審判の場合、申立て時に裁判所を通して納付するものであり、一般には、この登記費用をも含めて「裁判上の費用」と呼ばれることが多いようです。

ですから、結局、家事審判法下における審判費用については、旧非訟事件手続法の「手続費用」が準用され、その旧非訟事件手続法上の「手続費用」は、民訴費用法の定める「裁判上の費用」と「当事者費用」を意味していたということができましょう。

(b) 家事事件手続法施行後

それでは、現行の家事事件手続法下における審判費用については、どう考えればよいのでしょうか。

家事事件手続法は、家事審判費用と家事調停費用をあわせたものを「手続費用」と定義しています（同法28条1項）。ですから、この点において、家事事件手続法の「手続費用」は、家事審判法準用による旧非訟事件手続法上のそれとは意義を異にします。また、家事事件手続法が、手続費用について改正後非訟事件手続法を準用しているということもありません。

しかし、家事事件手続法下における家事事件にも、他の法令に定めがない限り民訴費用法が適用されます（同法1条）。そして、現行の民訴費用法も、従前同様、その1章と2章（同法11条を受けた3章も）に、いわゆる「裁判上の費用」と「当事者費用」について規定しています。

それゆえ、結局のところ、家事事件手続法下の後見等開始審判申立においても、手続費用とは「裁判上の費用」と「当事者費用」を意味し、かつそれらが、法に規定された費用だということができるでしょう。

(B) 法の規定外の費用

後見等開始審判の申立てに際しては、上記手続費用のほか、裁判所に提出する各種資料の取得費用や、申立てを弁護士に依頼した場合の弁護士費用等も発生し得ます。

しかし、これらの費用は、民訴費用法に列記された費用には含まれず、ほ

かにこれらについて規定した法律も存在しません。その意味において、これらは、法律の規定外の費用といえますが、これらの費用については、「申立関係費用」と呼ばれることもあり、ここでもその用語例に従うこととします。

(C) 各種費用の分類整理（まとめ）

以上をまとめますと、家事審判法下と家事事件手続法下の「手続費用」の意味には相違があるものの、後見等開始審判申立費用に限ってみるならば、家事事件手続法施行前後を通して以下のように分類されることになります。

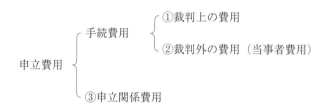

(2) **各費用の内容**

(A) **裁判上の費用**

上記の①裁判上の費用とは、以下のⓐ～ⓓをいいます。

ⓐ 申立手数料　申立書に貼用する収入印紙代で、1件につき800円です。ただし、保佐や補助開始の申立ての際に代理権や同意権付与の申立てをするときは、それらは独立した事件となり、その件数に応じた額の印紙が必要です。

ⓑ 後見等登記手数料　裁判所が後見等登記の嘱託をする際の費用です。申立て時に収入印紙の形で裁判所に納めるのが一般的です（家事事件手続規則19条）。成年被後見人等本人1人につき2600円です。

ⓒ 送達・送付費用　額は、裁判所によって多少異なりますが、切手で予納します。東京家庭裁判所の場合は4300円です。

ⓓ 鑑定費用　おおむね5万～10万円程度であることが多いようです。ただし、鑑定を要しない場合も少なくありません。

(B) 裁判外の費用（当事者費用）

上記の②裁判外の費用は、裁判所出頭費用や申立書作成費用をいいます。

(C) 申立関係費用

上記③の申立関係費用は、裁判所に提出すべき資料（診断書、戸籍資料、住民票、登記されていないことの証明書、不動産登記事証明書等）の取得費用、申立代理人に支払う代理人手数料等をいいます。

2 申立費用の負担者

(1) 手続費用の各自負担の原則

家事事件手続法28条1項は「手続費用の各自負担の原則」を規定しています。これは、同法が、証拠調べ等を要する場合を含む家事審判全般の準拠法であるため、公平の観点から、旧非訟事件手続法26条の「申立人負担の原則」を変更したものです。しかし、成年後見等の申立費用に限っていえば、各自負担の原則も、申立人負担の原則と、結果としては変わりません。

(A) 例外：事情があるときには申立人以外の負担とすることができる

家事事件手続法28条2項は、事情により、同条1項によって定まる原則的費用負担者が負担すべき手続費用の全部または一部を、その負担すべき者以外の者に負担させることができる旨を規定しています。

この規定の趣旨は、旧非訟事件手続法28条と同様、費用負担における実質的公平を図ることにあります。ただ、旧非訟事件手続法では、裁判所が費用負担を命じ得る原則的負担者以外の者の範囲が不明確だったので、家事事件手続法はこれを明確化しました（28条2項1号～3号）。

本項の適用が考えられる場合としては、たとえば、本人保護を目的とする市町村長申立事案があげられます。また、本人と疎遠な親族が、本人の利益のために申し立てる場合も、本項該当性を認められる可能性があります。いずれの場合も、家庭裁判所が本人の資力等を考慮したうえで判断することになります（後記3参照）。

なお、家事事件手続法28条2項が規定する「手続費用の全部又は一部」の

意義については、上記「裁判上の費用」を限度とする運用をしている裁判所が多いようです。

　(B)　**手続費用負担者に関するまとめ**

以上によれば、手続費用のうち、「裁判上の費用」は、原則として申立人負担ですが、事情により裁判所が、家事事件手続法28条2項1号～3号規定の者に負担させることができます。

「当事者費用」は、家事事件手続法施行の前後を通して、申立人の負担とする運用が一般的です。

(2)　**申立関係費用**

上記のとおり、「申立関係費用」に関する法の特別の規定はありません。

そこで、これについては、申立人や本人の親族等が支出し、後見等開始後に、事務管理における有益費償還請求（民法702条）を類推して、本人の財産から求償を受ける扱いがなされる例もあります。もしこれが是認されるとすれば、この理は、申立関係費用に限らず、本人以外の者が負担した当事者費用についても妥当すると解する余地があるでしょう。当事者費用は、家事事件手続法28条1項の原則によって申立人の負担となるにしても、本人との関係においては、事務管理法理の類推の余地がないとはいえないからです。しかし、この点は、なお意見の分かれるところと考えられます。

なお、「裁判上の費用」は、申立人以外の者（特に本人）に負担させる裁判（家事事件手続法28条2項）の対象となりますから、これを本人に負担させる場合はその旨の裁判によるべく、安易に事務管理法理の類推に頼るべきではないでしょう。

3　費用負担の裁判と負担額の確定方法

(1)　**費用負担の裁判**

家事事件手続法29条1項は、旧非訟事件手続法27条と異なり、審判費用負担の裁判を義務化しました。したがって、後見等開始審判においても、申立人負担の原則どおりとする場合を含めて常に、費用負担の裁判がなされます。

(2) 費用負担額の確定

旧非訟事件手続法では、裁判所が費用負担の裁判をするときには、その裁判においてその額が確定されることになっていました（同法27条）が、家事事件手続法は、費用負担の額の確定につき、費用負担の裁判とは別に、申立てに基づき裁判所書記官が定める旨を規定しました（同法31条1項、民事訴訟法71条）。

4　費用を負担する者がいないときの対応策

(1) 手続上の救助

家事事件手続法32条1項は、「家事事件の手続の準備及び追行に必要な費用を支払う資力がない者又はその支払いにより生活に著しい支障を生ずる者」に対する手続上の救助の制度を、家事事件についても導入しました。この趣旨は、無資力者についても、法の規定する権能を実効あらしめることにありますから、救助を求める者が不当な目的で審判申立を行っていることが明らかな場合は、この制度は適用されません（同法32条1項ただし書）。

(2) 市町村の成年後見制度利用支援事業

各市町村は、成年後見制度利用支援事業として、成年後見制度の利用に要する費用の支給を行っています。

支給条件や支給費用の範囲・内容の決定は、実施主体である各市町村に委ねられており、収入や住所等に関する一定の条件下に成年後見等申立て費用を支給する例、それに加えて後見等開始後の後見人報酬のうち一定額をも支給する例等、市町村によって異なります。

また、それらの費用支給を、実施主体である市町村長申立事案に限定する例と、それに限定しない例とがあります。

しかし、多くの市町村が、申立費用に関する限り支給対象を裁判上の費用に限定している点において共通しているようです。

（伊藤　よう子）

〈参考文献〉
増田勝久『Q&A 家事事件手続法と弁護士実務』35頁

第2部 法定後見

Q43 申立ての支援と代理申立て

私は社会福祉士です。先日、事務所に、成年後見の相談に来た人が、申立書を作るのが難しいから、私に代理で申し立ててほしいと言っていますが、可能でしょうか。

解説

1 申立書式

申立書作成の書式は裁判所ウェブサイト〈www.courts.go.jp/tokyo-f/saiban/koken/seinengokentou_mousikomi/index.html〉等に示されていますが、添付することが求められている資料も多数あるため（Q34参照）、親族等の申立人が作成に戸惑うことはあり、専門職が協力を求められることがあります。

ただし、福祉の専門家であってもその支援の仕方には注意をすることが必要です。

2 申立支援の方法

(1) 申立代理

「申立代理」とは、当事者から委任を受けて、代理人が法律事務を処理することをいいます。たとえば申立人欄に「申立人○○代理人△△」と記載される場合です。代理人は、本人に代わって申立書等の裁判所への提出用書類等を作成するほか、審判手続にかかわることになります。この代理人の行為の効果は、すべて本人に帰属することになります。

(2) 申立書等書類作成代行

「申立書作成代行」とは、当事者から依頼を受けて、裁判所提出用の申立書等の書類の作成を代行することです。あくまでも申立ては当事者名で行い、審判手続にかかわるのも当事者であって、代行者自体はかかわることはでき

ません。

(3) その他申立援助

「申立援助」とは、当事者から相談を受けて、申立書等の作成の仕方や添付資料の内容や収集のためのアドバイスをすることです。申立書等書類の作成や申立手続自体は当事者が行います。

3 どこまで支援できるのか

(1) 申立代理ができる者

申立代理ができるのは弁護士だけです。弁護士以外の者が申立代理を行った場合には弁護士法72条違反となる場合があります。同条は、弁護士または弁護士法人でない者が、業として、報酬を得る目的で、一般の法律事件に関する法律事務の取扱行為および一般の法律事件に関する法律事務の取扱いの周旋行為を行うことを禁止しています。

(2) 申立書等書類作成の代行ができる者

申立書等書類作成の代行は、弁護士のほか、司法書士が行うことができます。司法書士は裁判所に提出する書類を作成し、その事務について相談に応ずることができることになっており（司法書士法3条4号・5号）、裁判所に提出する書類の作成を司法書士および司法書士法人でない者が行ってはならないことになっています（同法73条）。

なお、行政書士が保佐開始等に関し、依頼を受け、報酬を得る目的で、業として、裁判所に提出する保佐開始申立書などの書類を作成した事案について、弁護士法・司法書士法違反により有罪となった事案があります（札幌地裁平成21年2月9日判決・判例集未登載）。

(3) その他申立援助できる者

その他申立援助としては、成年後見制度を利用するにあたってそもそもどのような支援を受けることが適切であるのか、また、成年後見制度の利用をするためにどのような手続が必要であるのか、申立書の作成の方法、必要な添付資料にはどのようなものがあり、どのように集めたらよいのかなど、制

度利用の相談および申立書作成アドバイスがあり、これらの行為は、弁護士、司法書士以外でも行うことは可能です。

　もっとも、同相談および申立書作成アドバイスであっても、額の多少や名目のいかんを問わず、同相談および申立書作成アドバイスの対価として、また、事前に支払いの約束があることに限定されず、その途中や終了後に支払われることを予期している場合であれば、実際に対価を得たことは関係なく、「報酬を得る目的がある」と解され、弁護士法違反に問われる可能性がありますので、注意しましょう。

　また、添付資料のうち戸籍謄本等は、戸籍法などの法律において、職務請求ができる資格が限定されており、それ以外の者は入手することはできませんので（Q32参照）、それ以外の資格の者は、資料の入手方法についてアドバイスし、資料の入手自体は当事者本人に任せることなります。

⑷　社会福祉士ができること

　社会福祉士は、専門的知識および技術をもって、福祉に関する相談に応じて、助言、指導、福祉サービス提供者・医師業の、関係者との連絡・調整その他の援助を行う立場にありますので、福祉的観点から成年後見制度の利用に関して助言等を行い、成年後見制度の利用が適当であれば、申立手続に必要な関係者への連絡および調整については、業として行うことができると思われます。

　よって、その範囲であれば、有料にて相談を受けることは可能であると考えられます。

4　ご質問に対する回答

　社会福祉士は、当事者に代わって（代理で）後見等の開始審判の申立てを行うことはできません。福祉的観点から成年後見制度の利用に関して助言等を行い、成年後見制度の利用が適当であれば、申立手続に必要な関係者への連絡および調整を行うことになりますので、弁護士等の専門家につなげることが適当と思われます。

（松隈　知栄子）

Q44 成年後見人等候補者は必ず書かなければならないか

父親に成年後見を利用しようと思っていますが、私も含めて家族は全員遠方に住んでいて、実際に成年後見人等をすることができません。申立書には成年後見人等候補者を記入する欄がありますが、ここには必ず誰かの名前を書かないとならないのでしょうか。

解説

1 必ず誰かの名前を書かないとならないわけではない

本Q末尾に東京家庭裁判所の申立書の書式を掲載しています（【書式3】参照）。この書式では、「成年後見人候補者」の記載欄があり、「□申立人と同じ」という不動文字が印刷されています。

このように、後見等開始審判の申立書の書式の多くには、「成年後見人等候補者」という欄があり、また、添付書類欄に、「成年後見人等候補者の戸籍謄本1通、住民票1通」などの記載がされているので、後見等開始審判の申立てをするには、成年後見人等候補者を決め、候補者欄に必ず誰かの名前を書かなければならないように思われるかもしれません。

しかし、成年後見人等候補者欄は、成年後見人等として適当な人がいる場合に記載すればよいのであり、適当な人がいない場合にまで名前を書かなければならないわけではありません。ましてや、適当な人はいないが、とにかく名前だけ書いておくということがあってはいけません。

2 候補者の名前を記載しなくてもよい理由

そもそも、成年後見人等を誰にするかということは裁判所の専権、つまり、裁判所が決めることであり（民法7条・8条・11条・12条・15・16条）、候補者

をあげていても、裁判所はこれに拘束されず、候補者としてあげられた人が成年後見人等としてふさわしくないと思われる事由があれば、裁判所は、別の人を成年後見人等に選任します。候補者欄が設けられ、候補者をあげることができるとされているのは、裁判所に成年後見人等としてふさわしいと思われる人をあげ、裁判所が成年後見人等を選任するときの判断資料としてもらうためにすぎないのです。

したがって、候補者をあげなくてもよいのです。

3　具体的な記載方法

(1)　候補者がいる場合で、「申立人」が「成年後見人等候補者」のとき

高齢者の療養看護については、家族が高齢者の生活費を立て替えていたり、高齢者名義のキャッシュカードを使って預貯金を引き出して本人の生活費にあてているといったケースが多くありますが、実際に後見等開始審判の申立てがされるのは、医療契約や施設入居契約を締結する必要が生じ、高額の医療費や入居一時金、毎月の費用などを本人の預貯金口座から支払う必要が生じたときということも少なくないでしょう。そして、このような場合、それまで本人の世話をしていた家族が、後見等開始後も引き続き成年後見人等として本人の世話を行う意思で、自分を成年後見人等候補者として、後見等開始審判の申立てをすることも多いと思われます。

このような場合は、申立人は、自らを成年後見人等候補者として記載することになります。

東京家庭裁判所の申立書の書式では、「成年後見人等候補者」欄の「□申立人と同じ」というところの□にチェックすれば足り、成年後見人等候補者欄のその余の記載は不要ということになっていて、簡便になっています。

(2)　候補者はいるが、「申立人」が「成年後見人等候補者」ではないとき

(1)は、申立人が成年後見人等候補者と同じという場合でしたが、時には、申立人が成年後見人等候補者とは異なることもあるでしょう。たとえば、従前、本人の近くに住む娘がキーパーソンとなって本人の身上監護および財産

管理を行っているケースで、後見等開始審判の申立てといった事務的な手続は息子のほうが得意なので息子が申立人となったものの、後見等開始後も引続き娘が中心となって身上監護・財産管理を行うので、娘が成年後見人等となるのがよいと家族間で話合いがなされ、娘を候補者とするといったときです。

　この場合は、□にはチェックはせず、申立人欄や本人欄と同じ要領で、候補者欄に候補者である娘の住所・連絡方法、氏名・生年月日、職業、本人との関係を記入します。

(3) 候補者がいない場合

　ご質問のケースや、親族はいるが長年交流は絶えていて適当な候補者がいないという場合は、候補者欄への記載は不要です。後見等開始審判の申立書の書式によっては、候補者欄に「適当な人がいる場合に記載して下さい」と注意書があることもありますが、そのような注意書がない書式でも、適当な候補者がいない場合には記載は不要であることに変わりありません。ただ、記載がないと、書き忘れと勘違いされるおそれもありますので、欄の中に「裁判所に一任します」と書いておくのがよいでしょう。

（岡﨑　和子）

第2部　法定後見

【書式3】　申立書（東京家庭裁判所）　　　　（出典）東京家裁後見サイト

後見・保佐・補助 開始申立書

受付印

（収入印紙欄）
開始申立てのみは，800円（補助開始のみの申立てはできません。）
保佐開始申立て＋代理権付与のときは1600円分
補助開始申立て＋同意権付与＋代理権付与のときは2,400円分
※はった印紙に押印しないでください。

収入印紙（申立費用）	円
収入印紙（登記費用）	円
予納郵便切手	円

準口頭　　関連事件番号平成　　年（家　）第　　号

東京家庭裁判所　　　御中
　　　　　　□立川支部
平成　　年　　月　　日

申立人の記名押印　　　　　　　　　　　　　　　　印

| 添付書類 | 本人・成年後見人等候補者の戸籍謄本，本人・成年後見人等候補者の住民票
本人の登記されていないことの証明書，診断書 |

申立人

住　所	〒　－　　　　　　　　　　　　　　　電　話（　　） 　　　　　　　　　　　　　　　　　　携帯電話（　　） （　　　　　方）　　　　　　　　　　FAX（　　）
フリガナ 氏　名	大正 　　　　　　　　　　　　　　　　　　昭和　年　月　日生 　　　　　　　　　　　　　　　　　　平成
本人との関係	1　配偶者　2　父母　3　子（　　）　4　兄弟姉妹甥姪 5　本人　6　市区町村長　7　その他（　　）

本人

本　籍	都　道 府　県
住民票の住所	□申立人と同じ　〒　－　　　　　　　電　話（　　） 　　　　　　　　　　　　　　　　　　　　　　　（　　　方）
施設・病院の入所先	施設・病院名等 □入所等していない 〒　－　　　　　　　　　　　　　　　電　話（　　）
フリガナ 氏　名	男・女　明治 　　　　　　　　　　　　　　　　大正 　　　　　　　　　　　　　　　　昭和　年　月　日生 　　　　　　　　　　　　　　　　平成

成年後見人等候補者　□申立人と同じ※

住　所	〒　－　　　　　　　　　　　　　　　電　話（　　） 　　　　　　　　　　　　　　　　　　携帯電話（　　） 　　　　　　　　　　　　　　　　　　FAX（　　）
フリガナ 氏　名	昭和　年　月　日生 　　　　　　　　　　　　　　　　　　平成
本人との関係	1　配偶者　2　父母　3　子（　　）　4　兄弟姉妹甥姪 5　その他（　　）

（注）太わくの中だけ記入してください。
※　申立人と成年後見人等候補者が同一の場合は，□にチェックをしてください。その場合は，成年後見人等候補者欄の記載は省略して構いません。

Q45　成年後見人等の資格要件・欠格事由

　私は以前、兄と貸付金の返還をめぐって裁判をしたことがありますが、最近では付き合いもあります。兄が認知症になり、成年後見の申立てをし、私が成年後見人等の候補者となっていますが、私は成年後見人等となれるのでしょうか。

解　説

1　成年後見人等の欠格事由

(1)　概　要

民法847条は「次に掲げる者は、後見人となることができない」として成年後見人等になれない人を規定しています。これを成年後見人等の「欠格事由」といいます。

① 　未成年者
② 　家庭裁判所で免ぜられた法定代理人、保佐人または補助人
③ 　破産者
④ 　被後見人に対して訴訟をし、またはした者並びにその配偶者および直系血族
⑤ 　行方の知れない者

これらの欠格事由の中では、④を除く事項は定型的な欠格事由とすることに一定の合理性があると思われますが、④の訴訟当事者に関しては裁判所の裁量的な判断に委ねたほうがよいと指摘されています（於保不二雄＝中川淳編『新版注釈民法㉕親族(5)〔改訂版〕』331頁〔犬伏由子〕）。

法が上記の欠格事由を定めた理由は、本人の財産を管理し、身上監護・療養看護を行う適正な職務を行うことが期待できない者は初めから成年後見人等から外す必要があるからとされています。

以下、それぞれについてみていきます。

(2) 未成年者

未成年者は判断能力が未成熟として成年後見人等になることができません。婚姻により成年者とみなされる者（民法753条）は成年後見人等になれます。なお、その後20歳に達する前に離婚した者は欠格者にならないと一般に説明されています（於保＝中川編・前掲書332頁〔犬伏〕）。

(3) 家庭裁判所で免ぜられた法定代理人、保佐人または補助人

「免ぜられた」とは、解任されたことをいいます。

それでは、ここにいう「法定代理人、保佐人または補助人」はどの範囲でしょうか。親権者・後見人・保佐人・補助人が入ることは当然です。また、ここにいう「法定代理人」とは、成年後見制度における代理人に限りません。

遺言執行者が解任された場合（民法1019条1項）も欠格事由になるとするのが通説です。親権者が子と利益が相反する場合の特別代理人（民法826条）は、不適任の場合、家庭裁判所は解任しうるとされ、その場合も欠格事由になると考えられます。

他方、不在者財産管理人（民法25条1項）、相続財産管理人（同法918条2項・952条）については、家庭裁判所はいつでも「改任」しうるとされています（家事事件手続法146条・200条）が、不適格が理由とは限らないことから、欠格事由に当たらないとするのが多数説です。

(4) 破産者

破産手続開始決定がされた者は成年後見人等となることはできません。ただし、免責許可決定が確定するなどして復権（破産法255条）すれば、成年後見人等となることに支障はありません。

(5) 行方不明者

所在不明の者に成年後見人等の適切な職務を期待することはできませんので、欠格事由となっています。

2 訴訟当事者の欠格事由

(1) 訴訟当事者の欠格事由が定められた理由

上記の④の訴訟当事者関係にある、またはあった者が欠格事由に当たるとされる理由は、本人と対立した利害関係に立つとともに、本人との間で感情の融和を欠くため、後見事務を誠実に果たすことが期待できないからとされます。

(2) 過去の訴訟歴を形式的に欠格事由とすることの妥当性

しかし、「訴訟」とは紛争を最も合理的に解決する法律上の制度とされている以上、単に訴訟当事者関係にあること、とりわけ訴訟の過去があるというだけで機械的に欠格事由にすることは、立法のあり方としては妥当性に疑問があります。判決や和解により紛争は解決済みで、当事者間も融和し、成年後見人等として最もふさわしい人になっている可能性もあります。したがって、「訴訟の過去」については解任事由の一つの事情として考慮すれば足りるように法改正をするべきと思われます。

(3) 欠格者の範囲

訴訟当事者の配偶者や直系血族も欠格事由に当たるといわれています。

古い判例では、本人が原告として訴えた被告の息子も欠格者となるとするものもあります（大審院大正7年9月18日判決・民録24輯1706頁）。

(4) 実質的判断が必要

民法847条にいう「訴訟」については、実質的に利益が対立する訴訟でなければかまわないとされています。

判例は、本人と成年後見人等候補者に実質的な利益の対立関係がなければ、同法の解任事由の「訴訟」に含まれないとしています（大阪高裁昭和52年2月8日判決・家月29巻9号82頁他）。

形式的に訴訟上の対立関係にあっても、実質的に利害対立関係がなければ、成年後見人等の不適格者とはいえず、感情的な対立もないのであれば、形式的解釈はかえって成年後見人等の適任者を得る道を閉ざすからとして、学説

もこれを支持しています（於保＝中川編・前掲書334頁〔犬伏〕、島津一郎編『判例コンメンタール(6)民法Ⅳ』852頁〔岩井俊〕）。

3　ご質問のケースの検討

　現行の法律の解釈としては、「貸付金の返還の訴訟」は実質的に利害対立関係にある「訴訟」であり、過去の場合でも「訴訟をした者」に含まれるため、ご質問のケースでは、成年後見人等になることはできません。

　ただし、立法論としては、上記に述べたとおり、過去の訴訟歴は選任や解任の際の事情の1つに位置づけるような法改正がなされるべきといえます。その法改正が実現した場合には、裁判官の判断で成年後見人等としてふさわしいと判断されれば、成年後見人等になることは可能となります。

　また、現に訴訟の原告・被告の関係にあっても対立関係を実質的に判断したうえで欠格事由該当性を判断するべきだというのが判例・学説なのですから、和解や取下げにより訴訟が終結し、実質的に当事者間にすでに法律上および感情的な対立関係がおよそ存在しないことが確認されれば欠格事由に当たらないという法解釈も可能と考えます。

（藤岡　毅）

Q46　補助開始審判申立てにおける「本人の同意」

在宅で一人暮らしをしているAさんについて、支援者の間では、補助開始の審判を申し立てようということになりました。ただ、本人は「補助など必要ない」と言っています。こういった場合でも申立てをすることはできるのでしょうか。

解　説

1　補助開始審判における本人の同意

補助開始審判に関しては、「本人以外の者の請求により補助開始の審判をするには、本人の同意がなければならない」（民法15条2項）とされています。本人による申立てでない場合には、本人の同意がない限り、補助開始審判はできないことになります。

同様に、補助開始に伴ってなされる同意権付与審判および代理権付与審判についても、本人による申立てでない場合、本人の同意が必要です（民法17条2項・876条の9第2項・876条の4第2項）。

補助開始審判（それに伴う同意権付与審判・代理権付与審判）において、このように本人の同意が必要とされている趣旨は、「判断能力低下の程度が軽度な補助類型については本人の自己決定権を十分に尊重する必要がある」という点にあります。なお、より判断能力が低下した状態である保佐類型・後見類型では、開始審判をするにあたって、本人の同意は要件とされていません。

このように、本人の同意は補助開始審判にあたっての要件とされていますので、審判時に被補助人本人が補助開始について同意している必要があります。しかし、この「被補助人本人の同意」は、申立ての要件とはなっていません。この点、小林昭彦＝原司『平成11年民法一部改正法等の解説』137頁

においても、「本人以外の請求権者が、本人の利益のためにまず補助開始の審判を請求し、その後審理を進める過程において、家庭裁判所が自ら本人の同意があることを確認することが予定」されていると解説されています。

以上のとおりですから、本件のようなケースにおいて、家庭裁判所が本人の同意を欠くことを理由に申立書の受理を拒むような場合には、本人の同意が審判の要件であって、申立ての要件ではないことを主張して、一応これを受理させ、家庭裁判所の本人調査までの間に、本人に補助制度のメリットを説明・説得をして、同意を得ることも考えられます。

もっとも、申立てまでに同意が得られれば、そのほうが望ましいといえます。申立て前にも、本人の同意が得られるよう、説明・説得等を試みるべきであるのはいうまでもありません。

2　本件の検討

本件のAさんについても、本人が補助開始に同意をしていないのですから、このままの状態では、補助開始審判はなされません。したがって、申立てを行っても、審判までに同意が得られないと却下されてしまいます（この点についての参考審判例として、札幌高裁平成13年5月30日決定・家月53巻11号112頁）。

まずは、申立て前に、本人の同意を得られるよう説得等を試みましょう。

また、なかなか本人の同意が得られなくとも、消費者被害を受けているなど本人の保護・支援の必要性が高いと思われる場合には、とりあえず申立てをしてから、家庭裁判所の本人調査までの間に、本人への説明・説得を尽くして、同意を得るよう試みるのも1つの案です。

場合によっては、Aさん本人が、補助制度そのものを誤解しているために同意をためらっていることも考えられますし、補助人への同意権・代理権付与の対象を柔軟に設定することで、Aさん本人が納得することも考えられますから、Aさん本人と関係者らでよく相談をし、本人に同意をしてもらう、ということもありえるでしょう。

（井村　華子）

Q47　申立て後の取下げの可否

Aさんの後見開始の申立てについて、家族から依頼されて、弁護士である私が代理で行いました。ところが、申立てから数週間ほどしてから、Aさんの家族が「やはり後見など必要ない」ということで、取り下げたいと言ってきました。取り下げることはできるのでしょうか。私がみたところ、Aさん本人には成年後見人による援助が必要だと思うので、取り下げないほうがよいと思っています。

解　説

1　旧家事審判法下での運用

　旧家事審判法では、成年後見等の開始審判申立ての取下げについて、明文の定めはありませんでした。

　実務においては、申立ての取下げは、特段の事情がない限り認められていました（東京家裁後見問題研究会編著『東京家裁後見センターにおける成年後見制度運用の状況と課題』（判タ1165号）65頁参照）。

　このような取扱いがなされてきた背景には、①家庭裁判所は、申立てがない限り成年後見等の開始審判をすることができないこと、②本人が成年後見等に相当する状態にあっても、成年後見等の開始審判申立てをすることができる者（4親等内の親族等）が申立てをすることは義務とされていないこと、などがあると考えられます。

　もっとも、申立人が取下げを希望している事案の中には、取下げを認めるのが適切でない事案も多くありました。たとえば、申立人が自己を成年後見人等候補者として申立てをしたものの、審理の過程において、第三者後見人が選任されることとなり、自己が成年後見人等に選任される見込みがなくなると取り下げてしまう、というような事案などです。

このような問題意識の下、旧家事審判法下においても、「申立人が、自ら推薦する成年後見人等候補者の選任に固執し、精神鑑定や家庭裁判所調査官調査が終わっている段階で取下げをした」という事実関係において、取下げを認めなかったケースがありました（東京高裁平成15年6月6日決定・東京家裁後見問題研究会・前掲書67頁）。このケースでは、本人が相当な財産を有していること、介護費用等の支出のために適正な財産管理が必要であることなどから、本人保護の必要性・緊急性があったうえに、取下げの動機も第三者後見人への報酬支出を避けるためであったことがうかがえることなどがあって、取下げを認めるのは相当ではない旨の判示がなされました。

しかし、家事事件手続法施行前の実務としては、申立ての取下げの制限は立法措置によるべきものであり、かかる立法措置がない以上、取下理由にかかわらず、申立ての取下げは自由に認めるという運用が確立していたといえるでしょう（東京高裁平成16年3月30日決定・判時1861号43頁）。

2　家事事件手続法の成立

これに対して、2011年5月に成立した家事事件手続法（2013年1月1日施行）では、成年後見等の開始審判申立ての取下げについて、明文の規定が設けられました。ここでは、「後見開始の申立て」について、「審判がされる前であっても、家庭裁判所の許可を得なければ、取り下げることができない」と定められたのです（家事事件手続法121条。保佐については同法133条、補助については同法142条により準用）。

また、家庭裁判所において取下げ許可の可否を判断するため、家事事件手続規則78条において、「申立ての取下げをするときは、取下げの理由を明らかにしなければならない」と規定されました。

以上のとおり、本件のような場合、「家庭裁判所」が「許可」しない限り、申立ての取下げをすることができません。

3 いかなる場合に取下げの「許可」がなされるか

　いかなる場合に成年後見等開始審判申立ての取下げが「許可」されるのかについては、今後の裁判例の集積を待たなければならないでしょう。

　ただし、上記裁判例等に従えば、以下の点などを総合的に考慮して決められるものと思われます。

　① 本人保護の必要性（本人の心身の状況、生活状況、財産の有無・種類・多寡およびその管理の必要性・緊急性、紛争の有無・現状など）

　② 申立ての目的・動機（申立人が本人の財産を独占的に管理する目的や権限濫用のおそれ等の有無）

　③ 事件の進行状況（医師等による鑑定や家庭裁判所調査官による調査などが完了しているか否か）

　本件についても、「成年後見が必要」「取り下げないほうがよい」と思われる事情があるというのですから、家庭裁判所は、これらの事実関係や取下げの動機などを総合考慮したうえで、取下げの「許可」をするかどうか決するものと思われます。

（井村　華子）

第2部　法定後見

Q48　外国人についての申立て

　成年後見制度の利用の相談があったAさんについて、申立てのための書類を集めている際、在日外国人であることがわかりました。Aさんは日本の成年後見制度を利用できるのでしょうか。

解　説

1　「法の適用に関する通則法」の施行

　国際間の法令の適用に関して、「法例」（明治31年法律第10号）を改正する「法の適用に関する通則法」（以下、「通則法」といいます）が2006年6月21日に公布され、2007年1月1日に施行されています。これにより外国人の成年後見制度についても改正がされています。成年後見制度について規定する同法5条および35条を以下に掲げます。

> （後見開始の審判等）
> 第5条　裁判所は、成年被後見人、被保佐人又は被補助人となるべき者が日本に住所若しくは居所を有するとき又は日本の国籍を有するときは、日本法により、後見開始、保佐開始又は補助開始の審判（以下「後見開始の審判等」と総称する。）をすることができる。

> （後見等）
> 第35条　後見、保佐又は補助（以下「後見等」と総称する。）は、被後見人、被保佐人又は被補助人（次項において「被後見人等」と総称する。）の本国法による。
> 2　前項の規定にかかわらず、外国人が被後見人等である場合であって、次に掲げるときは、後見人、保佐人又は補助人の選任の審判その他の後見等に関する審判については、日本法による。

> 一 当該外国人の本国法によればその者について後見等が開始する原因がある場合であって、日本における後見等の事務を行う者がないとき。
> 二 日本において当該外国人について後見開始の審判等があったとき。

2 後見開始の審判等──通則法5条

(1) 国際裁判管轄

通則法5条は、日本の裁判所がいかなる場合に裁判管轄権を行使するかを定めた規定で、成年被後見人等について、①日本にある住所、②日本にある居所もしくは③日本国籍の3つを管轄権の基礎として列挙し、このうちのいずれかの管轄原因がある場合には、日本の裁判所の国際裁判管轄権を認めています。

したがって、ご質問の在日外国人のAさんは、日本に住所または居所のある外国人として、日本の裁判所に後見開始の審判等を申し立てることができます。

(2) 準拠法

通則法は、後見開始の審判等の原因および効力の準拠法について、いずれも日本法によることとしました。これにより、後見開始の審判等の「原因」と「効力」とを区別せずに、日本法を適用すればよいということになり、成年被後見人等の実効的な保護が可能となりました。

国によっては、必ずしも能力の制限を伴わない日本の補助に相当する法制度をもたない例もありますが、通則法が「原因」について日本法を適用するとしたことで、そのような国を母国とする外国人に対しても、日本法に従って補助を開始できることになりました。

ご質問の在日外国人のAさんは、日本民法所定の要件（民法7条・11条・15条）に従って、後見開始の審判等の原因の有無が判断されることとなりますし、後見開始の審判等の効力として、日本民法所定の効力（民法8条・9条・12条・13条・16条・17条）が認められることになります。

3　後見等——通則法35条

(1)　通則法35条1項

　後見等に関する審判の国際裁判管轄について、通則法には、かつての法例と同様、明文の規定が置かれていません。ここで、「後見等」とは、後見等の開始原因（例：民法838条2号「後見開始の審判があったとき」）、成年後見人等の資格や選任・解任、成年後見人等の権限（代理権や同意権）、権利義務、後見等の終了、後見等監督人の資格・選任・解任・権限・権利義務・終了などの事項を指します。

　通則法35条1項は、後見等の準拠法について、本国法によると定めています。

(2)　通則法35条2項

　通則法35条2項は、同条1項に対する例外として、外国人に対する後見等に関して日本法が準拠法となる場合を規定しています。

　まず、通則法35条2項は、日本法を準拠法とする同項の適用対象を外国人一般に拡大し、日本において必要とされる保護措置をより広く適切に行うことを可能にしました。

　他面、通則法35条2項は、日本法を準拠法とする事項的範囲を「後見人等の選任の審判その他の後見等に関する審判」（すなわち日本の家事事件手続法上の審判）に限定しています。これは、日本法を準拠法とする必要が現実に生じるのは、日本の裁判所において後見等に関する審判という手続をとる場合に限定されるためです。

(3)　通則法35条2項各号

(A)　1号

　通則法35条2項1号は、当該外国人の本国法によれば、その者について後見等が開始する原因がある場合で、日本において後見等の事務を行う者がいないという場合に、日本法によりその外国人について後見等に関する審判を行う旨を規定したものです。このような場合、緊急的な対応を認める必要が

あることから、同条1項に対する例外として認められたものです。

(B) 2号

通則法5条により、日本で日本法によって後見開始の審判等があった場合には、円滑に成年後見人等の選任その他の後見等に関する審判を行うことが必要です。そのため、通則法35条2項2号は、通則法5条により後見開始の審判等が行われた場合、日本の裁判所が日本法によって後見等に関する審判を行う旨規定しています。この限りで、通則法5条と35条2項2号における国際裁判管轄のルールは一致しており（少なくとも前者が認められる場合には、後者も連動して認められます。法例研究会編『法例の見直しに関する諸問題(3)』（別冊ＮＢＬ88号）46頁）、「成年後見については、〔通則法〕5条と35条とは直結することになる」と説明されています（澤木敬郎＝道垣内正人『国際私法入門〔第6版〕』180頁）。

(4) ご質問のケース

ご質問のケースについてみますと、Ａさんについては、日本の家庭裁判所で日本法によって後見開始、保佐開始または補助開始の審判が行われた後、通則法35条2項2号に基づき、日本法に基づき、日本の家庭裁判所でそのまま成年後見人、保佐人または補助人の選任の審判が行われることになります。

（吉野　智）

第2部　法定後見

Q49　申立てにおける費用補助制度

Aさんから、成年後見の相談を受けました。ただ、本人から、財産がないので、利用するための料金が払えるかどうか心配だと言われました。財産のない人が申立てをするときに、費用を補助する制度はあるのでしょうか。

解　説

1　申立てに要する費用

成年後見申立てには、次のような費用が必要です（詳細は、Q42を参照してください）。

① 診断書、戸籍資料、住民票、登記されていないことの証明書等の取得費用等、申立ての準備に必要な費用
② 裁判所に納付する印紙代、切手代、鑑定費用
③ 申立てを代理人弁護士に委任した場合に生じる弁護士費用

2　負担の原則

上記①は、家庭裁判所に、後見等開始審判の申立ての際に本人の手続費用負担を求める上申をしても、認めてもらえません。ただし、本人のための費用ですから、後見等開始後、成年被後見人等に対して、事務管理法理の類推適用により、有益費として償還を請求するという考え方もあるでしょう（東京家裁後見問題研究会編著『東京家裁後見センターにおける成年後見制度運用の状況と課題』（判タ1165号）61頁）。

上記②は、家庭裁判所に後見等開始審判を申し立てる際に本人の手続費用負担を求める上申をすることで、成年被後見人となる本人の負担とすることができます。

上記③については、原則として、申立人であるAさんの負担です。ただし、家庭裁判所は認めていないようですが、③についても本人のための費用ですから、事案によっては、後見等開始後、成年被後見人等に対して、事務管理法理の類推適用により、有益費として償還を請求するという考え方もあるのではないでしょうか。

3 申立人の負担の軽減

　申立人であるAさん自身が、一定の資産・収入以下の場合、上記③の費用について、日本司法支援センター（法テラス）による費用の立替えという法律扶助を受けることができます。事案によっては鑑定費用の立替えも受けられる場合があります（実費の追加として）。家族構成、住んでいる地域、家賃の負担等によって、援助を受けられる範囲は異なります。詳細は、法テラスのウェブサイト等での確認が必要ですが、都市部に一人暮らしで借家住まいの場合、1カ月の収入が17万円以下であれば、援助を受けることができます〈http://www.houterasu.or.jp/nagare/youkenkakunin/〉。

　なお、法テラスを利用する場合、成年後見申立てを弁護人に委任することが必要で、その弁護士費用は、簡易な家事審判申立てとして、実費2万円、着手金6万4800～10万8000円になります。

　法テラスによって立て替えられた費用は、原則として、申立人であるAさんが、毎月数千円から数万円程度の分割払いで法テラスに弁済しなくてはなりません。ただし、申立人であるAさんが生活保護受給者等、特に生活が苦しい方の場合、返還の猶予や免除を受けることができます。

　法律専門家である弁護士が代理して後見等の申立書を作成することは、手続適正の見地からは望ましいことですが、後見等開始の審判申立ては、簡易な家事手続の申立てですので、Aさん自身が申立てをすることも可能です。Aさんと本人の関係が、別居のきょうだいであるなど財産関係を調査する方法がない場合、財産関係の調査はほとんど実施できない（しない）で、診断書、戸籍、成年後見等の登記なき証明書等を添付するだけで成年後見等の

申立てをすることも考えられます。Aさん自身が成年後見人等になるのではなく、家庭裁判所の選任する第三者に成年後見人等を任せる場合、Aさん自身が成年後見人等として適当であることを示す資料も省略できます。診断書等の添付書類を揃えることは、市町村の高齢福祉または障害福祉の担当部署等から事実上の援助を受けることができることもあります。

4　成年後見制度利用支援事業

　成年後見制度利用支援事業は、成年後見制度を利用するにあたって費用を負担することが困難な認知症高齢者等に対し、成年後見制度の申立てに要する費用（申立手数料、登記手数料、鑑定費用等）および成年後見人等の報酬を助成する事業です。厚生労働省の地域支援事業交付金事業の1つとして実施されており、市町村が行う成年後見制度の利用を支援する事業を対象として、交付金が支給されるものです。

　この事業の対象者は、しばらくは市町村長申立ての場合に限られていましたが、2008年4月より、対象者の要件から「身寄りのない」および「市町村長申立」要件が外されたことにより、本人申立てや親族申立事案についても対象となっています。ただし、運用を市町村長申立て以外に広げている自治体はまだ少ないようです。

5　自治体独自の補助制度

　上記成年後見制度利用支援事業以外に、自治体独自で申立費用を補助する制度を設けているところも少ないながらあります（たとえば、葛飾区〈https://www.city.katsushika.lg.jp/22/97/018142.html〉、板橋区〈http://www.city.itabashi.tokyo.jp/c_kurashi/009/009013.html〉、港区〈http://www.city.minato.tokyo.jp/kenko/fukushi/shogaisha/kyogikai/sk-moshitate.html〉等）。詳しくは、各自治体に照会してみてください。

6　市区町村長申立ての検討

　Aさん自身では弁護士費用の負担ができず、その結果Aさんが本人についての成年後見等申立てを拒否する場合には、市町村長申立てが必要になります。

　市町村長が申し立てる場合、申立書の作成等は、市町村の職員または、市町村長から委任された弁護士が実施しますので、Aさんの負担はありません。

　市町村長申立ての詳細については、Q51以下を参照してください。

〔元橋　一郎〕

第2部　法定後見

Q50 後見等開始審判の取消しの申立て

成年被後見人のAさんは、統合失調症です。最近、状態が回復してきたので、日常の金銭管理は自分でできるようになりました。もうしばらくすれば成年後見は必要なくなる可能性があると思うのですが、取り消すことはできるでしょうか。

解説

1　後見等開始審判の取消しの申立て

精神上の障がいにより事理を弁識する能力を欠く常況（民法7条）ではなくなった者に対して、同法10条は「家庭裁判所は、本人、配偶者、4親等内の親族、後見人……、後見監督人……又は検察官の請求により、後見開始の審判を取り消さなければならない」と規定しています（保佐については同法14条、補助については同法18条）。

このため、Aさんは、精神上の障がいにより事理を弁識する能力を欠く常況ではなくなった、つまり、自分で財産管理ができるような状態になったのであれば、自身で、家庭裁判所に対し、後見開始の取消しの審判を申し立てることができます（家事事件手続法別表第1の2項）。

2　裁判管轄

この場合の裁判管轄について、旧家事審判法における管轄規律の下では、後見開始の取消しの審判事件は、成年被後見人の住所地を管轄する家庭裁判所とされていましたが（旧家事審判規則22条）、家事事件手続法においては、後見開始の審判事件以外の成年後見に関する審判（別表第1の2項～16項）について、成年被後見人の住所地にかかわらず、後見開始の審判をした家庭裁判所が一元的に管轄することになりました。そのため、後見開始の取消し

の審判事件についても、後見開始の審判事件が係属した家庭裁判所が管轄裁判所ということになります（家事事件手続法117条2項）。

　保佐開始の取消しの審判事件および補助開始の取消しの審判事件についても同様に、それぞれ保佐開始および補助開始の審判事件が係属した家庭裁判所が管轄裁判所となります（家事事件手続法128条2項・136条2項）。

3　診断書の提出

　後見開始審判取消しの申立てにあたっては、診断書を添付することが一般的で（家事事件手続法119条2項）、審理手続では、鑑定が実施される可能性が高いと思われます。

　したがって、Ａさんは、事理弁識能力がある、つまり財産管理能力があるという医師の診断書を入手してから、Ａさん自身を申立人にして、家庭裁判所に対し、成年後見開始・保佐開始・補助開始審判の取消しの審判の申立てをすることになるでしょう。

4　回復した判断能力が保佐や補助レベルであった場合

　また、仮にＡさんの事理弁識能力の回復度合いが保佐か補助のレベルにとどまる場合には、保佐開始の審判の申立てまたは補助開始の審判申立てをすることになるでしょう（民法11条・15条）。この場合、Ａさんに対する後見開始の審判は、家庭裁判所が職権により取り消すことになります（同法19条2項）。

（元橋　一郎）

第2部　法定後見

Q51 市町村長申立ての導入の経緯と意義

市町村長申立てとはどのような制度なのでしょうか。どのような経緯で導入されたのでしょうか。

解説

1　市町村長の申立権の成り立ち

市町村長の申立権は、1999年の民法一部改正等により新しい成年後見制度ができるのとあわせて新設された制度です。旧禁治産・準禁治産制度の下では、申立権者は、本人、配偶者、4親等内の親族、後見人、保佐人または検察官とされ、検察官は公益の立場から申立てをするものとされていましたが、検察官による禁治産・準禁治産の申立ては、ごく少なかったといわれています。

新しい成年後見制度が検討された際、この制度の利用を、従来どおり本人たち、すなわちこの制度の利用を求める側からの申立てにより手続を開始するか（申立主義）、あるいは、裁判所が必要と判断したら職権で利用手続を進めるか（職権主義）との議論がされました。職権主義が求められたのは、より利用しやすくするため、特に身寄りのない人でも成年後見制度を利用できるようにするという理由によります。

しかし、結果としては、従来どおり申立主義が採用されました。その理由は、本人の行為能力に制限を加える成年後見制度の利用手続を中立機関たる裁判所が本人たちの利用意思に基づかずに開始することは問題であるとされたこと、そして、実際には利用が非常に少なかった「公益的立場としての申立権者である検察官」に加えて、地域で福祉サービス等の提供義務を負い、本人のおかれた状況を詳細に知る立場にある市町村長を申立権者に加えることによって、職権開始を求める考え方をも尊重することができるというもの

です。

2　市町村長の申立権の性質

　市町村長申立権は、高齢者に関しては老人福祉法32条、知的障害者に関しては知的障害者福祉法27条の３（現在の28条）、精神障害者に関しては精神保健福祉法51条の11の２の各法律により新設され、市町村長は「その福祉を図るため特に必要があると認めるとき」に成年後見等開始審判の申立てをすることができることとされました。特別区も同様です（地方自治法281条・281条の２第２項）。

　この制度は、前に述べた立法趣旨から考えて、申立人となるべき親族等がいない場合の最後の手段というべきものではありません。

　新しい成年後見制度は、法定後見制度と任意後見制度から成り立っていますが、この任意後見制度と法定後見制度を私的後見制度と公的後見制度として分類するならば、法定後見制度は市民の憲法で保障された幸福追求権や財産権等基本的人権を守るためにある公的制度と考えられ、その利用の端緒となる市町村長の申立権はまさに市民の生存権・財産権等を守る憲法上から要請されるというべきものでもあるのです（田山輝明「市町村長申立制度」実践成年後見35号４頁）。検察官の申立権がほとんど機能していないこともあわせて考えるならば、市町村長は、権利擁護のため必要であれば、申立権をもつ親族がいても、申立てができるものと解されます。

3　市町村長申立ての状況

　成年後見制度の利用が必要な高齢者・知的障害者・精神障害者等がいても、申立権者となり得る親族がいない、申立権をもつ親族はいるが協力が得られない、申立権のある親族が本人に対して権利侵害をしていて申立てが期待できないなどの事情で、親族による申立てをすることができない場合があります。虐待や権利侵害を受けていたり、受けるおそれがある状況にある人たちを放置するのは、憲法上の要請にも反することです。

第2部　法定後見

　実際、多くの市町村では、高齢者支援課・障害者支援課等の担当課が、地域包括支援センター等からの情報に基づき、支援が必要な市民の把握に努めています。後述のとおり、市町村長申立件数は増加傾向にあり、市町村の各担当課が個別に手続にあたるというのでは追いつかない状況になることは必至です。最近では自治体が、社会福祉協議会等の中に権利擁護センター等を設置し、そこで市町村長申立事案の検討を総合的に行うという取組みも行っています。

　最高裁判所事務総局家庭局の統計によれば、近年の市町村長申立事件の件数は、2009年2471件（全申立件数のうちの割合約9.0％）、2010年3108件（同約10.3％）、2011年3680件（同約11.7％）、2012年4543件（同約13.2％）、2013年5046件（14.7％）と増加しています（「成年後見関係事件の概況」各年から）。ただし、自治体によって申立件数にかなりのバラツキがあり、積極的な活用例は、大都市に集中しているといいます。

　今後の市町村長申立ての課題としては、地域包括支援センター等で受けた相談を円滑に市町村長申立てにつなげていくための体制づくりや、その整備と利用支援のための予算上の措置問題などがあげられます。

（大山　美智子）

Q52 市町村長申立てが必要な場合

私がかかわっている施設にいるAさんが、認知症の症状が非常に重くなり、成年後見制度の利用が必要だということになりました。ただ、Aさんには親族がいません。どのように手続をすればよいでしょうか。

[解説]

1 市町村長申立てにつなぐこと

成年後見制度を利用するには、申立てが必要です。民法7条（後見の申立て）、11条（保佐の申立て）、15条（補助の申立て）にそれぞれ申立権者が規定されています。申立てで最も多いのは、4親等内の親族ですが、Q51で説明されているように、市町村長も申立てをすることができます。

4親等内の親族は、相当に範囲が広く、直系血族でいえば玄孫（やしゃご）、傍系血族でいえばいとこや甥・姪の子まで含まれます（Q31参照）。したがって、一般的に付き合いのある親族がいないといっても、探すと出てくるということもまれではありません。

しかし、親族調査は市町村の担当課職員の職務となります。施設職員としては、地域包括支援センター、社会福祉協議会の権利擁護センター等に連絡して、成年後見制度の利用が必要な人がいることを説明し、市町村長申立ての必要性を検討してもらえばよいのです。

親族が見つからない場合や、いても協力してくれない場合等は、高齢者に関しては老人福祉法32条、知的障害者に関しては知的障害者福祉法28条、精神障害者に関しては精神保健福祉法51条の11の2の各法律に基づき、市町村長が「その福祉を図るため特に必要があると認めるとき」に後見等開始審判の申立てをすることとなります。

地域包括支援センターは介護保険法（115条の46）により市町村が地域支援

業務等を行うために設置すべきものと位置づけられていますが、その業務の内容に権利擁護業務が含まれています（同法115条の45第1項4号）。この権利擁護業務には、高齢者虐待の防止、消費者被害の防止などとともに、本件のような成年後見制度利用に関する支援が含まれているのです。

多くの自治体では市町村ないし社会福祉協議会、あるいはその両者の責任で、権利擁護センター等を設置していると思われます。この権利擁護センター等は成年後見制度の推進機関として位置づけられます。

2 どのような場合に市町村長申立てを行うか

(1) 申立人となる親族がいない場合

ご質問のようなケースでは、市町村の担当課による調査の結果、4親等内の親族が発見されることもまれではありませんが、いとこや甥姪の子となれば、かなり遠い存在です。本人さえ交際がなかった場合には、申立人となることに協力を受けられないこともあります。

親族が全く発見されない場合はもちろん、このように協力を得られない場合も、親族がいないということで前述のとおり市町村長が申立人になることとなります（もっとも、行政の担当者が探し出した親族が申立人になってくれ、それまでかかわりのなかった時間を取り戻すように交際が始まったという例もあります）。

そして、申立人となる親族が発見されなければ、市町村長申立てにより成年後見制度の利用につなげることになります。

なお、現在、市町村長申立てにあたって行う親族調査については、原則2親等までで足りるとされています。

市町村長申立ての場合、成年後見人等の候補者も推薦して申立てを行うと、後見等の開始審判が相当早く行われるようです。

(2) 親族から虐待を受けている場合

市町村長申立てが必要な事案として、ご質問の例とは少し離れますが、親族から虐待を受けている場合（身体的のみならず経済的虐待の場合も含む）が

考えられます。このような場合、本人にとっていかに成年後見制度の利用が必要でも、親族が本人の財産その他の利益を手放したくないために申立てをしない、あるいは反対することが多いというのが実情です。このようなとき、市町村長の申立権は、本人の権利擁護のために非常に大きな役割を果たします。市町村長は、申立権のある親族がいない場合の補完的役割ではなく、第1に市民の権利を擁護するという立場の下でこの申立てにかかわることが必要です。

また、虐待案件の中には、経済的虐待を行っている親族が、金融機関で本人名義の預貯金の払戻しができないなどの事情からやむなく成年後見の申立てをするということもあります。こういった場合、申立時点では裁判所に経済的虐待の事実が報告されることは期待できず、経済的虐待を行っている親族が成年後見人等候補者とした申立てがなされ、その親族が成年後見人等に就任してしまうこともあり得ます。これでは本人の権利擁護に不安があるといわざるを得ません。したがって、虐待をした親族が成年後見等開始の審判申立てをした場合でも、市町村長申立てを検討してよいと考えます。

実際、親族申立てと並行して市長申立てを行った事例もあります。この事案では、成年後見制度利用が必要であるにもかかわらず、親族が申立てをしないどころか、本人がごみ屋敷状態の中で生活をしているという情報が入り、親族に申立てを説得したのですが応じないため、市長申立てに踏み切りました。すると、その親族が対抗して申立てを行ってきたのです。親族側の申立ての成年後見人等候補者は、その親族でした。そこで、本人虐待の事実と市長申立てに至る経緯を申立理由として記載して、その親族では本人の権利は守られないことを家庭裁判所に示しました。市の内部では親族が行うというのに対して市長申立てを続けてよいのかという議論がありましたが、市民を守る立場から市長申立てを継続しました（そして、市長申立てに基づいて後見が開始されました）。そこまでやってはじめて、本来あるべき高齢者・障害者の権利擁護の実が伴うのだと考え、市長申立てを維持したのです。

高齢者虐待防止法・障害者虐待防止法などにもそれぞれ「その財産を不当

に処分すること、その他不当に財産上の利益を得ること」を経済的虐待として例示し、国や地方自治体の責務としてその防止義務を規定しています。このような場面ではより一層、市町村長申立てにかかる責務は大きいのです。

（大山　美智子）

Q53 市町村長申立てに要する費用と償還請求

私は自治体の高齢福祉担当です。このたび、Aさんについて市長申立てをすることとなりましたが、だいたいどれくらいの費用がかかるのでしょうか。また、その費用についてAさんに請求することはできるのでしょうか。

解説

1 市町村長申立てにかかる費用

市町村長申立てであるか否かにかかわらず、成年後見制度の申立てにかかる費用は同じです。その内容は、以下のとおりです（Q42も参照）。

① 家庭裁判所へ提出する申立書に貼る印紙代（申立ての類型が後見の場合は800円ですが、保佐・補助の場合は、代理権や同意権付与の申立てをするときは、それらは独立した件となり、その件数に応じた額（1件あたり800円）の印紙が必要です）

② 後見等の登記をするための印紙代　2600円

③ 家庭裁判所へ予納する切手代（裁判所によって異なることがあるので、家裁窓口やウェブサイトで確認のこと）

④ 鑑定費用（後見・保佐の場合のみです）　おおむね5万～10万円（ただし、鑑定をしないケースが多くなっています）

⑤ 申立用診断書作成料　おおむね3000～1万円（作成医療機関によります）

⑥ 提出用各書類の取り寄せ費用　本人の戸籍謄本（450円）・住民票（自治体により違いますが100～300円程度）・後見登記されていないことの証明（300円）・成年後見人等候補者の戸籍謄本・住民票（費用は上記のとおり）

①～④は、裁判所への申立てのときに要する費用です。これらに関しては後に述べるとおり、裁判所の審判によって、本人負担とすることができます。しかし、申立て前に取り寄せることが必要な⑤⑥の費用は申立人の負担となります。もっとも市町村長申立ての場合、本人の戸籍・住民票などは公用で取得することが可能でしょう。

2 費用の償還

(1) 家事事件手続法

後見等開始の審判申立費用に関しては、申立人負担が原則となっていますが、家事事件手続法28条2項2号により、本人負担とする審判が可能です。

市町村長申立てにつき、自治体が及び腰な場合の理由として、これらの申立費用の予算が確保できないということがあげられる場合があります。しかし、現在では、市町村長申立てのほとんどの事例で本人負担とされ、償還されているので、自治体においてはぜひとも積極的に取り組んでもらいたいものです。

(2) 費用償還を受ける手続

旧家事審判法の下では、申立てとともに費用負担の上申書を別途提出していたのですが、家事事件手続法の下では費用負担の裁判が必要的となったため（同法29条1項）、たとえば、東京家庭裁判所の後見サイト〈http://www.courts.go.jp/tokyo-f/saiban/koken〉に掲載されている書式には、後見等審判開始の申立書にチェックボックス式で費用上申という欄が設けてあり、申立費用の本人負担を求める場合には、ここにチェックを入れればよいようになっています。

そして、本人の費用負担が決定されたら、成年後見人等にあてて、自治体から費用償還の請求を行います。請求書の公文書とともに、納付書を渡して請求しているのが通常の取扱いと思われます。

（大山　美智子）

Q54 親族調査の必要性・範囲と方法

70歳のAさんについて市長申立てをすることとなりました。市長申立てにあたっては、申立人をしてくれる親族がいないか探さなければいけないそうですが、どのくらいの範囲まで探すのでしょうか。また、どのように探せばよいのでしょうか。

解 説

1 親族調査の方法

市長申立てにあたっては、Q52にあるとおり、申立権者である親族がいるか否かを調べることとなります。市町村の担当者は、当然住民票を把握できますので、それにより本籍地がわかります。本人の現在の戸籍謄本（1994年に戸籍法の改正があり、電子処理が行われるようになりました）では、本人に婚姻歴があるか否か、婚姻歴はあるが配偶者はすでに亡くなったことや、子どもがいるか否かなどを把握できます（Q32参照）。本人の現在の戸籍には配偶者や子や親が記載されていないということでしたら、改製前の戸籍謄本や転籍前の戸籍謄本（除籍謄本）をとることとなります。改製前の戸籍謄本は縦書きになっています。この改製前のものも現在のものも、必ず、その戸籍がいつ改製されたか、いつどこから転籍されたかの日付が入っているので、戸籍をさかのぼる作業はこれをたどっていくことになります。

2 調査対象の親族の範囲

子どもがいないと、親の戸籍から兄弟姉妹をたどることとなります。民法上の申立権者である4親等の親族は、甥姪よりさらに先の従兄弟や、甥姪の子どもまで繋がることとなるので（Q31〈図4〉参照）、場合によっては相当多数の戸籍をとらなければなりません。

ただし、市町村長申立ての際の自治体による親族調査の範囲については、厚生労働省通知（平成17年7月29日障障発0729001号、障精発0729001号、老計発第0729001号通知）によって、原則として「2親等以内の親族の有無の確認」で足りることとされています。そのため、4親等の親族までは調査していないのが実情と思われ、この調査で判明した兄弟姉妹並びにその子程度までの範囲で意向調査を終了しているようです。

3　申立人になってもらえるか否かの検討

申立権者たる親族が発見された場合には、その住所を探します。これは、戸籍の附票をとることによって判明します。多くの自治体では、これらの親族に、文書等で問い合わせて、本人の後見等開始審判の申立人になってもらえるか否か回答を求めているようですが、断られる場合や、全く回答がない場合も多いと思われます。ただし、市町村長の申立ては、厳密にすべての親族から拒否されたことを要するわけではなく、本人のために必要と思われるときには発動すべきものですから（Q52参照）、相当期間にわたって回答がない場合に催促までする必要はないでしょう。

4　市町村長申立てにかかわる要綱

市町村長申立てに関しては、どの範囲までを対象者とするかなどについて、自治体によって要綱が決められています。申立てができる要件を必要以上に限定している場合も少なくないように見受けられます。たとえば、親族が「音信不通」となっている場合に限定したり、親族の「拒否の意思表示」が明らかである場合に限定すると、親族の経済的虐待がある事案についても、何もできないということも考えられます。予算措置が必要ということもあり自治体によっては消極的になっているようですが、市民の権利を擁護する立場から、自治体はその義務を果たすべきといえ、このような要綱は改正されるべきでしょう。

（大山　美智子）

Q55 認知・発見から審判申立てまでの本人支援

私が勤めている地域包括支援センターに、成年後見制度の利用をしたほうがよい高齢者がいると連絡が入りました。本人に会ってみると、たしかに成年後見制度による支援が必要だと思います。親族がいないので市長申立てにしようと手続を進めていますが、成年後見人が選任されるまでの間、どのような点に気をつけて本人を支援していけばよいでしょうか。

解 説

1 成年後見制度の利用の必要性の判断と関係機関との共有

地域包括支援センターとしては、「成年後見の利用をしたほうがよい高齢者」がいるとの連絡が入った場合、いきなり「後見等開始審判申立て」のみが支援方針になるわけではないと思われます。成年後見の申立ては、支援の目標ではなく、本人の生活を支えていくための目標を達成する1つの支援策として、支援方針の中に位置づけられる必要があるからです。

ご質問の例では、本人に会って、「成年後見制度が必要である」ということや「親族がいない」ということが確認できたわけですが、まずは本人の生活の全体像を見渡し、解決すべき課題を整理し、その一つひとつについて関係機関と連携をとりながら支援方針を決定していくことが大事です。

そのうち、「成年後見制度が必要だ」と判断した根拠として、本人の判断能力の状態、本人が自ら行うことが困難だと思われる法律行為について代理支援する必要があること、そして、本人の側に立って支援できる親族がいないことがあるのだと考えられます。

本人の判断能力を客観的に把握するために、医療機関との連携が重要になります。その際、単に申立てのために必要な診断書を記載してもらうことや、

家庭裁判所からの鑑定依頼に対応してもらうということだけではなく、これからの本人の生活を支援するために、どの医療機関とつながっていく必要があるかを見据えて支援方針を立てることが肝要です。

次に、本人のみでは困難と思われる法律行為（契約や費用の支払いのための金融機関とのやりとりなど）には何があるのか、法律行為は何のために必要か、そのことについて本人はどのように考えているのか、どうしたいと思っているのか、といったことを丁寧にアセスメントする必要があります。「成年後見制度が必要だ」という判断がなされる場合、本人の意思や意向は蚊帳の外に置かれ、支援関係者の意向に沿った支援を進めていくために、単なる契約行為の代理人として成年後見制度が必要だと判断されている事案も少なくないようです。しかし、本人の意思や意向を丁寧に確認していくと、支援者が考えている方針とは別の希望が引き出されることがあります。そういったときに、本人側に立って、本人が望む生活はどのようなものか、そのためにはどのような支援が必要なのかを汲み取って、そのために必要な法律行為を行える人として成年後見制度が必要なのだということを関係者が共有できるように働きかけることが、地域包括支援センターには求められています。それこそが、地域包括支援センターが担う権利擁護事業といえます。

2　緊急事務管理と成年後見人への引継ぎ

このように、支援チームとして成年後見制度の必要性を確認・共有し、具体的な申立手続へと進んでいくことになります。

市町村長申立てがスムーズに進むためには、行政が市町村長申立要綱や成年後見制度利用支援事業要綱を整備していることはもちろんですが、そのほかに、実務を担う担当者が明確にされていること、必要な実務を対象者ごとに行政・地域包括支援センターや関係機関と役割分担できるような連携がとれることも重要です。医療機関の受診に付き添ったり、本人の財産状況を可能な範囲で把握することは、地域包括支援センターを中心とし、本人とすでに関係がとれているサービス事業者などの協力のもとに行われるのが望まし

いでしょう。また、戸籍の調査は、行政が権限と責任のもとで実施することになります。市町村長申立てを行う際には、申立権のある親族をすべて調査する必要はなく、2親等の親族の意向確認を行えば足りるという運用（Q54参照）がなされていますので、いたずらに親族調査に時間がとられることのないようにし、必要があると判断された対象者には速やかに申立てがなされることが必要です。

　最近、鑑定が実施される割合が減ったこともあり、申立てから審判が下りるまでの期間は短縮されています（2013年の最高裁統計資料によると、審理期間が2カ月以内の事案が約78％となっています）。しかし、直近の状況は、鑑定を実施する事案が微増しており、審理期間も長くなっている場合があります。また、審判が確定するまではさらに2週間必要になります（Q78参照）。

　申立てから審判確定までの間に、緊急的に対応しなければならないことが出てきた場合には、事務管理（民法697条）により、本人の利益のために対応することとなります。

　事務管理とは、「本人との関係では法律上の義務がなく」、「他人のために、他人の事務の管理を始め」、「事務の性質に従い最も本人の利益に適合する方法又は本人の意思に従い事務を管理する」こととされています。

　これらの事務管理に基づく事務に対応できるように、行政は体制を構築する必要があります。申立ての際の財産状況や収支状況の報告から、成年後見人等が活動するまでの間、どのような緊急事務管理を誰が行ったのかを管理するのは、行政の責任といえます。

　　　　　　　　　　　　　　　　　　　　　　　　　　（星野　美子）

Q56 鑑定の趣旨

成年後見が開始されるにあたり、鑑定が必要とされるのはどういった理由によるのでしょうか。

解説

1 成年後見制度と鑑定

成年後見制度においては、後見開始または保佐開始の審判をするには、家庭裁判所は、本人の精神の状況について医師その他適当な者に鑑定をさせなければならない（家事事件手続法119条1項・133条）とされており、例外として、「明らかにその必要がないと認めるとき」には、鑑定を省略することができるとされています（同法119条1項ただし書）。

後見開始および保佐開始の審判の手続に、原則として鑑定が必要とされるのは、後見や保佐が、本人の自己決定権に制限を加える（本人の行為能力を制限する）という面があるため、制度利用が本当に必要な状態にあるかどうかという点から、本人の能力の判定を専門家による慎重な判断に委ね、本人の利益を保護するという趣旨があります。

後見の対象者は、「精神上の障害により事理を弁識する能力を欠く常況にある者」（民法7条）ですから、自己の財産を管理・処分できない程度に判断能力が欠けている者、すなわち、日常的に必要な買い物も自分ではできず誰かに代わってやってもらう必要がある程度の者です。したがって、後見が開始されると、成年後見人が選任され、成年後見人は、本人の行為全般について、本人を代理することができ、本人がした行為を取り消すことができます（民法859条1項・9条）。

保佐の対象者は、「精神上の障害により事理を弁識する能力が著しく不十分である者」（民法11条）です。これは判断能力が著しく不十分で、自己の

財産を管理・処分するには、常に援助が必要な程度の者、すなわち、日常的に必要な買い物程度は自分ですることができますが、不動産、自動車の売買や自宅の増改築、金銭の貸し借り等、重要な財産行為は自分でできないという程度の判断能力の者のことです。保佐が開始されると、保佐人が選任され、本人が行う重要な財産行為については、保佐人の同意を要することとされ、本人または保佐人は、本人が保佐人の同意を得ないで行った重要な財産行為を取り消すことができます（同法13条）。必要であれば、家庭裁判所は、申立てにより保佐人に、本人を代理する権限を与えることができます（同法876条の4第1項）。

2　鑑定が必要とされる理由

このように、成年後見制度は、精神上の障がいにより判断能力が不十分な者について、契約の締結等を本人に代わって行ったり、本人が誤った判断に基づいて契約を締結した場合にそれを取り消すことができるような人を選任することにより、判断能力が不十分な者を保護する制度なのです。

近時、認知症の進んだ高齢者に対し、不要なリフォーム工事を次々と勧め、高額のリフォーム代金を支払わせるといった高齢者の消費者被害が問題となっています。成年後見人や保佐人がつけば、こうした契約を取り消し、支払いを拒絶したり、あるいは既払金の返還請求をすることなどによって、本人を保護することができるようになります。

他方、「認知症である」という紹介での来院にもかかわらず、10～20％は、最終的には認知症ではなかった、というデータが報告されています（水野裕「判断能力の認定と課題——成年後見等開始手続における鑑定の意義からみた鑑定省略の問題点について——」成年後見法研究8号3頁）。認知症の診断自体も、急性期病院など混乱した状態になりやすい状況での判断は必ずしも正確ではなく、家族関係にも影響を受ける可能性があるなど、成年後見手続等開始手続における精神鑑定が省略された場合の問題点が指摘されているところでもあります（同上）。

後見・保佐開始後は、本人保護のためとはいえ、本人が自由に法律行為をすることができなくなります。本人保護を図りつつも、本人の自己決定を尊重する観点から、能力の判定は慎重に行われなければなりません。そのために、医師等の専門家による鑑定が必要とされるのです。

3 補助・任意後見では鑑定は不要

補助および任意後見については、医師その他適当な者の意見を聴かなければならないとされ、鑑定は必要とされていません（家事事件手続法138条・219条）。

補助の制度は、同意権または代理権による保護の範囲が特定の法律行為に限定され、このような保護を受けるにあたっては、本人の関与（本人自身による請求または審判に対する本人の同意）が保護措置として保障されています。そのため、利用する本人の利便性も考慮し、原則として、鑑定手続を不要とし、精神の状況の認定のための客観的な証拠資料を獲得する方法として、医師の診断の結果その他適当な者の意見を必要的に聴取することとされたのです（小林昭彦＝原司『平成11年民法一部改正法等の解説』134頁）。

ただし、鑑定は必要的・原則的でないとされただけで、家庭裁判所が必要と認めれば、通常の証拠調べの手続により行うことができるものですが（家事事件手続法64条において、証拠調べについては、民事訴訟の例によるとして、鑑定に関する民事訴訟に関する法令の規定を準用しています）、前述の制度趣旨からすれば、できる限り、医師の診断の結果その他適当な者の意見聴取によって迅速に補助開始の審理を進めることが望ましいといえるでしょう。

（鈴木　麗加）

Q57 鑑定が行われる場合と省略される場合

Aさんは重度の認知症で、寝たきり状態です。このような場合でも鑑定は必ず行わなければなりませんか。

解説

1 減少傾向にある鑑定実施比率

　成年後見制度においては、後見開始または保佐開始の審判をするには、家庭裁判所は、本人の精神の状況について医師その他適当な者に鑑定をさせなければならない（家事事件手続法119頁1項・133条）とされており、例外として、「明らかにその必要がないと認めるとき」には、鑑定を省略することができるとされています（同法119条ただし書）。

　最高裁判所事務総局家庭局「成年後見関係事件の概況」によれば、後見開始、保佐開始、補助開始および任意後見監督人選任事件の終局事件のうち、鑑定を実施したものの比率は、過去5年間で以下のように推移しています。

平成21年1月～12月	約13.1％
平成22年1月～12月	約17.7％
平成23年1月～12月	約13.1％
平成24年1月～12月	約10.7％
平成25年1月～12月	約11.6％

　上記のように鑑定実施比率はここ5年で減少傾向にあり、鑑定を実施するのが原則とはいえない状況にあります。本人の能力の判定が慎重に行われるべきであることはいうまでもありませんが、わが国の社会が近年急速に高齢化し、今後も成年後見の申立件数が増加していくことが見込まれる状況においては、現行の成年後見制度を運用するにあたり、鑑定に要する時間や費用をこれまでよりも少なくし、利用しやすくすることが求められています。鑑

定の実施比率の減少は、こうした社会的な背景事情を反映しているといえます。また、鑑定に要する期間も短縮化されているといえ、約半数は1カ月以内という報告もあります（前記「成年後見関係事件の概況——平成23年1月〜12月——」）。鑑定の必要性が高くないケースでは鑑定を省略し、迅速に後見開始の審判を出すことが、本人の保護にもつながるといえるでしょう。

2 鑑定が省略されるケース

それでは、実際に鑑定が省略されているのはどのようなケースでしょうか。ここでは、「明らかにその必要がないと認めるとき」（家事事件手続法119条1項ただし書）をどう考えるかという点が問題となります。

従前から、遷延性意識障害や重篤な意識障害により意思疎通が不可能なケースについては、鑑定が省略されてきました。2009年4月改定の東京家庭裁判所後見センター・東京家庭裁判所立川支部後見係の「診断書（成年後見用）」の書式では、所見のところに、「遷延性意識障害」「重篤な意識障害」といった、一見して鑑定不要の疾患名を選択項目としてあげており、該当する場合にはその項目にチェックを入れる形式をとっています。

ただし、鑑定省略となるのは、「遷延性意識障害」「重篤な意識障害」に限られません。この「診断書（成年後見用）」書式における「判断能力判定についての意見」欄の「判定の根拠」では、「見当識」、「他人との意思疎通」、「社会的手続きや公共施設の利用（銀行等との取引、要介護申請、鉄道やバスの利用など）」、「記憶力」の各項目について4段階で評価をチェックすることとし、「脳の萎縮または損傷」といった客観所見や「長谷川式認知症スケール」「MMSE」といった「各種検査」の点数を記載するような書式となっています。東京家庭裁判所後見センターなどでは、これらの項目をチェックすることにより、鑑定を要するケースと省略するケースを分類するようです。

具体的にどのような疾患の場合に鑑定が省略されるかについて、「脳出血後遺症」や「脳梗塞後遺症」といった客観所見がとりやすい疾患は鑑定実施率が低くなっている傾向があり、また、「アルツハイマー型認知症」や「脳

血管性認知症」など比較的数が多い類型の認知症についても、診断書書式によるチェック項目の工夫により鑑定実施率が低くなっているとの報告があります（寺町東子「東京家庭裁判所における鑑定の取扱い」実践成年後見32号126頁）。他方、非定型的な認知症や、「精神発達遅滞」、「統合失調症」といった個別性の高い疾患については、鑑定実施率が高くなっています（寺町・前掲127頁）。

3　鑑定が省略された場合の問題点

　その一方で、成年後見制度における鑑定は、本人保護とともに、本人の自己決定権の尊重（過剰な行為能力制限の防止）という観点から必要とされているため（Q56参照）、鑑定が省略されるケースが多くなることの問題点にも留意する必要があるでしょう。

　すなわち、医師の側からは、認知症や精神障害による判断能力の状態を推察するには家族からの情報が欠かせず、その情報自体に偽りがある場合はそれに左右されて実際の判断能力を低く診断する可能性が高いこと、認知症の診断自体も、急性期病院など混乱した状態になりやすい状況での判断は必ずしも正確ではなく、家族関係にも影響を受ける可能性があることなど、鑑定が省略された場合の問題点が指摘されています（水野裕「判断能力の認定と課題～成年後見等開始手続における鑑定の意義からみた鑑定省略の問題点について」成年後見法研究8号3頁）。

4　ご質問のケース

　ご質問のケースですが、重度の認知症で、寝たきり状態であり、医師が質問しても、意味のある発語や意思疎通などがほとんどできないということであれば、鑑定が省略されることになる可能性が高いと考えられます。

（鈴木　麗加）

第2部　法定後見

Q58　鑑定医は申立人がみつけるのか

家庭裁判所に成年後見の申立てをし、診断書を作成してもらった医師に鑑定書もお願いしたところ、鑑定を断られてしまいました。その場合、申立人が鑑定人を探さなければならないのでしょうか。

解説

1　東京家庭裁判所後見センターの運用状況

鑑定は、診断書を作成した医師に依頼することが多いようです。東京家庭裁判所後見センターでは、後見用の診断書の作成を担当する医師に、「診断書を作成していただく先生へ」という文書を渡すよう推奨しています。これには「家庭裁判所が後見等開始の審判をするには、原則として本人の精神状況について鑑定をする必要がありますが、明らかにその必要がないと認める場合には鑑定をしなくてもよいとされています（家事事件手続法119条1項）」「鑑定人は精神科医や精神保健指定医である必要はなく、通常は主治医の先生にお願いしています」と記載があります。したがって、鑑定をするのは必ずしも精神科医である必要はなく、普段から本人を診察している主治医であれば問題ありません。

また、診断書を作成していただいた医師に鑑定をお願いできるかどうか、「診断書附票」の各事項に回答していただくようお願いをしています。「診断書附票」は、「家庭裁判所から鑑定の依頼があった場合、お引き受けいただけますか」との質問に対し、「引き受けられる」「引き受けられない」のいずれかにチェックするような記載になっています。「引き受けられない」の理由として「専門ではないから」「その他」「次の医師を紹介する」とあり、紹介先の医師の名前や連絡先を記載してもらうような体裁となっています。鑑定を「引き受けられる」という回答を選択した場合は、鑑定書提出までの期

間、鑑定料などについて照会事項があり、適宜記入をしていただくようになっています。

　最高裁判所事務総局家庭局では「成年後見制度における鑑定書作成の手引」(以下、「手引」といいます)を作成しています(裁判所ウェブサイト)。「手引」では、成年後見制度における鑑定の位置づけ、鑑定書書式、鑑定書記載ガイドラインおよび鑑定書記載例の内容、鑑定の手続の説明がなされています。「統合失調症・後見開始の審判」「認知症・後見開始の審判」「認知症・保佐開始の審判」といった場合の鑑定書記載例も掲載されており、鑑定書作成に役立つようになっています。

2　ご質問のケース

　ご質問のケースの場合、もし主治医から、「精神科医ではないから」という理由で鑑定書作成を断られた場合、本人を普段から診察している主治医であればよく、精神科医であることまでは必要とされていないことを説明し、「手引」に従い鑑定書を作成していただけないか、あらためてお願いしてみてはいかがでしょうか。

　それでも引き受けてもらえない場合には、他の医師を紹介してもらえないか聞いてみてください。

　紹介も断られたとなれば、家庭裁判所に鑑定人候補者を探してもらうことになります。ただし、家庭裁判所に任せた場合は、候補者選定に時間がかかることになるでしょうから、やはり、できれば、主治医にお願いするか、紹介していただくことが得策です。

〔鈴木　麗加〕

Q59 本人によって鑑定が拒否された場合

統合失調症である娘について成年後見制度を利用することになり、本人も了解したうえで後見等開始の審判申立てをしました。ところが、成年後見制度の利用には了解しているものの、鑑定がどうしても嫌なようで、病院に行きたがりませんし、医師に来てもらっても会おうとしません。鑑定をしないで手続を進めることはできないのでしょうか。

解　説

1　後見または保佐の開始の場合

(1)　鑑定が不要とされるケース

後見または保佐の開始にあたっては、原則として鑑定が必要ですが、家庭裁判所が「明らかにその必要がないと認めるとき」には鑑定が省略されます（家事事件手続法119条1項・133条）。

立法時に想定されていた「明らかにその必要がないと認めるとき」というのは、本人がいわゆる植物状態であると医師が診断している場合など限定的でしたが、実務では、重度の認知症や「準植物状態」で回復可能性の低い者については、診断書の記載内容の工夫や、診断書作成医に鑑定の要否の意見を求め参考にするなどの方法により、鑑定を不要とするケースが増えています。本人の自己決定権を不当に制限するおそれがないのであれば、費用と時間のかかる鑑定を省略し、迅速に保佐あるいは後見を開始して本人の利益を保護することが制度の趣旨にかなうからです。

(2)　知的障害者および精神障害者における鑑定要否の判断

知的障害者については、障がいの性質上、判断能力の変動がほとんどないと考えられ、確実な資料により判断能力を認定できる場合には、鑑定が求められない可能性があります。たとえば、知的障害者について、精神遅滞で幼

少時から知的能力が低く、長期間にわたって改善しておらず、療育手帳交付の際に最重度（1度）とされた者および重度（2度）と判定された者について、療育手帳と判定書等の提出により鑑定が省略される例があります（東京家裁後見問題研究会編著『東京家裁後見センターにおける成年後見制度運用の状況と課題』（判タ1165号）38頁〜39頁）。

精神障害者については、一般的に、症状が定型的でなく、かつ変動しやすいこと、あるいは、障がいによる判断能力低下によって、後見あるいは保佐開始を不服と感じる本人によって不服申立てされるおそれがあることを理由に鑑定が必要とされることが多いのが実情です。しかし、実務において必ずしもすべての精神障害者について鑑定が必須とされているわけではありません。

ご質問のケースでは、成年後見制度の利用については了解しているようなので、鑑定について「明らかにその必要がないと認めるとき」に該当し、それについての確実な資料が提出できるのであれば、鑑定が不要とされる可能性があります。

(3) **本人の拒否により鑑定が不可能なケース**

本人による鑑定の拒否が、後見または保佐が必要とされる判断能力低下に起因する可能性はあります。しかし、拒否することが「明らかにその必要がないと認めるとき」に該当するとはいえません。したがって、ほかに確実な資料がなければ本人が鑑定を拒否している場合には、保佐もしくは後見の開始はできないことになります。

統合失調症に罹患し治療中である本人が鑑定を拒否した事案において、「例外的に鑑定によらない場合とは、鑑定によるまでもなく医学上の確立した判断等から判断能力の有無が判明する場合をいう」のであり、「本人が精神分裂病〔統合失調症〕に罹患し、治療中である旨のＸ医科大学病院医師による診断書が提出されているものの、そのことから直ちに事理を弁識する能力が著しく不十分であるとまでいえず」、本人が拒否しているため鑑定ができないので、保佐開始の要件を欠く、として保佐開始審判の申立てを却下

した審判例があります（東京家裁平成15年9月4日審判・家月56巻4号145頁）。後見または保佐の開始によって、行為能力の制限という効果が生じる以上、判断能力の判定はあくまでも信頼性の高い資料により慎重になされるべきだからです。

したがって、ご質問のケースで、単に鑑定を拒否しているだけでは、たとえ申立てに同意していても、審判はできないことになります。

2　補助開始の場合

補助開始審判にあたっては鑑定が要件とされていません。補助開始は、本人の申立てによるか、本人の同意が要件となっており（民法15条1項・2項）、同意権・取消権や代理権を付すにも、本人の申立てによるか本人の同意が必要とされているので（民法17条1項・2項・876条の9第1項・2項）、本人の意思に反して行為能力が制限されたり補助人に代理権が付与されることはありません。したがって、鑑定を必要的なものとしなくても、不当に本人の自己決定権を損なうおそれがないと考えられるからです。

ただし、「医師の診断の結果その他適当な者の意見を聴かなければならない」とされています（家事事件手続法138条）。鑑定ほど厳格な手続は必要なくとも、判断能力の低下を理由として本人の行為能力が制限される可能性がある以上、医師等の専門家から意見を聴取することは不可欠だからです。医師以外の適当な者とは、経験を積んだソーシャルワーカー等であって、本人の日常生活の状況をよく知っていて、それを適切に評価できる専門家が該当します（小林昭彦＝大門匡編著『新成年後見制度の解説』289頁）。

したがってご質問のケースでは、補助開始審判の申立てをするのであれば、判断能力に関する医師の診断書またはそれに準ずる資料により、鑑定を経ずとも補助開始の審判がなされます。

（森　葉子）

4　審判前の保全処分

Q60　保全処分の種類・内容

たびたび悪質商法の被害にあっているというAさんについて、保佐開始審判の申立てをしました。ただ、保佐人が選任されるまでには時間がかかるということで、その間、Aさんがまた被害にあわないか心配です。よい方法はないでしょうか。

【解説】

1　審判前の保全処分の趣旨

　判断能力が不十分で、たとえば、悪質商法の被害にあっている、経済的虐待を受けている、あるいはそのおそれがあるという人に対しては、法定後見制度（後見・保佐・補助。以下、「後見等」といいます）を利用し、まずは今後の被害を予防していくことが重要となるケースが多いでしょう。

　ご質問の事例では、Aさんの判断能力が保佐相当のようですので、保佐開始審判を申し立て、同時に代理権付与の申立てを行い、選任された保佐人に、Aさんの財産を適切に管理してもらうとともに、Aさんが保佐人の知らないうちに悪質商法にあってしまった場合には、その取引を取り消してもらうことが有用と考えられます。

　もっとも、鑑定が必要である、適任の成年後見人等候補者がみつからないなどの理由で、後見等開始審判の申立てから審判が効力を生ずるまでに時間がかかることが見込まれる場合、ただ審判の効力が生ずるのを待っているだけでは、本人の被害が拡大してしまうということも考えられます。

　そのような場合には、後見等開始の審判前の保全処分（以下、「審判前の保全処分」といいます）を申し立て、家庭裁判所に財産管理者を選任してもら

い、後見等が開始されるまで暫定的に本人の財産を財産管理者に管理してもらうことや、家庭裁判所に後見命令等を発してもらい、本人が悪質商法にあったときに財産管理者にその取引を取り消してもらったりすることが考えられます。

2 審判前の保全処分の種類と内容

(1) 財産管理者の選任

　後見等開始の審判の申立てがあった場合、家庭裁判所は、審判前の保全処分として、本人の生活、療養看護または財産管理のために必要がある場合、後見等開始の審判が効力を生ずるまで、財産管理者を選任し、または事件の関係人に対して本人の生活、療養看護もしくは財産管理に関する事項を指示する審判をすることができます（家事事件手続法126条1項・134条1項・143条1項）。

　財産管理者の選任の審判により、財産管理者は、保護が必要な状態にあった本人の財産を、本人に代わって管理することができます。ただし、財産管理者の権限は、原則として保存・管理行為に限られ（民法103条参照）、処分行為を含みません。財産管理者が管理行為を越える行為をするには、家庭裁判所の許可が必要となります（民法28条、家事事件手続法126条8項・134条6項・143条6項）。このように、財産管理者の権限が成年後見人等と異なり限定的なものになっているのは、財産管理者の役割が、後見等開始の審判が効力を生ずるまでの暫定的なものにすぎないためです。

　また、事件の関係人に対する指示により、本人の同居者等の財産管理者以外の者に対して、本人の財産管理の方法や療養看護の方法を指示し、本人の権利を保護することなどが考えられます（家事事件手続法126条1項）。なお、この事件の関係人に対する指示は、勧告的効力を有するにすぎません。

(2) 後見命令、保佐命令、補助命令

　また、後見等開始の審判の申立てがあった場合、家庭裁判所は、審判前の保全処分として、本人の財産の保全のために特に必要があるときは、後見等

開始の審判が効力を生ずるまで、本人の財産上の行為について、財産管理者の後見等を受けるべきことを命じることができます（家事事件手続法126条2項・134条2項・143条2項）。

具体的には、後見命令の審判（本案として後見等開始の審判の申立てがあった場合）により、財産管理者および本人は、民法9条ただし書所定の日常生活に関する行為を除く本人の財産上の行為について取り消すことができます（家事事件手続法第126条2項・7項）。

また、保佐命令の審判（本案として保佐開始の審判の申立てがあった場合）については、本人が民法13条1項各号所定の財産上の行為を財産管理者の同意なく行った場合に、財産管理者および本人は、これを取り消すことができます（家事事件手続法134条2項・5項）。

補助命令の審判（本案として補助開始の審判の申立てがあった場合）については、本人が同意権付与の申立てがなされている行為を財産管理者の同意なく行った場合に、財産管理者および本人は、これを取り消すことができます（家事事件手続法143条5項）。

このような後見命令等に基づき、財産管理者は、本人が自身に不利益な財産上の行為をしたとしても、財産管理者の同意を得ていない限り、これを取り消すことができます。

3　審判前の保全処分が認められるための要件

(1)　本案事件の係属

審判前の保全処分は、本案たる後見等開始の審判が効力を生じるまでの暫定的なものです。したがって、後見等開始の審判申立てがされ、この申立てについて審判の効力が生じていないことが手続上の要件となります（家事事件手続法105条1項）。

審判前の保全処分は、後見等開始の審判の申立てと同時に、またはその後に申し立てることができます。

(2) 後見等開始の蓋然性

審判前の保全処分が認められるためには、後見等の各類型に該当する程度に本人の判断能力が低下していることの蓋然性が要件となります。したがって、申立人は、医師の診断書等によりこれを疎明することが必要となります。

(3) 保全処分の必要性

後見等開始の審判が効力を生じるのを待っていては、本人の権利保護を図れないような事由が存在することが要件となり、申立人はこれを疎明する必要があります。特に、後見命令等については、「財産の保全のために特に必要がある」ことも要件とされています（家事事件手続法126条2項・134条2項・143条2項）。

4　ご質問の場合

ご質問の場合については、たとえば、保佐開始審判の申立てということで鑑定が必要となり、審理に一定の時間がかかる事態などが想定されますので、Aさんがたびたび悪質商法の被害にあっていることを考えると、できるだけ早く適切な第三者にAさんの財産を管理してもらう必要が高い事案といえます。そのため、保佐開始の審判の申立てと同時に審判前の保全処分の申立てをするのが相当と考えられます。そして、審判前の保全処分の申立てをする際には、本人が悪質商法のため自身に不利益な契約をしてしまうことも考えられますので、財産管理者の選任の審判を申し立てるだけではなく、保佐命令の申立てをし、本人が悪質商法の被害にあったときにこれを取り消すことができるようにしておくのがよいでしょう。

（吉野　智）

Q61 審判前の保全処分の手続

後見開始審判の申立てを行いましたが、審判が下りる前に本人が消費者被害等にあう危険があって心配なことから、審判前の保全処分を利用することになりました。どういった手続をすればよいのでしょうか。

解説

1 申立手続等

(1) 種 類

Q60で述べたとおり、後見開始の審判前の保全処分(以下、「審判前の保全処分」といいます)の類型としては、①財産管理者の選任または財産管理者以外の事件の関係人に対する本人の生活、療養看護または財産の管理に関する事項の指示(家事事件手続法126条1項)、②後見命令(同条2項)があります。

(2) 本案事件の係属

審判前の保全処分の申立てにあたっては、本案たる後見開始の審判の申立てをしていて、まだその審判の効力が生じていないことが必要ですが(家事事件手続法105条1項)、本案の申立てと同時でも、申立ての後でもできます。

(3) 管 轄

審判前の保全処分の申立ての管轄は、本案の係属している家庭裁判所となります(家事事件手続法105条1項)。しかし、例外的に、本案の審判事件が即時抗告により高等裁判所に係属している場合には、当該高等裁判所に申立てを行うことになります(同条2項。以下、同項に基づく審判前の保全処分については、以下の「家庭裁判所」との記載を「高等裁判所」と読み替えます)。

(4) 手続の開始

財産管理者の選任、事件の関係人への指示の各審判については、本案を申

し立てた者以外の者でも申し立てることができますし、裁判所が職権で選任することもできます（家事事件手続法126条1項）。一方、後見命令は、本案を申し立てた者による申立てに限られ、職権による開始は認められていません（同条2項）。この違いは、財産管理者の選任審判や事件の関係人への指示が、本人の処分権を奪うものではないのに対して、後見命令は、本人の行為能力を制限するものであることから、より慎重に対応されるべきとの判断に基づくものです。

(5) **申立て**

審判前の保全処分の申立てにあたっては、その趣旨および保全処分を求める事由を明らかにする必要があります（家事事件手続法106条1項）。一方、保全処分を求める事由については疎明で足ります（同条2項）。保全処分を求める事由としては、①後見開始の審判がなされる蓋然性があること、②保全の必要性があることが必要です。

(6) **申立費用**

申立費用は、手数料としての収入印紙は不要ですが、後見命令の場合には登記費用として1400円の収入印紙が必要となります。さらに、予納郵券が必要となります（予納郵券は裁判所により異なる可能性がありますので、窓口でご確認ください）。

2　審理手続

(1) **総　論**

審判前の保全処分の取消しの審判における裁判所の心証は、証明の程度に達するまでの必要はなく、疎明の程度で足ります（家事事件手続法109条1項・112条3項）。これは、審判前の保全処分の緊急性および暫定性に基づくものといえます。

家庭裁判所は、申立人や本人等からの事情聴取、医師の診断書による本人の判断能力の程度、財産管理者の候補者の適格性等を考慮のうえ、必要であれば申立人に書類等の追加を求めて、保全処分の要件の有無を判断します。

家庭裁判所が必要に応じて職権で補充的に事実の調査および証拠調べをすることもできます（家事事件手続法106条3項・112条3項）。

(2) **本人の陳述の聴取の特則**

後見命令については、家事事件手続法107条における仮の地位を定める仮処分であることから、その審理手続の中で原則として本人の陳述を聴取する必要がありますが、本人の心身の障がいによりその陳述を聴取することができないときは、本人の陳述を聴かずに後見命令をすることができます（同法126条3項）。

(3) **鑑定は原則として必要でない**

本案の後見開始の審判の審理と異なり、保全処分の緊急性から、原則として鑑定は必要とされていません。

4 審判の効力発生時期

財産管理者の選任または事件の関係人に対する指示に関する審判については、これを受ける者（財産管理者や指示をされた関係人）に対して告知することによって効力が生じます（家事事件手続法74条2項・109条2項）。

後見命令の審判については、審判を受ける者は本人ですが、本人は後見命令の審判の内容が理解できないことが多いと考えられることから、財産管理者に告知された時から効力が生じることとされています（家事事件手続法126条4項）。本人には通知がされるにとどまります（同条5項）。ちなみに、保佐命令の審判や補助命令の審判については、後見命令の場合と異なり、本人に一定の審判内容の理解力があることが想定されていることから、審判を受ける者である本人に告知された時から効力が生じることとなります（同法74条2項・109条2項。なお、保佐命令の審判や補助命令の審判についても、財産管理者には告知されます（同法134条3項・143条3項））。

なお、後見命令等の審判については、登記嘱託がなされます（後見登記法4条2項）。

5　即時抗告

　財産管理者選任の審判については、認容審判・却下審判のいずれに対しても即時抗告はできません（家事事件手続法110条2項・1項1号）。

　後見命令の審判については、認容審判に対しては、本案たる後見開始の審判に対し即時抗告することができる者が即時抗告をすることができ（家事事件手続法110条2項）、却下審判に対しては、後見命令の申立人が即時抗告をすることができます（同条1項）。

　即時抗告の期間は、審判の告知を受けた日から2週間です。

6　本件の場合

　本件は、本人が消費者被害にあう危険がある事案ですので、保全処分としては、財産管理者の選任審判の申立てに加えて、後見命令の審判申立てを選択するのが適切であると思われます。財産管理者の選任だけでは本人が依然、自己の財産の処分を行えますし、本人の財産管理等の指示は、勧告的効力しか有さず強制執行はできないと考えられていますので、本件では、第三者による本人の財産への侵害に対する保全として不十分と考えられるからです。

　そして、後見命令の審判がなされれば、仮に、消費者被害にあったとしても、本人および財産の管理者は、後見命令の審判の効力に基づき、当該財産上の行為を取り消すことができることとなります。

（笠原　健司・吉野　智）

第1章　後見等開始に向けた実務

Q62　審判前の保全処分の申立て──申立書、添付書類等

Aさんについて、後見開始審判の申立てとともに、できるだけ早く本人の財産の保護をするため、審判前の保全処分を利用することにしました。申立書の書き方や必要な添付書類を教えてください。

解説

1　申立書の書き方

(1)　申立書の書式

申立書については、各家庭裁判所に備え付けの書式があれば、それを活用するのが簡便です。

(2)　申立ての趣旨と保全処分を求める事由

後見等開始の審判前の保全処分の申立て（以下、「審判前保全処分の申立て」といいます）は、申立ての趣旨および保全処分を求める事由を明らかにすることが必要です（家事事件手続法106条1項）。

申立ての趣旨としては、審判前の保全処分として、①財産管理者の選任に関する審判（家事事件手続法126条1項・134条1項・143条1項）、②財産管理者以外の事件の関係人に対する本人の生活、療養看護または財産の管理に関する事項の指示に関する審判（同法126条1項）を求める、あるいはこれに加えて、③後見命令・保佐命令・補助命令（本案の申立類型に対応）に関する審判（同法126条2項・134条2項・143条2項）を求めるという内容になります。事案ごとに、審判前の保全処分のうち、どの類型の保全処分を申し立てるのが相当であるかを検討し、決める必要があります。

保全処分を求める事由としては、まず、①後見等開始の蓋然性を疎明することが必要です。具体的には、後見等の各類型に該当する程度に本人の判断

229

能力が低下していることの蓋然性を明らかにする必要があり、医師の診断書等によりこれを疎明することが必要となることが多いでしょう。さらに、②保全処分の必要性を疎明することが必要です。具体的には、本人の生活、療養看護または財産の管理の見地から、後見等開始の審判が効力を生じるのを待っていては、本人の権利保護を図ることができず、損害が生じるおそれのあるような事由が存在することを明らかにする必要があります。後見命令の審判については、本人の財産の保全のために「特に必要がある」ことを明らかにする必要があります（家事事件手続法126条2項・134条2項・143条2項）。また、近時、本案事件の審理期間が短縮されてきているため、保全処分の必要性が認められるための要件はその分厳しく判断される可能性がありますから、このことも念頭において、保全処分の必要性について記載する必要があるでしょう。

(3) その他の留意すべき記載項目

以上に加えて、当事者目録はもとより、財産目録を提出し、管理すべき財産の内容をできるだけ明らかにしておくことが求められます。財産管理者の候補者がいる場合には、そのことも申立書に記載しておきます。また、審判前の保全処分については、手続的要件として本案審判手続の係属が必要であることから、本案審判の申立てをしていることを明らかにしておくことが必要になります（先立って本案審判の申立てをしている場合には、その事件番号を明らかにしておくなど）。

2 必要な添付書類

審判前の保全処分を求める事由については、審判前の保全処分が後見等開始審判の効力が生ずるまでの間の暫定的なものであることから、疎明で足ります（家事事件手続法106条2項）。疎明は、即時に取り調べることができる証拠によってしなければなりませんので（同法57条）、書証が中心となります。

ただ、実際には、審判前の保全処分の申立てに関しては、本案たる後見等開始審判の申立てを先行してまたは同時にしていますから、本案の申立ての

添付書類を利用することが多いと思われます。したがって、たとえば、後見等開始の蓋然性を明らかにする医師の診断書等については、本案の添付書類をそのまま利用することが多いでしょうし、管理すべき財産の内容についても、本案審判の申立ての際に提出した財産目録や預貯金通帳の写し、不動産登記事項証明書等の書類を利用することが多いと思われます。ただ、保全処分の必要性に関する資料については、本案審判の申立ての際に詳細に明らかにしていないことも少なくないでしょう。そのような場合には、審判前の保全処分の申立てにあたって、あらためて関係者の陳述書やそれに関連する資料（たとえば悪質商法被害にあっているような場合であれば、その契約書や購入した無用な物品に関する写真撮影報告書等）を疎明資料として添付することが考えられます。

（吉野　智）

第2部 法定後見

Q63 財産管理者の職務

審判前の保全処分により財産管理者に選任されました。財産管理者は、どのような職務を行うのでしょうか。

【解説】

1 財産管理者とは

(1) 審判前保全処分の一類型

家庭裁判所は、後見・保佐・補助開始の審判の申立てがあった場合において、成年被後見人・被保佐人・被補助人となるべき者の生活、療養看護または財産の管理のため必要があるときは、申立てによりまたは職権で、担保を立てさせないで、後見・保佐・補助開始の申立てについての審判が効力を生じるまでの間、財産の管理者を選任し、または事件の関係者に対し、成年被後見人・被保佐人・被補助人となるべき者の生活、療養看護もしくは財産の管理に関する事項を指示することができます（家事事件手続法126条1項・134条1項・143条1項）。かかる保全処分により選任された財産管理人を「財産管理者」といいます。

(2) 趣 旨

後見等の申立てから成年後見等の審判がなされその効力が生じるまでには一定の時間を要するので、特に親族間の財産的紛争が存在している場合等には、その間に本人の財産状況や生活状況が本人にとって不利益な状況に変動することを避けるため、本人の財産の減少散逸等を防止し、本人の財産の現状のまま保全するという意義があります。

保全処分の迅速性から、財産管理者選任の審判は、財産管理者に選任される者に告知された時に効力を生じます（家事事件手続法74条2項）。

2　財産管理者の職務

(1) 財産管理者の職務と権限

　財産管理者の主な職務は、財産目録の作成、裁判所から命ぜられた処分・報告・計算、財産管理行為です。

(A) 財産目録の作成（家事事件手続法126条8項・134条6項・143条6項、民法27条1項、家事事件手続規則84条・85条・86条・82条1項）

　財産管理のためには管理すべき対象を明確にして把握することが必須であるため、財産管理者は、まず、財産目録を作成する必要があります。財産目録の作成は同時に財産管理に不正が生じることを防止する意義を有しています。財産管理者は、財産目録を2通作成し、1通を家庭裁判所に提出しなければなりません（家事事件手続規則84条・85条・86条・82条1項）。したがって、財産管理者に選任された場合は、速やかに本人の財産状況の調査を開始し、財産を管理者の管理下におくとともに、財産目録を作成する必要があります。

(B) 家庭裁判所から命ぜられた処分・報告・計算

(a) 家庭裁判所から財産の保存について命ぜられた処分（家事事件手続法126条8項・134条6項・143条6項、民法27条3項）

　家庭裁判所は、財産管理者に対し、財産の保全について必要と認める処分を命ずることができます。家事事件手続法が準用する民法27条3項において、保全に必要な処分としては、財産の供託、封印、弁済（ただし債務につき争いのない場合）、相続登記、腐敗しやすい動産の売却・競売等が例とされています（谷口知平ほか編『新版注釈民法(1)総則(1)通則・人〔改訂版〕』455頁）。また、裁判所は、債権の取立てやそのために弁護士を訴訟代理人に選任することを命ずることもできると解されています（大審院昭和9年4月6日判決・民集13巻511頁）（谷口ほか編・前掲書455頁）。

　もっとも、財産管理者は、成年後見等の申立てについての審判が効力を生じるまでの間、財産を管理するために選任されるという暫定的な性質上、不在者財産管理人の場合に比べて上記処分が家庭裁判所から命じられる場面は

233

あまり多くないと思われます。

　(b)　家庭裁判所から命ぜられた場合の財産状況の報告および管理の計算（家事事件手続法126条8項・134条6項・143条6項・125条2項）

　財産管理者は、家庭裁判所から命ぜられた場合には、財産目録作成義務の他に、財産状況の報告義務と管理計算義務を負い、これに基づき、報告書や計算書を裁判所に提出することになります。そのための費用は成年被後見人等となるべき者の財産の中から支弁することができると解されています（家事事件手続法125条2項3項。金子修編『逐条解説・家事事件手続法』400頁・406頁）。

　なお、この財産状況の報告および管理の計算について「財産の保全に必要と認める処分」の一例とみる見解もあります（金子編・前掲書406頁）。

　(C)　財産の管理行為と財産管理者の権限

　財産管理の権限については不在者財産管理人に関する民法27～29条が準用されています（家事事件手続法126条8項・134条6項・143条6項）。したがって、財産管理者は、財産管理行為として以下の行為を行うことができます（民法28条・103条）。

① 　保存行為
② 　代理の目的である物または権利の性質を変えない範囲内において、その利用または改良を目的とする行為

　具体的には、預貯金の払戻し・預入れ、管理不動産の賃料請求、その他年金や満期保険金等の金員の受領、家賃や地代、医療費の支払いなどの行為ができると考えられています（新井誠ほか編『成年後見制度』57頁）。

　一方、上記の範囲を超える行為、すなわち、物または権利の性質を変える行為や処分行為は、財産管理者の権限ではできないことになります。この場合は、家庭裁判所の許可を得る必要があります（民法28条）。具体的には、家庭裁判所に対して権限外行為許可の審判（家事事件手続法39条・別表第1の55項）を申し立て、許可審判を得て行うことになります。権限外行為として許可が必要と考えられる行為の例としては、売買契約の締結、抵当権の設定、

賃貸借契約の締結・解除、遺産分割、訴訟行為等が考えられます（片岡武ほか『家庭裁判所における成年後見・財産管理の実務』111頁）。

なお、財産管理者が本人の財産管理等を行う場合に、裁判所から担保を提供することを求められる場合があります（民法29条1項）。

また、保佐や補助開始を本案とする保全処分の審判の場合、本案で選任される保佐人や補助人は代理権が一定の事項に限られ、本人の同意を要することが求められますが、審判前の保全処分により選任された財産管理者にはそのような制限がありませんので、注意が必要です（新井ほか編・前掲書56頁）。

(D) 後見命令等が出されている場合

財産管理者の権限が上記のとおり原則として管理行為に限定されており、かつ、事件本人の処分権を喪失させる旨の実体法上の規定がないことなどから、財産管理者が選任されても、事件本人は財産権についての処分権を失うものではないと解されています（斎藤秀雄ほか編『注解家事審判法〔改訂〕』644頁）。そのため、本人による財産処分の危険性が高く、そのまま放置すると本人が処分行為をしてしまい財産が散逸してしまうような場合は、結局、本人の財産の保全を図れないことになります。

このような事態を防ぐために、後見開始審判等の申立人は成年後見人等となるべき者の財産上の行為について後見命令等を申し立てることができます（家事事件手続法126条2項・134条2項・143条2項。なお、申し立てることのできる「財産上の行為」については民法上の行為能力に関する規定により一定の制限があります）。後見命令等が出された場合、財産管理者は、本人が財産管理者の同意を得ないでなした財産行為を取り消すことができます（家事事件手続法126条7項・134条5項・143条5項）。

(3) 財産管理者の義務

財産管理者が上記財産管理者としての職務を行うに際して負担すべき義務については、委任に関する規定が準用されています（家事事件手続法126条8項・134条6項・143条6項・125条6項、民法644条・646条・647条・650条）。具体的には、①善管注意義務（同法644条）、②受取物の引渡し等についての義

務（同法646条）、③金銭の消費についての責任（同法647条）を負います。一方、④費用償還請求権等（同法650条）を有します。

(4) 終了時の職務

(A) 財産管理者の職務が終了する場合

財産管理者の職務は、①後見等開始の審判が効力を生じたとき（家事事件手続法122条1項・2項1号・123条1項1号・2項・126条2項・131条1号・132条1項1号・2項・134条・140条1号・141条1項1号・2項・143条2項・74条・86条）、②財産管理人選任の審判の取消しがあったとき（同法112条1項・125条7項）、③家庭裁判所が財産管理者を改任した場合（同法126条8項・134条6項・143条6項・125条1項）に終了します。また、④後見等開始の申立てが却下された場合も申立てを却下する審判は申立人への告知により直ちに効力を生じるため（同法74条3項）、財産管理者選任の保全処分もその時に失効し、財産管理者の職務も終了します。同様の理由から、申立ての取下げその他の事由によって後見等開始の審判の手続が終了した場合も財産管理者の選任の効力は当然に消滅すると解され財産管理者の職務も終了します（金子編・前掲書405〜406頁）。

(B) 管理財産の引継ぎ

財産管理者の職務が終了した場合、財産管理者は、選任された成年後見人等の管理財産の引継ぎを受けるべき者に対して、それまで管理していた財産および計算書類等の財産管理に際して作成した書類等を引き継ぎます。

この点、財産管理者が成年後見人等に選任された場合でも、成年後見人等就任時の管理財産の内容について、あらためて財産目録を作成する必要があります（民法853条1項。なお、片岡ほか・前掲書116頁〜117頁）。

また、保佐人・補助人が選任された場合は、保佐人・補助人の代理権の内容を確認し、本人（被保佐人・被補助人）の財産管理を内容とする代理権が付与されていた場合は、代理権の内容に応じて保佐人・補助人に管理財産の引継ぎをします。代理権が付与されていない場合は、本人に財産の引継ぎをします。

(C) 家庭裁判所への報告

財産管理者は、引継ぎが終了した後も、家庭裁判所から命じられたときは、成年後見人等に引き継いだ財産の状況および管理の計算を報告しなければなりません（家事事件手続法126条8項・134条6項・143条6項・125条2項）。

(5) **財産管理者の報酬**

財産管理者の報酬については準用規定がないことから、財産管理者には当然には報酬請求権はないと考えられています。しかし、財産管理者から報酬付与の申立てがなされた場合、家庭裁判所は裁量で本人の財産の中から財産管理者に報酬を与えることができる（家事事件手続法39条・別表第1の55項、民法29条2項）とされています（片岡ほか・前掲書111頁）。

（瀬谷　ひろみ）

第2部　法定後見

Q64　職務代行者の職務

成年後見人の解任審判前の保全処分により、職務代行者に選任されましたが、どのような職務を行えばよいのでしょうか。通常の成年後見人とは異なるのでしょうか。

解　説

1　成年後見人等の職務代行者が選任される場合

すでに法定代理人が存在する場合や成年後見人等が選任されている場合に、その者らの行為により本人の利益が害される、もしくは害されるおそれがあるような場合、本人の利益を保護するために、法定代理人や成年後見人等の職務を一時的に停止したり、代行者を選任する必要があります。

成年後見人等のケースでは、成年後見人等の解任審判の申立てがあった場合、または、成年後見人等解任事件が職権で立件された場合に、代行者選任の申立てまたは職権による代行者選任により、選任されます（家事事件手続法127条1項・135条・144条）。

職務執行停止や職務代行者選任は対世的な効力を有すると解されています（斎藤秀夫ほか編『注解家事審判規則・特別家事審判規則』267頁参照）。

2　成年後見人等の職務代行者の職務

(1)　成年後見人等との比較

家事事件手続法や家事事件手続規則には（家事審判法および家事審判規則にも）、成年後見人等の職務代行者の職務内容について直接定めた規定はありません。

この点、職務代行者でも、会社の取締役や業務執行役員等においては、その職務権限は常務に限られ、常務に属しない行為をするには裁判所の許可を

得なければならないという制限があります（会社法352条1項・603条）。

　しかし、成年後見人等の職務代行者については、職務権限の制限を定めた規定もありません。そして、成年後見人等の職務代行者の選任が必要とされるのは上記のような事情の場合であるため、成年後見人等の職務代行者の地位は、実体的には、職務執行を停止された成年後見人等と同一であると解されており（斎藤ほか編・前掲書267頁、金子修編著『逐条解説　家事事件手続法』414頁参照）、通常の成年後見人等の職務と同じ内容の職務を行うものと解されています。

　では、実務ではどのように理解されているでしょうか。まず、裁判例について説明します。成年後見等の事案において、職務代行者について問題になった事案は多くありません。後見人の解任を本案とする審判前の保全処分（後見人の職務執行停止および職務代行者選任）に対する即時抗告の事案（大阪高裁平成10年10月21日決定・家月51巻3号186頁）は、主として成年後見人の職務代行者の適格性が問題となった事案ですが、裁判所は「後見人の職務代行者は、禁治産者の財産管理を行うだけではなく、その療養看護にも努める義務がある（民法858条1項）」ことから、「職務代行者は、現実に療養看護に当たっている抗告人〔筆者注：職務を停止されている後見人で本人の配偶者〕を始めとする関係者全員の信頼を得なければ、その職務を適切に遂行することが困難である」ことを理由に、紛争の一方当事者（後見人の職務執行停止等の申立人である本人の養子）の推薦する弁護士を職務代行者に選任した原審の決定を変更しました。

　また、後見人の職務代行者で後に後見人に選任された弁護士が、家庭裁判所の許可に基づき、本人の相続人の1人が経営する会社に3億円を貸し付けた場合において、後見人職務代行者または後見人の善管注意義務が問題となった事案（東京高裁平成17年1月27日判決・判時1909号47頁）では、「後見人職務代行者又は後見人は、被後見人の財産を管理し、また、その財産に関する法律行為について被後見人を代表し（民法859条1項）、後見事務を遂行するに当たっては、善良な管理者の注意義務（善管注意義務）を負うものであ

る（同法869条による同法644条の準用）」とし、家庭裁判所の監督についても後見人職務代行者と後見人の区別なく同様に及ぶことを前提に、事実認定を行い、後見人職務代行者の善管注意義務違反を否定しています。

　上記裁判例等からも、成年後見人等の職務代行者は、成年後見人等と同様に財産管理および身上監護等の職務を行い（民法858条1項）、また、その義務も成年後見人等が負うべきもの（同法869条・644条）と同じ内容のものであると考えられます。

　そして、実際の実務上の取扱いも、審判前保全処分により選任された職務代行者は選任後の成年後見人等と同一の職務権限を有するものとして扱われています。

(2) **職務代行者の職務と権限**

　上記のとおり、職務代行者の職務内容および権限は成年後見人等の職務および権限と同一のものとなります。したがって、ご質問のように成年後見人の職務代行者として選任された場合、成年被後見人の財産管理権および財産に関する法律行為についての包括代理権を有し（民法859条1項）、財産の保全行為や財産の性質を変更しない利用行為・改良行為を目的とする法律行為、さらに処分行為およびこれに付随する事実行為を行うことができます。また、身上監護についての配慮義務を負い（同法858条）、身上監護を目的とする法律行為（介護契約や施設入所契約、医療契約の締結等）についても職務権限として行うことができます。

(3) **職務代行者の報酬**

　成年後見人等の職務代行者については、報酬請求権が明文で定められています（家事事件手続法127条4項・135条・144条）。

（瀬谷　ひろみ）

Q65 後見命令等の登記

成年後見開始の審判申立てをしている A さんについて、私が財産管理者として選任され、さらに、後見命令も出されました。後見命令については、登記されるのでしょうか。

解 説

1 後見命令等の登記の概要

家庭裁判所は、後見等開始審判の申立てがあった場合、成年被後見人等となるべき者の財産の保全のために特に必要があるときは、後見等開始審判が効力を生ずるまでの間、成年被後見人等となるべき者の財産上の行為につき、財産の管理者の後見等を受けることを命ずることができます（家事事件手続法126条2項・134条2項・143条2項。以下、「後見命令等」といいます）。この場合、裁判所書記官は後見命令等について登記を嘱託しなければならないとされています（同法116条2号）。

2 後見命令等の登記の手続

(1) 裁判所書記官からの登記嘱託

裁判所書記官は、以下に掲げる場合には、最高裁判所規則（家事事件手続規則）で定めるところにより、遅滞なく、登記所に対し、後見登記法に定める登記を嘱託しなければなりません（家事事件手続法116条）。ただし、後見登記法に定める登記の嘱託を要するものとして、最高裁判所規則で定めるものに限るとされています（同条ただし書）。

① 家事事件手続法別表第1に掲げる事項についての審判またはこれに代わる裁判が効力を生じた場合（Q90参照）

② 審判前の保全処分が効力を生じ、または効力を失った場合

本件では上記②に該当することになりますが、この場合、後見登記法に定める登記の嘱託を要するものとして最高裁判所規則で定める事項が以下のとおり定められています。後見命令等の登記は①になります。

ⅰ 財産の管理者の後見、保佐または補助を受けることを命ずる審判前の保全処分（家事事件手続法126条2項・134条2項・143条2項、家事事件手続規則77条2項1号）

ⅱ 財産の管理者を改任する審判前の保全処分（家事事件手続法126条8項・134条6項・143条6項で準用する125条1項、家事事件手続規則77条2項1号）

ⅲ 成年後見人等もしくは任意後見監督人の職務の執行を停止し、またはその職務代行者を選任する審判前の保全処分（家事事件手続法127条1項（同条5項・135条・144条・225条1項で準用する場合を含む）、家事事件手続規則77条2項2号）

ⅳ 職務代行者を改任する審判前の保全処分（家事事件手続法127条3項（同条5項・135条・144条・225条1項で準用する場合を含む）、家事事件手続規則77条2項2号）

ⅴ 任意後見人の職務の執行を停止する審判前の保全処分（家事事件手続法225条2項で読み替えて準用する127条1項、家事事件手続規則77条2項3号）

(2) 後見命令等の登記の内容

後見命令等の登記は、嘱託または申請により、後見登記等ファイルに、次に掲げる事項を記録することによって行われます（後見登記法4条2項）。

① 後見命令等の種別、審判前の保全処分をした裁判所、その審判前の保全処分の事件の表示および発効の年月日

② 財産の管理者の後見、保佐または補助を受けるべきことを命ぜられた者（後見命令等の本人）の氏名、出生の年月日、住所および本籍（外国人にあっては、国籍）

③ 財産の管理者の氏名または名称および住所

④ 家事事件手続法143条2項の規定による審判前の保全処分において、財産の管理者の同意を得ることを要するものと定められた行為
⑤ 後見命令等が効力を失ったときは、その事由および年月日
⑥ 登記番号

(3) 登記嘱託書の添付書面

登記嘱託書には、登記の事由を証する書面を添付しなければなりません（後見登記令6条1項3号）。具体的には、後見命令等の審判の審判書または裁判書の謄本です。

(4) 登記嘱託の手数料

1件につき1400円です（登記手数料令16条）。

3　後見命令等の登記の変更の登記

後見登記等ファイルに記録されている、後見命令等の本人または財産の管理者は、前記2(2)に掲げられた事項に変更が生じたことを知ったときは、嘱託による登記がされる場合を除き、変更の登記を申請しなければなりません（後見登記法7条1項3号）。具体的には後見命令等の本人の住所変更の登記や財産の管理者の住所変更の登記が主となるでしょう。なお、変更の登記についてQ92を参照してください。

4　後見命令等の終了の登記

後見命令等の本人の死亡によるなど後見命令等の審判が効力を失ったときは、裁判所書記官によって、終了の登記の嘱託が行われます（家事事件手続法116条2号）。

（齋藤　利美）

第2部　法定後見

Q66 財産管理者が権限外行為をする場合（審判前の保全処分）

　私は、Aさんについて、審判前の保全処分による財産の管理者となっています。先日、Aさんの親族に、前から決まっていたことだからと、Aさんの定期預金を解約するようにと言われました。解約してよいのでしょうか。

解　説

1　財産管理者の権限

　財産管理者は、原則として民法103条各号記載の管理行為（1号：保存行為、2号：代理の目的である物又は権利の性質を変えない範囲内において、その利用又は改良を目的とする行為）の範囲内で代理権を有することになります（家事事件手続法126条8項、民法28条）。

　どのような行為が管理行為に当たるかについては、「不在者の財産管理人の場合と同様、民法の一般原則に立って考えるべきであり、例えば、本人の財産の管理のために第三者に対して訴訟を提起することは、その権限内の行為と考えられるが、本人のために遺産分割の調停に関与し相続分を下回る割合による調停案に合意することは、一種の処分行為に当たる」とされています（最高裁判所事務総局家庭局監修『改正成年後見制度関係執務資料』109頁）。

　そして、財産管理者が管理行為を超える処分行為を行うためには、家庭裁判所の権限外行為の許可が必要となります（家事事件手続法126条8項、民法28条）。

　財産管理者は、後見命令の審判等があった場合でも、成年後見人等と同じ立場に立つわけではありませんので、その代理権の範囲が管理行為を越えて処分行為にまで拡大することはない点に留意する必要があります。

なお、権限外行為の許可を得ずになされた行為は、無権代理となります。

2　権限外行為の許可申立て

権限外行為の許可申立ては、財産管理者が申立人として家庭裁判所に行い、その申立事件は、家事事件手続法別表第1の事件として立件されます（家事事件手続法別表第1の55項）。申立てにあたり、収入印紙として800円が必要となります。

申立書には、許可を求める行為の内容を特定し、その行為を必要とする理由や経緯を詳しく記載し、必要性等を疎明する資料を添付することが必要となります（片岡武ほか『家庭裁判所における成年後見・財産管理の実務』158頁参照）。

権限外行為を必要とする理由として、審判前の保全処分の趣旨に鑑み、成年後見人等就任後に行えば足りる行為については、権限外行為の必要性はないというべきです。

3　ご質問のケース

定期預金を解約し、預金を払い戻す行為は、保存行為の一種ですので、家庭裁判所の権限外行為の許可は必要ありません（東京家裁後見問題研究会編著『後見の実務』別冊判タ36号63頁）。

ただし、定期預金の額や金利、他の資産構成によって解約の必要性はまちまちであり、定期預金を解約して払い戻す理由が、単に「前から決まっていたことだから」というだけでは、理由として不十分でしょう。たとえば、近い将来予定されている手術・入院費用を速やかに用意する必要があるなど、成年後見人等の就任を待っていては間に合わないような事情が必要であるといえます。

（吉野　智）

第2部　法定後見

Q67　保全処分の取消し

　Aさんについて成年後見の申立てがされ、私が成年後見人の候補者となっています。緊急に対応しなければならないことがあって、保全処分が申し立てられ、私が財産の管理者になりました。ただ、Aさんはすぐに施設に入所したので、現在は財産管理者としての職務は必要ないと思います。保全処分を取り消すことはできるのでしょうか。

【解説】

1　総論

　後見等開始の審判前の保全処分（以下、「審判前の保全処分」といいます）の効力は、本案たる後見等開始の申立てについての審判が効力を生ずるまで効力を有するのが原則です（家事事件手続法126条1項・2項・134条1項・2項・143条1項・2項）。

　しかし、保全処分を求める事由が消滅したなどの事情変更が認められた場合、審判前の保全処分を取り消すことができます（家事事件手続法112条1項）。

2　管轄

　管轄は、審判前の保全処分の取消し一般の規定が根拠条文となり（家事事件手続法112条1項）、本案の家事審判事件が係属している家庭裁判所または審判前の保全処分をした家庭裁判所が管轄裁判所となりますが、後見等開始の審判前の保全処分については、通常これらは重なるでしょう。なお、本案の家事審判事件が高等裁判所に係属する場合には、その高等裁判所が管轄裁判所となります（同条2項。以下、同項に基づく審判前の保全処分の取消しについては、以下の「家庭裁判所」との記載を「高等裁判所」と読み替えます）。

3　手続の開始

　審判前の保全処分の取消しは、申立てによりまたは職権により行われます。

　後見命令・保佐命令・補助命令（以下、「後見命令等」といいます）の取消しについては、本案たる後見等開始審判の申立てについての審判（却下審判を除く）に対して即時抗告をすることができる者の申立てまたは職権により開始されます（家事事件手続法112条1項）。申立権者については、審判前の保全処分に対する即時抗告をすることができる者（同法110条2項）と一致しています。

　財産管理者の選任または事件の関係人への指示に関する審判の取消しについては、同審判が即時抗告をすることができない審判であることから、その取消手続は職権により開始されます（家事事件手続法112条1項）。

　事情変更を認識した申立権のない利害関係人は、家庭裁判所に審判前の保全処分の取消しの職権発動を促すことになるでしょう。

4　申立て

　審判前の保全処分の取消しの申立てにあたっては、その趣旨および保全処分の取消しを求める事由を明らかにする必要がありますが（家事事件手続法106条1項・112条3項）、保全処分の取消しを求める事由については疎明で足ります（同法106条2項・112条3項）。

5　審理手続

　審判前の保全処分の取消しの審判における裁判所の心証は、証明の程度に達するまでの必要はなく、疎明の程度で足ります（家事事件手続法109条1項・112条3項）。

　家庭裁判所が必要に応じて職権で補充的に事実の調査および証拠調べをすることもできます（家事事件手続法106条3項・112条3項）。

6　審判の効力発生時期

　審判前の保全処分の取消しの審判は、その審判を受ける者への告知によって直ちに効力が発生します（家事事件手続法109条1項・112条3項）。

7　ご質問の事例

　どのような事情で審判前の保全処分がされたかによって結論が変わってくるところはあると思いますが、Aさんが施設に入所し、審判前の保全処分に基づく財産管理者がいなくとも、後見等開始の審判の効力が生ずるまではAさんの権利保護に支障がないということであれば、審判前の保全処分を取り消してもらうことはできるでしょう。たとえば、ご質問の事例が審判前の保全処分のうち、財産管理者の選任審判しかされていなかったというケースであれば、家庭裁判所に、職権発動により審判前の保全処分を取り消すよう促すことになるでしょう。

(吉野　智)

5 審判

Q68 申立て時の家庭裁判所の調査

父親の成年後見を申し立てることになり、今度、申立てのために家庭裁判所に行くことになりました。裁判所では、本人や親族、申立人について調査されると聞きました。どのような調査がされるのでしょうか。

解説

1 家庭裁判所による調査・審問

家事事件手続法では、家庭裁判所は、後見等開始審判をする場合には、本人（成年被後見人等となるべき者）の陳述を聴かなければならないと定められています（120条1項1号・130条1項1号・139条1項1号）。

具体的には、後見等開始の申立書を家庭裁判所に提出すると、家庭裁判所から申立人・本人・成年後見人等候補者に対して呼び出しがあります。申立書提出時に面接日時の調整をする場合もあれば、後日連絡がある場合もあります。

申立人・本人・成年後見人等候補者は、指定された期日に、家庭裁判所で、調査官による面接（調査・審問）を受けます。面接は、一般的には本人・申立人・成年後見人等候補者に対して個別に行われますが、本人が体調不良等で家庭裁判所に出向くことができず、申立人と成年後見人等候補者のみの面接の場合には、同時に行われることもあるようです。

家庭裁判所は、本人面接をすることによって、本人の判断能力の程度や生活状況、成年後見制度利用の必要性等を直接確認することができ、申立人面接を通じてさらに本人の周辺事情を聴き取ることができます。

家庭裁判所では、これらの関係者のほか、親族に対して後見等開始審判の

249

申立てについての意見照会をすることがありますが、虐待案件の場合等では、虐待者からの妨害を避けるため、申立ての時点で、申立人から家庭裁判所に対して特定の親族への意見照会を控えてもらいたいという要望を提出することもできます。

2　面接の特徴

以下、申立人・本人それぞれの面接の特徴を述べます。なお、成年後見人等候補者への調査についてはQ69を参照してください。

(1)　申立人面接

本人申立てではない場合、申立人面接では、本人と申立人の関係、申立てをするに至った背景・動機、本人の判断能力や生活状況、財産状況、本人の家族関係（特に、申立てについて家族の中に反対する人がいないか）、特定の成年後見人等候補者を指名した理由（および、候補者に反対している家族はいないか）など、申立書の記述内容の確認や追加情報の提供が求められます。場合によっては追加資料の提出を求められることもあります。

後見等開始審判の申立てにおいては、本人の調査・審問も行いますが、一般的に本人から生活状況、財産状況、家族関係等の実情を聴き出すことは困難または不可能に近い場合が多いことから、家庭裁判所は、申立人からこれらのことを聴き取ることになります。

(2)　本人面接

本人面接では、本人の判断能力、生活状態、健康状態等を調査します。

後見等開始審判申立てにおいて、本人が施設や病院で療養中の場合や在宅の場合でも常時介助が必要である場合には、家庭裁判所での調査官による調査は行われないことがあります。この場合、家庭裁判所が必要と認めたときは、調査官が本人を訪問して面接することがあります。また、本人の意識がない状態の場合など、意見の聴取が事実上不可能と判断された場合には、本人面接は行われません。

あらかじめ提出された申立書に添付された診断書およびこの面接の結果を

もとに、鑑定をするかどうかの判断がなされるようです。

　保佐開始審判の申立てにおいて、保佐人に特定の法律行為について代理権を付与する旨の審判をも求めるときは、代理権付与について本人の同意が必要となります（民法876条の4第2項）。これについては、本人に対して、保佐人へ付与する代理権の内容の確認と、代理権付与に同意するかどうかの意思確認が行われます。

　補助開始審判の申立てにおいては、審判の前提として本人の同意が必要です（民法15条2項）。さらに、補助人への同意権の代理権付与を求める場合には、本人の同意が必要です（民法17条2項・876条の9第2項・876条の4第2項）。

　なお、任意後見監督人選任申立てにおいても、本人の同意が必要です（任意後見法4条3項）ので、調査官は、任意後見監督人選任手続において、本人面接時に任意後見開始についての同意を確認します。

（正木　文久）

第2部　法定後見

Q69　成年後見人等候補者の調査の意義と調査の内容・方法

後見開始の申立てをした場合には、家庭裁判所によって成年後見人候補者についての調査がされるということを聞きました。どのような調査がされるのでしょうか。

【解説】

1　家庭裁判所による調査・審問

家事事件手続法では、成年後見人等の選任の審判をする場合には、家庭裁判所は成年後見人等となるべき者の意見を聴かなければならないと定めています（成年後見について120条2項1号、保佐について130条2項1号、補助について139条2項1号）。

後見等開始の申立てが家庭裁判所になされると、家庭裁判所では申立てに至った事情・背景等を聴き取るために申立人や本人への面接を行いますが、申立書に申立人以外の成年後見人等候補者の記載があれば、上記の条文の定めに従い、成年後見人等候補者（成年後見人等となるべき者）の調査も行われます。

なお、申立人・本人への調査についてはQ68を参照してください。

2　調査の方法

家庭裁判所は、申立書の添付書類の一つとして、成年後見人等候補者に対してあらかじめ文書（「成年後見人等候補者事情説明書」など）の提出を求めます。成年後見人等候補者は、この文書をあらかじめ準備することになります。なお、説明は定型の様式が用意されており、成年後見人等候補者自らが記載することが求められているようです。後日の家庭裁判所での面接においては、

申立書と報告書に基づいて、詳しい聴き取りが行われます。

3　書面による調査

　報告書は家庭裁判所によって「後見人等候補者事情説明書」（東京家庭裁判所。【書式4】参照）といったり、「候補者質問票」（福岡家庭裁判所）といったりしており、様式も多少異なるようですが、内容はほとんど同じで、成年後見人等候補者と本人の関係（同居の有無や期間）、成年後見人等候補者の職歴、健康状態、家族構成、経済状況（収入・資産・負債）、成年後見人等候補者の欠格事由（民法847条）の有無が問われます。

　さらに、成年後見人等として選任された場合の後見等の事務の方針、すなわち、財産管理・身上監護の具体的な進め方、報酬付与請求の意思の有無、本人の親族の中に後見開始申立てをすることや候補者が成年後見人等になることに反対の人がいないかについても聞かれることがあります。

　弁護士や司法書士などの専門職後見人の場合は、本人との関係や候補者の職歴・健康状態・家族構成・経済状況については質問が省略される場合がありますし、裁判所によっては、文書の提出そのものを省略することもあります。

4　面接による調査

　家庭裁判所での面接では、事前に提出された書面や申立書に基づき、成年後見人等候補者と本人の間の利益相反関係の有無や、その職務（財産管理と身上監護）を遂行する適性について、家庭裁判所が判断することになります。さらには、成年後見人等候補者と、申立人や本人の親族の間の利害関係や人間関係についても聴き取り調査が行われます。

　なお、成年後見人等候補者がいない場合や、申立書記載の候補者が不適任と家庭裁判所が判断し第三者を成年後見人等候補者とした場合には、この候補者は、家庭裁判所において事前に申立書等を閲覧した後に調査を受けることになります。第三者が成年後見人等候補者となる場合は、申立書のみから

第2部　法定後見

では後見等開始に至る背景や事情がわかりづらいこともあります。そのため、調査官による調査の際に、調査官から候補者に対して、後見業務のポイントとなる事項や本人の財産状況・生活状況などについて、申立書記載内容にとどまらない詳細な説明がなされることもあります。　　　　（正木　文久）

【書式4】　東京家庭裁判所の後見人等候補者事情説明書

後見人等候補者事情説明書
（後見開始，保佐開始，補助開始）

※　この事情説明書は，必ず後見人等候補者自身が記載してください。

記入年月日：平成　　年　　月　　日　　記入者氏名：＿＿＿＿＿＿＿＿＿＿㊞

1　候補者の住所，氏名等について
　□　候補者は申立人である。
　□　申立書候補者欄に記載のとおり
　□　住所：
　（平日昼間の連絡先）＿＿＿＿＿＿＿＿＿　（電話・携帯）（　　）＿＿＿＿＿＿

2　候補者は次のいずれかの事由に該当しますか。
　□　未成年者
　□　家庭裁判所で成年後見人等を解任された者
　□　破産者で復権していない者
　□　本人に対して訴訟をしたことがある者，その配偶者又は親子である者
　□　いずれにも該当しない。

3　身上・経歴等
　(1)　候補者の家族を記入してください。

氏　　名	年齢	続柄	職業（勤務先，学校名）	同居・別居

　(2)　候補者の経歴（学歴，職歴，結婚，出産等）を記入してください。

年月日	最終学歴・主な職歴	年月日	身分の変動，家族関係
・　・	最終学歴（　　　　）を卒業	・　・	
・　・		・　・	
・　・		・　・	
・　・		・　・	
・　・		・　・	

　(3)　候補者の健康状態について記入してください。
　　　□　良好である。
　　　□　あまり良好ではない。
　　　　　（具体的内容）
　(4)　候補者の経済状態について記入してください。
　　①　収入：　　月収・年収　約＿＿＿＿＿＿万円
　　　　　　　　　内訳：給与等　月額＿＿＿＿＿万円

年金等　月額　　　　万円
その他の収入（内容：　　　　）月額　　　　万円
※収入がない場合
　生活費を負担している人の氏名　　　　　　　
　負担している人の月収　　　　　　　　万円
② 資産：不動産　□有（　　　　　　　　　　　）
　　　　　　　　□無
　預貯金（株式，国債等を含む。）　合計約　　　　万円
③負債：　　借入先　　　　　借入目的　　　　　負債額
　　　　＿＿＿＿＿＿＿　＿＿＿＿＿＿　＿＿＿＿＿＿＿＿＿万円
　　　　＿＿＿＿＿＿＿　＿＿＿＿＿＿　＿＿＿＿＿＿＿＿＿万円
④　あなたが本人のために立て替えて支払ったものがあれば，その額及び内容並びに，その返済を求める意思があるか否かについて記入してください。

金　額	内　容	返済を求める意思
円		□求める。□求めない。

4　今後の方針，計画を具体的に記載してください。
(1)　療養看護の方針や計画について（今後の生活の拠点，必要となる医療や福祉サービス，身の回りの世話等）
＿＿＿＿＿＿＿＿＿＿＿＿＿＿＿＿＿＿＿＿＿＿＿＿＿＿＿＿＿＿＿＿＿＿
＿＿＿＿＿＿＿＿＿＿＿＿＿＿＿＿＿＿＿＿＿＿＿＿＿＿＿＿＿＿＿＿＿＿

(2)　財産管理の方針や計画について（大きな収支の変動，多額の入金の予定があれば，その管理方針等についても記載してください。）
＿＿＿＿＿＿＿＿＿＿＿＿＿＿＿＿＿＿＿＿＿＿＿＿＿＿＿＿＿＿＿＿＿＿
＿＿＿＿＿＿＿＿＿＿＿＿＿＿＿＿＿＿＿＿＿＿＿＿＿＿＿＿＿＿＿＿＿＿

5　後見人等の役割について
(1)　申立人から「成年後見申立ての手引」を見せてもらいましたか。
　　□　すべて読み，内容も理解している。
　　□　すべて読んだが，理解できなかった部分がある。
　　　（不明，疑問な点）＿＿＿＿＿＿＿＿＿＿＿＿＿＿＿＿＿＿＿＿
　　□　読んでいない，または見せてもらっていない。
　　　　　→申立人に手引をお渡ししてありますので，お読みください。
(2)　後見人等に選任された場合には，次のことに同意しますか。
　①　本人の意思を尊重し，その心身の健康に配慮して身上監護を行うこと。
　②　本人の財産を後見人等自身のために利用しないことはもちろん，投資，投機等の運用をしたり，贈与，貸付をしたり，本人に借金や保証（抵当権設定を含む。）等させることがないよう誠実に管理すること。また，疑義が生じないように，収支を記録に残すこと。
　③　家庭裁判所の指示に従い，後見等事務の監督を受けること。
　　□　同意する。
　　□　同意できない，又は疑問がある。
　　（理由）

（出典）東京家裁後見サイト

第2部　法定後見

Q70　成年後見人等選任の際に考慮される事情

　父親の成年後見の申立てにあたって、成年後見人等候補者の欄に私の名前を書いて出したのですが、全く知らない弁護士が成年後見人として選任されました。成年後見人はどういった基準で選任されるのでしょうか。

解　説

1　成年後見人等と本人の関係

　まずは、実際にどのような者が成年後見人等に選任されているのかをみてみましょう。平成25年1月から同年12月までの1年間における最高裁判所の統計によれば、成年後見人等に配偶者、親、子、兄弟姉妹、その他親族が選任されたものが全体の約42.2％（前年は約48.5％）を占めています。親族以外の第三者が成年後見人等に選任されたものは、全体の約57.8％（前年は約51.5％）で、その内訳は、弁護士が5870件（前年は4613件）で対前年比で約27.2％の増加、司法書士が7295件（前年は6382件）で対前年比約14.3％の増加、社会福祉士が3332件（前年は3121件）で、前年対比で約6.8％の増加となっています（弁護士・司法書士の数値は弁護士法人・司法書士法人をそれぞれ含んでいます）。実は、親族以外の第三者が選任されるケースが年々増加傾向にあり、平成25年は平成24年に続き、親族が成年後見人等に選任された数を上回りました（最高裁判所事務総局家庭局「成年後見関係事件の概況――平成25年1月～平成25年12月――」）。

　では、成年後見人等は、具体的にどのような基準で選任されているのでしょうか。

2　成年後見人等を選任する際に検討する事柄

(1)　家庭裁判所による選任

　家庭裁判所は、申立て時やその後の申立人等に対する調査により、成年被後見人等の諸事情を収集し、本人にとって対処すべき課題（申立てのきっかけとなっていることが多いでしょう）を確認し、その課題等を解決するのに適した成年後見人等を、後見開始等の審判をするときに、職権で選任します（民法843条1項・876条の2第1項・876条の7第1項）。家庭裁判所は、前述のデータのとおり、適格な親族がいればその親族を成年後見人等に選任することが多いのですが、それ以外の場合には、親族以外の専門家等の第三者後見人を選任します。

(2)　成年後見人の欠格事由

　まず、家庭裁判所は、成年後見人等の候補者に以下の欠格事由がある場合には、成年後見人等に選任しません（民法847条・876条の2第2項・876条の7第2項）。欠格事由を整理すると、成年後見人の職務である財産管理に適する能力がない場合（①、③、⑤）、不正行為や不適格行為等により解任された場合（②）、さらに本人との間に利害関係が相反するかその可能性がある場合（④）となっています。

①　未成年者
②　家庭裁判所で免ぜられた法定代理人、保佐人または補助人
③　破産者
④　被後見人に対して訴訟をなし、またはした者並びにその配偶者および直系血族
⑤　行方の知れない者

(3)　成年後見人等選任時の考慮事項

(A)　欠格事由以外の考慮事項

　次に、家庭裁判所は、欠格事由以外に、「成年被後見人の心身の状態並びに生活及び財産の状況、成年後見人となる者の職業及び経歴並びに成年被後

見人との利害関係の有無(成年後見人となる者が法人であるときは、その事業の種類及び内容並びにその法人及びその代表者と成年被後見人との利害関係の有無)、成年被後見人の意見その他一切の事情を考慮しなければならない」(民法843条4項。下線筆者)とされています。

そこで、具体的にどのような事項が考慮されるのかが問題となります。

(B) 具体的考慮事項

(a) 「成年被後見人の心身の状態並びに生活及び財産の状況」

「成年被後見人の心身の状態並びに生活及び財産の状況」については、たとえば成年被後見人等がほぼ寝たきりの在宅生活であって遠距離に居住する親族では適切な身上監護を期待することが困難である場合や、心身の状態の変化に伴い生活環境調整が求められ、専門的知識をもって検討することが必要な場合には、第三者後見人が適切と判断されることが多いと考えられます。

また、成年被後見人等の財産が他種類・多額の場合、賃貸物件などの管理物件が多数に及ぶ場合、成年被後見人等の今後の生活費捻出のために不動産等を処分する必要性がある場合等、財産管理に専門的知識が必要となる場合には、親族ではなく、第三者の専門職後見人が適切であると判断されることが多いと思われます。

(b) 「成年後見人等となる者の職業及び経歴並びに成年被後見人との利害関係の有無」

「成年後見人等となる者の職業及び経歴並びに成年被後見人との利害関係の有無」については、たとえば職業経験がなく財産管理能力に乏しい場合、自己破産(破産法255条(なお、破産者であっても復権すれば欠格ではなくなりますが、考慮事項にはなりうる))等や財産管理上の不正行為や不適切行為をした事実があった場合、成年被後見人等との間に金銭の貸し借りがあるなどの利害対立がある場合には、財産管理が適切になされない可能性が高いため、第三者後見人が適切であると判断されることが多いと思われます。

(c) 「成年被後見人の意見」

「成年被後見人の意見」について、そもそも成年後見制度は成年被後見人

等のための財産管理およびそれに伴う身上監護が目的となっていますので、本人の意思が尊重されることになります。

　もっとも、判断能力の程度によっては成年被後見人等の意思確認が困難であることが多いと思われます。そのような場合には、親族等関係者からの情報収集等によりできるだけ成年被後見人等の意思を尊重することが求められる一方で、財産の適切な管理の必要性とのバランスを考慮する必要があります。

　⒟　「その他一切の事情」

　「その他一切の事情」については、たとえば、成年被後見人等に交通事故の示談交渉や遺産分割等の解決すべき法的問題がある場合、成年被後見人等の財産管理をめぐってすでに親族間に対立があるような場合などが考えられます。このような場合には、仮に財産管理能力という面で適格な親族がいたとしても、当該親族は選任されず、第三者後見人が選任されます。

　家庭裁判所は親族間の対立等を調査するにあたって、推定相続人に対して、後見開始審判等の申立および成年後見人等候補者に関する意向確認調査等を行っています。たとえ申立人により第三者後見人の候補者推薦がなされていたとしても、調査等により同候補者に対して反対の意向が確認された場合には、利害関係のない新たな第三者後見人が選任されることになります。

　⒞　第三者後見人

　第三者後見人としては、弁護士、司法書士、社会福祉士が多くのケースで選任されています。法的問題や親族間に利害対立が認められるような場合には弁護士や司法書士、身上監護面に課題がある場合には社会福祉士が選任されるなど、対処すべき課題に応じて適格者が選任されているようです。また、複数後見人の選任が可能となっているため、財産管理と身上監護に権限を分掌し、財産管理を第三者後見人、身上監護に親族後見人を選任することなどもあります（Q73参照）。その他、社会福祉協議会等の法人が選任されるケースもあります（Q72参照）。

　弁護士等の第三者後見人が選任される方法としては、家庭裁判所が独自で

選任する方法、専門家の属する団体に対して事案ごとに適当な候補者の推薦を求める方法、当該各団体から事前に候補者リストの提出を求めそのリストから裁判官が選任する方法があります（大阪弁護士会高齢者・障害者総合支援センター編『成年後見人の実務〔新版〕』10頁）。家庭裁判所によってその方法は異なります。

3　ご質問に対する回答

本件の場合、家庭裁判所の調査によって、成年被後見人の財産管理上に法的問題や親族間の利害対立等が認められるものと考えられています。そのため、申立人とは面識のない弁護士が第三者後見人として選任されたのだと思われます。

（松隈　知栄子）

Q71 市民後見人

最近、私がかかわりをもっている自治体で、市民後見人の養成を検討しているようです。私の親が認知症で、成年後見制度の利用を考えていたので、興味をもちました。市民後見人とはどういったものなのでしょうか。また、専門家としては、どのようなかかわりをすることになるのでしょうか。

解説

1 「市民後見人」登場の背景

わが国においては現在、認知症高齢者は約462万人、知的障害児・者は約54万人、精神障害者は約323万人存在するといわれています。

成年後見制度の利用が盛んな国々においては、その国の人口の1％が成年後見制度を利用するようになるといわれています。ちなみに、最も成年後見制度の利用が進んでいると思われるドイツでは、総人口約8000万人に対して、法定後見制度の利用者は約135万人、任意後見制度の利用者は約120万人ともいわれているようです。

では、わが国においては、2000年4月1日に成年後見制度が施行されてから、何人がこの制度を利用したかというと、法定後見・任意後見の両制度をあわせて約二十数万人とされています。わが国の総人口は1億3000万人弱ですので、この制度の利用者はまだまだ増加することが予想されます。

一方、2013年に、親族が成年後見人等に選任された者の割合は全体の42.2％であり、57.8％は親族ではない第三者が成年後見人等に選任されています（最高裁判所事務総局家庭局「成年後見関係事件の概況——平成25年1月～12月——」）。この第三者のうち大半は、司法書士・弁護士・社会福祉士等の「専門職後見人」といわれている法律分野や福祉分野の専門資格をもった

人々です。成年後見制度の施行以来、親族以外の成年後見人等はこのような専門職後見人によって受任されてきました。これはまさに、成年後見制度のめざした「後見の社会化」の発現であったといえます。

しかし、このままでは専門職後見人の受け皿は不足を来してしまうと予想されています。そこで2005年頃より、国や自治体による市民後見人の育成が必要であると提唱されていました。そのような議論を踏まえ、2011年6月に老人福祉法32条の2が新設され、2012年4月1日に施行されました。その内容は次のとおりです。

（後見等に係る体制の整備等）
第32条の2　市町村は、前条の規定による審判の請求の円滑な実施に資するよう、民法に規定する後見、保佐及び補助（以下「後見等」という。）の業務を適正に行うことができる人材の育成及び活用を図るため、研修の実施、後見等の業務を適正に行うことができる者の家庭裁判所への推薦その他の必要な措置を講ずるよう努めなければならない。
2　都道府県は、市町村と協力して後見等の業務を適正に行うことができる人材の育成及び活用を図るため、前項に規定する措置の実施に関し助言その他の援助を行うように努めなければならない。

なお、上記32条の2第1項の「前条の規定による審判の請求」とは、市町村長の申立てによる後見等開始審判申立てのことを指します。

現在、全国各地の自治体において、市民後見人の育成のための事業が開始しています。知的障害者福祉法においては、28条の2（2013年4月1日施行）により、精神保健福祉法においては、51条の11の3（2014年4月1日施行）により、上記老人福祉法とほぼ同様の努力義務が自治体に課されています。

2　市民後見人の定義

では、「市民後見人」の定義は確立されているのでしょうか。厚生労働省は2012年3月中にこれを定義づけようと検討したといわれていますが、これ

までのところなされていない模様です。なお、日本成年後見法学会「市町村における権利擁護の機能のあり方に関する研究会　平成18年度報告書」では、次のとおりとされています。

> 弁護士や司法書士の資格をもたないものの、社会貢献への意欲や倫理観が高い一般市民に成年後見に関する一定の知識や技術・態度を身に付けた良質の第三者後見人

また、大阪市立大学の岩間伸之教授は「市民後見人の位置づけと活動特性」実践成年後見42号8頁において、市民後見人の定義として、次のとおり示しています。

> 市民後見人とは、家庭裁判所から成年後見人等として選任された一般市民のことであり、専門組織による養成と活動支援を受けながら、市民としての特性を活かした後見活動を地域における第三者後見人の立場で展開する権利擁護の担い手のことである

これまでのところ市民後見人の定義については確立されていない状況ですが、今後、市民後見人の育成事業が進捗する過程で形成されていくものと思われます。

3　市民後見人の特徴

市民後見人の定義が確立されていない状況で、市民後見人の理念に触れることは難しいといえますが、これまで先進的な自治体によってなされてきている市民後見人活動から概観すると、地域福祉の向上の観点から、成年被後見人等（以下、「本人」といいます）と同じ地域の住人が成年後見人等となることで、地域における共助を図っていくこと、あるいは、市民の共助活動としての近接地域における本人の権利擁護の実現などが指摘されています。

市民後見人の活動の特質として、本人との面会・接触の機会を多くもつこ

とを期待しうるということがあげられます。志ある市民後見人が、見守り活動等により本人の生活の質を維持向上させ、本人の安心感の醸成に寄与し、その活動を通して本人と地域社会とのつながりを大切にしていくことが、本人の権利擁護のみならず、地域福祉の向上につながっていくといえましょう。

市民後見人の取組みは、これまで地域において行われてきた社会福祉協議会による日常生活自立支援事業、地域包括支援センターや民生委員等による見守り活動などから、必要な事案において成年後見制度を活用することにより、個人の私的・法的領域に踏み込んだ形態での事務を通じた地域福祉施策の一環と考えることができます。

では、市民後見人の登場によって専門職後見人は不要になるのでしょうか。決してそうではありません。紛争性のある事案や、さまざまな法的問題を内包する事案、身上監護面で難しい問題を抱える事案等は、専門職後見人が受任していくべき事案であり、法的・福祉的に高い専門性をもつわけではない市民後見人にはなじまないと思われます。また、本人の懸案事項が専門職後見人によって解決され、本人の状態も安定した事案を市民後見人に引き継ぐ、ということも可能になると考えられます。

市民後見人の登場によって、今後は市民後見人と専門職後見人の役割分担がされていくことでしょう。

4 専門職後見人としてのかかわり

これまでわが国の成年後見制度の一翼を担ってきた専門職後見人は、今後は成年後見に関する経験やその専門的知識を活かし、市民後見人の育成にかかわっていくことが期待されています。

具体的には、市民後見人の養成のための研修にその専門的知識を活かし講師としてかかわることや、市民後見人が成年後見人等に就任した後の支援活動にかかわることなどが必要と考えられています。特に、市民後見人の研修を修了した者が、家庭裁判所に推薦され、実際の成年後見人等に就任した後に、さまざまな問題に遭遇した際の支援活動・相談活動において、専門職後

見人がその知識・経験を活かし協力することは、市民後見人の普及のためには必須であると思われます。

また、将来においては、全国各地に「市民後見人協会」といった市民後見人を支援していくための公的支援体制が整備されていくことが必要であると思われます。

なお、現在、市民後見人が家庭裁判所から選任される場合とは、自治体において設立された成年後見支援センター等の公的団体の支援があるか、後見監督人がつく場合に限られていることを付言します。

5　最後に

現代社会は病んでいる社会であるといえます。高齢者・障害者を狙った悪質商法の増加、高齢者虐待の増加、無縁死や孤独死の増加、自殺者の増加等、不幸な事象は枚挙にいとまがありません。またわが国は現在、超高齢社会、少子高齢社会、そして人口減少社会に入っています。今後、高齢者や障害者をその同じ地域社会の中で「見守る目」が多く必要になります。その見守る目の一つに市民後見人はなっていきます。この育成に、専門職後見人たる者は参加してくべきと思われます。

（松井　秀樹）

Q72 法人後見のメリット・デメリット

私の所属している事務所で法人後見を行おうとしています。法人後見のメリット・デメリットを教えてください。

解説

1 法人後見人の選任

2000年4月施行の成年後見制度により、法人を成年後見人等に選任できることが法文上明らかになりました（民法843条4項カッコ書・876条の2第2項・876条の7第2項）。

成年後見人等に選任される対象となる法人の資格については、法律上の制限はありません。よって、社会福祉協議会等の社会福祉法人、福祉関係の公益法人あるいは営利法人を成年後見人等に選任することも可能となっています。ただし、その適格性については、家庭裁判所がその法人の「事業の種類及び内容並びにその法人及びびその代表者と成年被後見人との利害関係の有無」を審査して個別に判断することになっています（民法843条4項かっこ書）。

最高裁判所の統計によれば、法人が成年後見人等に選任される割合は、平成12年度には13件で全体の約0.4％であったものが、同22年度には961件で全体の約3.3％、同25年度には1976件で全体の約5.9％（なお、弁護士法人等を含む）であり、増加の一途をたどっています（最高裁判所事務総局家庭局「成年後見関係事件の概況」各年版参照）。

2 法人後見の考え方

法人後見については、「近年、痴呆症高齢者・知的障害者・精神障害者等のニーズの多様化に伴い、福祉関係の事業を行う法人がその人的・物的な態勢を組織的に活用して本人の財産管理・身上監護の事務を遂行することが必

要かつ適切な場合がありうることが指摘されており、また、本人に身寄りがない場合には適当な成年後見人等の候補者を見いだすことが困難であることが少なくなく、そのような受け皿として法人の成年後見人等を認めることの必要性も指摘されていました」(小林昭彦＝大門匡編著『新成年後見制度の解説』126頁)と解説されており、多様なニーズに対する成年後見人等の受け皿の一つとして位置づけられています。そこで、法人後見こそが「社会化」(社会全体で後見を支える)の重要なバロメーター(上山泰『専門職後見人と身上監護〔第2版〕』25頁)であるとし、法人後見の積極的活用を期待する考え方もあります。その一方で、本来、成年後見人等は個人としてその人の生活に寄り添い、「個」が「個」として成年被後見人等が望むであろう生活を支え、権利を擁護する人のことであるので、基本は個人後見であり、法人後見は例外的な事例であるとする考え方もあります(望月真由美「法人後見受任団体としての適格性」実践成年後見29号27頁)。ただ、いずれにしても、法人後見が求められる事例は存在し、そのニーズが増加していることは前述の統計が示しています。

3 法人後見の一般的なメリット・デメリット

(1) メリット

法人後見のメリットとしては、以下の点があげられます。

① 幅広い支援が可能であること　たとえば知的・精神障害者の場合には、若年時からの支援や、その支援の内容についても、介護中心の高齢者と異なり、住まい、就労を含めた日中活動、余暇活動等生活全般にわたる広い支援が必要となるので、法人後見が適していると思われます。

② 継続的な支援が可能であること　個人の場合には、成年後見人等に病気・事故等何らかの支障が生じた場合には新たな成年後見人の選任など家庭裁判所による手続を利用することが必要となりますが、法人後見の場合は、情報を共有したスタッフが対応できるので、スタッフの交替をするなどして継続的な対応が可能となります。

③　心理的負担を軽減し、多様な事案に対する対応が可能であること
　個人後見では、困難事例・虐待事例では心理的負担が過度にかかることがありますが、法人の場合には、さまざまな経歴や職歴、資格を有する人材を集めること、また、情報を共有して集積することで、多様な事案に対し組織的に対応することが可能となります。たとえば、虐待事案については、家族内のさまざまな問題が絡みあっていることが多く、虐待を受ける高齢者の保護ばかりではなく、虐待を加える親族へのフォローも必要となることがあります。こういった問題点を早期に認識し、加害者側についてその他の支援者に結び付けるなどして、成年被後見人の権利擁護に結び付けることも可能となります。

④　後見事務の質の維持・向上を図ることが可能であること　前述のとおりさまざまな人材の確保とノウハウの蓄積により、支援のマニュアル化を図ることができたり、また、スタッフに対する教育も可能になって、質の維持・向上を図ることができます。

⑤　権限逸脱を防ぐことが可能であること　法人の場合は、担当スタッフが個人で後見業務を決定して遂行するのではなく、たとえば不動産の売却等の大きな変動や後見方針の大幅な変更などの重要な意思決定については、一定の手順を踏み、組織的に決定することが求められています。そのため、権限濫用等を防ぐことが可能となります。

⑥　コストの分散を図ることが可能であること　本人の資産が少ないために報酬を支払う資力に乏しく、個人後見の受任が困難な事案であっても、法人の場合は、多数の案件を受任することにより、コストの分散を図ることができます。

(2)　**デメリット**

法人後見のデメリットとしては、以下の点があげられます。

①　機動性・迅速性に欠ける場合があること　法人の場合は、前述のとおり、重要な後見業務に関する意思決定において一定の手順を踏み、組織決定をすることになりますが、このために、後見事務の手続や執行の

機動性・迅速性に欠けることがあります。

② 顔の見えない支援となる可能性があること　法人後見の場合、支援がマニュアル化され、担当スタッフが固定されずに支援を行うこともあるため、個々のスタッフが無責任となり、また、本人との信頼関係の構築が困難となることもあります。

③ 財政基盤に乏しい場合、破綻の可能性もあること　本人の資産が少なく報酬を支払う資力に乏しい案件を多数受任することにより、コストの分散を図ることが可能な一方で、法人後見受任団体はそういった低所得者層への後見事務の受け皿となっている実情や、そもそも後見報酬が低額であること、また、多様なスタッフを抱えることの人件費等経費がかさむといった事情により、財政基盤が乏しい場合には財政破綻し、法人が消滅する可能性があります。

4　法人の類型ごとの特徴

現在、法人後見を受任している団体はさまざまですが、法人ごとにもメリット・デメリットがあります。

(1) 公的機関がかかわる団体

たとえば、社会福祉協議会が行う法人後見のメリットとしては、①行政と密接な関係があること、②財政基盤の安定性があること、③地域からの確かな信頼を得ていることがあげられます（望月・前掲論文48頁）。

その反面、公費による財政措置がなければ、公的な事業・活動を支えることができません。

(2) 専門職ネットワーク型の団体

弁護士、社会福祉士、精神保健福祉士等のさまざまな専門職が中心となって成年後見人等の受任を目的に設立される特定非営利活動法人があります。この法人の場合には、専門職ごとの知識を活用し、財産管理や身上監護の双方に関して多様なニーズに対応することが可能です。一方で、公的資金が基盤になっているものではないため、財政基盤の安定性の確保が課題となりま

す。

(3) 職能団体

　弁護士法人、司法書士法人、社会福祉士会等の職能団体が法人後見を受任している場合もあります。

　弁護士法人の場合には、成年被後見人等において遺産分割事件、交通事故等法的紛争があって対応が求められているケースにつき法律専門家として、社会福祉士会の場合は成年被後見人等の福祉サービスの利用等に関して身上監護面に特に問題があるようなケースにつき福祉の専門家として、対応することができます。

　もっとも、それぞれその他専門職との連携や法人の規模により対応能力に限界があるように思われます。

(4) 単一士業団体

　全国の司法書士を社員とするリーガルサポートは、法人後見の受任により法的支援に取り組むことは可能となっています。もっとも、あくまでも社員による個人後見を原則としており、法人としては、各支部の受任機関としての体制整備の状況、また、法人受任としての事案の適格性（広域事案、暴力事案、困窮者事案等）を勘案し、判断をしています。

5　法人後見がふさわしい事案

　以上のように法人後見にはメリット・デメリットがありますが、デメリットについては、たとえば迅速性を図る方法やルールを作成し、本人と担当者の信頼関係を築き、顔の見える関係を構築するように努めるなどの対応が考えられます。

　このような特徴から法人後見にふさわしい事案を考えてみると、時間的には長期的・継続的にわたり支援内容としては広範でさまざまな組織的・専門知識が求められる事案や、成年被後見人等の資産が少なく報酬の確保が難しい事案が浮かび上がってくると思われます。

6　ご質問のケース

　あなたの所属している事務所が弁護士法人の場合、成年被後見人において遺産分割、交通事故等法的紛争、管理財産が多種・多額であるなど法的対応が必要で、さらに長期・継続的に支援が求められるケースについて、法人後見の受任ニーズが高いと思われます。もっとも、身上監護面で福祉的支援も求められる場合には、その他専門職との連携が必要となります。

（松隈　知栄子）

第2部　法定後見

Q73　複数後見人の事務分掌の審判

知的障害のあるAさんについて、弁護士のBさんと社会福祉士の私が複数後見人候補者として申立てをすることになりました。あらかじめ、財産管理を弁護士、身上監護を社会福祉士という形で事務を分けようということになったのですが、どのように申立てを行えばよいでしょうか。

解　説

1　裁判所の職権発動を促す

　成年後見人等として誰を選任するかは、家庭裁判所の職権に委ねられています（民法843条1項・876条の2第1項・876条の7第1項）。それゆえ、複数後見人を選任して各後見人の権限分掌を定めることを希望する場合には、家庭裁判所に後見開始の審判申立てを行う際、①複数後見人を選任する必要性があること、②成年後見人等間での各権限を種類ごとに定めた分掌に基づき権限付与する必要性があることについて具体的に記載した職権発動を促す申立てや上申をあわせて行うことで、家庭裁判所の職権発動を促す必要があります。

　なお、複数の保佐人・補助人の選任を希望する場合にも同様のことがいえます。

2　複数成年後見人

　かつては、複数の後見人等を選任すると後見人間の意見対立から後見事務の滞りが生じることが危惧され、後見人等は1人でなければならない旨が規定されていました（1999年改正前の民法旧843条）。

　しかし、後見人が取り扱う後見事務は幅広い分野に及んでおり、法律的知

識が必要な事例から福祉的な配慮が求められるケースまであり、各分野の専門職が後見事務を複数で分担できるようにする必要性が叫ばれていました。また、後見人となる親族が単独で専門的な後見業務を行うには困難さが伴うことから、親族後見人をサポートする専門職後見人をあわせて選任する複数後見の必要性が求められていました。

そこで、2000年4月1日から施行された改正民法（平成11年法律第149号）における新しい成年後見制度では、民法旧843条を改正して成年後見人を複数選任できる旨を明らかにするとともに、民法859条の2を新設して成年後見人が複数ある場合の権限行使の方法に関する規定を整備しました（保佐・補助に関して同法876条の5第2項・876条の10第1項参照）。

なお、未成年後見人については、民法842条により1人でなければならない旨の規定が維持されていましたが、2012年4月1日施行の改正法（平成23年法律第61号）で同条が削除され、未成年後見人に関しても複数選任できるように改正がなされています（民法857条の2）。

3 複数後見人の選任

(1) これから選任する場合

家庭裁判所は、後見の開始の審判をするときは、職権で成年後見人を選任します（民法843条1項。保佐・補助について、876条の2第1項・876条の7第1項）。家庭裁判所は、選任時から複数の成年後見人を選任することができます（家事事件手続法別表第1の3項）。申立人が複数後見を望む場合には、申立人が後見等開始審判の申立てを行う際、複数後見と職務分掌の職権発動を促す申立てや上申をあわせて行い、裁判所の職権発動を求めるということが考えられます。

(2) すでに成年後見人が選任されている場合

すでに成年後見人が選任されている場合においても、家庭裁判所が必要であると認めたときは、成年後見人からの請求または職権でさらに成年後見人を選任することができます（民法843条3項、家事事件手続法別表第1の3項。

保佐・補助について民法876条の2第2項・876条の7第2項、家事事件手続法別表第1の22項・41項）。

4 成年後見人が複数ある場合の事務の分掌

(1) 原　則

複数の成年後見人が選任された場合、各成年後見人は、原則としてそれぞれ単独でその権限を行使することができると解されています。

(2) 職務分掌の定め

しかし、各後見人に単独でその権限行使を行わせると、場合によっては権限行使に矛盾や抵触が発生したり、権限行使の調整に時間を要することになって成年被後見人の利益が損なわれる可能性も否定できません（小林昭彦ほか『新成年後見制度の解説』119頁）。

そこで、成年後見人が数人ある場合には、家庭裁判所の審判により、①各成年後見人が共同してその権限を行使すべきことを定めたり、②職務を分掌して権限を行使すべき旨を定めることができる旨が規定されています（民法859条の2、家事事件手続法別表第1の10項）。保佐、補助の場合も同様の規定が準用されています（民法876条の5第2項・876条の10第1項）。

このように共同もしくは職務分掌に基づき権限を行使すべきことを定めておけば、各成年後見人が単独で権限行使できなくなることから、権限行使に矛盾や抵触はなくなります。また、職務を分掌して権限を行使すべきことを定めておけば、各専門家の専門的な知見を活かした迅速な後見事務処理が可能となります。

ただし、身上監護と財産管理という事務分掌については、身上監護の職務であっても支出が必要であれば預金の引き出しもできるため、権限の範囲が不明確になるので実務上あまり望ましくないとの意見もあります。

また、複数後見の際には、権限の共同行使または分掌の定めの有無にかかわらず、第三者は1人の成年後見人に対して意思表示すれば足りると規定されている点には注意が必要です（民法859条の2第3項・876条の5第2項・876

条の10第1項)。

　複数後見人が選任されている場合には、仮に事務の分掌がなされたとしても、①預金の引き出しや支払いについて財産管理担当の成年後見人のみが行うのか、両方できることとするのか、②家庭裁判所に対する後見事務の報告や連絡はどちらが行うのかなど、成年後見人間できちんと取り決めを行うとともに、密に連絡を取り合うことが重要といえます(社団法人日本社会福祉士会編『成年後見実務マニュアル〔改訂〕』18頁)。

5　後見の登記

　家庭裁判所が複数後見人間における権限の共同行使の審判や権限の分掌の審判を行った場合には、家庭裁判所からの嘱託によってその旨の登記がなされます(後見登記法4条1項7号)。それゆえ、東京法務局から登記事項証明書の交付を受けて提示することで、当該後見人の権限を明らかにすることが可能となります。

6　権限行使の定めの取消し

　複数後見人間において権限の共同行使の審判をした場合や権限の分掌の審判がなされていた場合において、その後の後見事務処理の状況等に鑑みて、特に共同行使や権限分掌が不要であると認められた場合には、家庭裁判所がその定めを職権で取り消すことができることとされています(民法859条の2第2項)。

　この場合には、成年後見人から、共同行使もしくは権限分掌の必要性がないことを示して家庭裁判所に対して職権発動を促すことになります。

(野村　完)

第2部　法定後見

Q74　専門職と親族が複数後見をする際の注意点

　Aさんについて、弁護士の私と、親族のBさんが、複数の成年後見人として選任されました。もっぱら、私が財産管理、Bさんが身上監護を担当するということです。親族と複数後見をしていくにあたって注意すべき点には、どのようなことがありますか。

解　説

1　複数成年後見人の必要性

　家庭裁判所は、成年後見人等が選任されている場合においても、必要があると認めるときは、請求もしくは職権により、複数成年後見人等を選任することができます（民法843条3項・876条の2第2項・876の7第2項）。

　管理する財産が多種・多額にわたる場合や、財産管理と身上監護を1人で担うには負担が大きい場合などに、それぞれの専門職による分担や親族と専門職による分担が効果的であるという理由や、成年後見人等の職務遂行ができなくなった場合に後見業務の継続性を図りうるなどの理由から、複数後見人が求められることがあります。

2　複数後見人間の権限調整

　必要性があって複数後見人が選任されたとしても、その複数後見人らの間に意見対立等が生じて事務の遂行に支障を来しては本末転倒です。そこで、家庭裁判所は、成年後見人等が数人あるときは、職権で、数人の成年後見人等が、共同してまたは事務を分掌して、その権限を行使すべきことを定めることができます（民法859条の2第1項・876条の5第2項・876条の10第1項）。

　この権限の調整がない場合には、それぞれの成年後見人等は単独で権限行使をすることができ（単独行使の原則）、対外的にも各成年後見人等が成年被

後見人等を代表することになります。もし、万が一相互に矛盾する代理行為をしてしまったときは、原則として、いずれの代理行為の効力も成年被後見人等に及ぶことになるため、それにより不利益が生じたときは、成年後見人等の善管注意義務および身上配慮義務違反が問題となります（於保不二雄＝中川淳編『新版注釈民法(25)親族(5)』416頁）。

権限の調整が不要な場合とは、成年後見人等間の意思疎通が恒常的に十分確保されているケースか、権限の抵触のおそれがほとんどなく各成年後見人等が単独で権限を迅速に行使するほうが本人の利益でもあると考えられるケースであると思われます。

3　権限の分掌

家庭裁判所が、複数の成年後見人等について、事務を分掌して権限を行使することを定める審判をすると、各成年後見人等は、その分掌された範囲内でしか権限を行使できません（その範囲では単独行使できます）。

この権限の分掌が定められるのは、たとえば①財産管理の事務については弁護士等の法律専門職に、身上監護に関する契約等の事務については福祉専門職または親族に分担させる必要がある場合、②本人の日常生活上の法律行為に関する後見等の事務については同居の親族に、本人の遠隔地所在の財産の管理の事務については同所所在の親族に分担させる必要がある場合などが考えられます（於保＝中川・前掲書419頁）。

4　財産管理と身上監護の区別

成年後見人等が行う身上監護の内容は「生活、療養看護に関する事務」（民法858条）です。ここでいう「事務」は法律行為のことです。また、成年後見人等は、法律行為に付随した事実行為（契約締結に際しての面会や調査等）も行う必要があります。

成年後見事務は多岐にわたり、相互に関連しているため、財産管理事項と身上監護事項を明確に区別することは難しいでしょう。ちなみに、以下のよ

うな行為は身上監護事項と考えられ（法務省民事局参事官室『成年後見制度の改正に関する要綱試案の解説――要綱試案・概略・補足説明』）、それに付随する事実行為も含まれることになります。

① 介護・生活維持に関する事項（介護契約の締結、契約解除、費用の支払い）
② 住居の確保に関する事項（住居に関する契約の締結、住居の賃貸借契約の解除、費用の支払い）
③ 施設の入退所、処遇の監視・異議申立て等に関する事項（施設入所契約の締結、施設の退所、費用の支払い、施設内の処遇の監視）
④ 医療に関する事項（医療契約の締結、契約の解除、費用の支払い）
⑤ 教育・リハビリに関する事項（教育・リハビリに関する契約の締結、契約の解除、費用の支払い）
⑥ 法律行為としての異議申立て等の公法上の行為
⑦ アドボカシー活動（本人の身上面に関する利益の主張を補助し、または本人の身上面に関する利益を代弁すること）

5 親族と複数後見を担当する際の注意点

(1) 複数後見人選任の必要性について理解を求めること

家庭裁判所は、事案の「必要に応じて」、複数の成年後見人等を選任します。もちろん成年被後見人等の支援に資するためですが、当該事案においては具体的に何の目的で複数の成年後見人等が選任されたのかという認識をもつことは、専門職後見人の役割、親族後見人の役割についての理解と認識を深め、権限の理解にも結びつくことになります。

したがって、複数後見人が選任されたことや事務の分掌のあり方について、親族後見人に説明するとよいでしょう。

(2) 権限調整の内容について説明をすること

(A) 権限の分掌のない場合

前述のとおり、複数後見人の間で権限の分掌がない場合には、それぞれ単

独行使が可能となります。もしも、相互に矛盾する代理行為をしてしまい、それにより不利益が生じたときは、成年後見人等の善管注意義務および身上配慮義務違反が問題となってしまいますので、その旨の説明を親族後見人にして、理解を求めることが必要と思われます。

　また、複数の成年後見人等の間で、事実上の権限分担を取り決めることが有用です。たとえば、弁護士後見人は日常生活に必要な財産を除いた預金通帳や賃貸物件等の財産管理を行い、身上監護のうち契約等の法律行為も弁護士が担当することとし、親族後見人は契約締結後の支出行為等日常の金銭管理、その他身上監護事項に付随する事実行為を行う、といったことが考えられます。親族後見人に、日常生活に必要な範囲の通帳や現金の保管を分担した際には、同事務に要した費用（交通費、通信費その他の雑費）はそのつど支出することが可能であることを説明して、ノート等に記録してもらうことおよび資料の保管をお願いし、成年被後見人等のもとに届く郵便物等の保管も依頼し、後日、チェックができるようにします。定期的に親族と面談して意思疎通を行い、信頼関係を築くことが重要となります。

　なお、親族後見人との協議が整わず、成年被後見人等に不利益が生じ得るような場合には、家庭裁判所の監督権限に基づき「必要な処分」（民法863条2項）によって対処を求めることが適当と思われます（於保＝中川・前掲書419頁）。

　(B)　共同行使の場合

　家庭裁判所から「共同して」権限を行使することが定められた場合には、成年後見人等は各自単独で権限行使をすることはできず、全員一致した場合のみできることになります。成年後見人等相互のコントロールによる代理権の濫用等を回避する目的もありますが、対等な立場での協力の確保（於保＝中川・前掲書417頁）も期待されていると思われます。やはり定期的に親族と面談して意思疎通を行い、信頼関係を築くことが重要となります。

　なお、共同行使の場合であっても、成年後見人等相互が共同の意思や同意をしていればよいのですから、実際には(A)のように事実上権限分掌をして事

務管理をすることは円滑な事務遂行につながりますので、有用であると思います。

　(C)　権限分掌がなされている場合

　たとえば財産管理の事務については弁護士等の法律専門職に、身上監護は親族に分掌された場合には、前記4のとおり、親族後見人が担当する身上監護事項について説明をします。もっとも、成年後見事務は相互に関連しているため、弁護士後見人と親族後見人が無関係に事務を進めることは適当ではありません。たとえば親族後見人が入所一時金等が高額な有料老人ホームなどと入所契約を締結してしまった場合、弁護士後見人が管理する定期預金等を解約する必要が生じたり、そもそも月々の収支が合わなくなるなど、4の①～⑤は、契約の内容等により、弁護士後見人が管理する財産の内容に変更を及ぼすことにもなりかねません。親族後見人に対しては、事前の連絡や相談等をしてもらい、協議できるようにしましょう。協議が整わず、成年被後見人等に不利益が生じ得るような場合の対処は、(A)のとおりです。

(3)　その他、具体的事務についての注意点

　(A)　財産目録、収支報告書および後見方針の作成

　成年後見人は、遅滞なく成年被後見人の財産調査や財産目録作成を行い（民法853条1項）、成年被後見人の生活、療養看護および財産の管理のために毎年費やすべき金額を予定しなければなりません（同法861条1項）。また、この収支予定は、後見方針の検討なくして作成することはできません。財産目録、収支予定および後見方針の検討は今後の財産管理や身上監護のもとになる事務ですので、弁護士後見人は親族後見人と十分に協議し、作成することが必要と思われます。

　(B)　後見事務の報告

　家庭裁判所は「いつでも」成年後見人に対して後見の事務の報告を求めることができます（民法863条1項）。現在では1年に1回程度を目安に報告を求められることが多いようですが、求められなくても同程度の報告をすることが望ましいと思われます。この際、権限の分掌の有無にかかわりなく、弁

護士後見人が、親族後見人の事務内容について資料とともに親族後見人の報告を受けて、報告書の作成を行ったうえで提出することが、財産の適切な管理上、適当と思われます。

　(C)　報酬請求

　家庭裁判所は、成年被後見人等の財産の中から相当な報酬を成年後見人等に与えることができます（民法862条）。これは、成年後見人等が複数の場合でも同様です。各成年後見人等は、家庭裁判所に対し、それぞれ報酬請求をすることができます。

　東京家庭裁判所等において成年後見人等の報酬についての目安が公表されていますが、家庭裁判所は、成年後見人らが行った事務の内容に応じて、適宜の報酬額をそれぞれ決定し、報酬付与を行います。親族後見人の場合には報酬付与の請求を申し立てないことは多いのですが、報酬について説明をしておくことは必要です。

6　ご質問のケース

　ご質問のケースでは、「もっぱら」とのことですので、権限分掌がなされておらず、成年後見人間で事実上の権限分担を取り決めたものと思われます。その際には、5(2)(A)のとおり、親族後見人と協議して具体的管理分担を決め、その後の履行等について連絡・報告を行うなどすることが必要であると思います。

（松隈　知栄子）

Q75 専門職同士の複数後見をする際の注意点

成年被後見人Aさんの後見を、社会福祉士である私と弁護士であるBさんで行っています。複数後見をうまく進めていくためのポイントを教えてください。

解説

1 複数後見人が可能となった理由

現行法において、必要があれば成年後見人等を2人以上選任できるとした理由は、大きく以下の2点であるといわれています（Q73も参照）。

① 財産管理と身上監護を各分野の専門家（法律専門家と福祉専門家）が分担したり、家族と特定分野の専門家が協働することで、チームを組んで事務を行うことが効果的である場合

② 入所施設等での日常的な事務を担当する成年後見人等と、遠方にある本人の財産管理を担当する成年後見人等を、別個に選任する必要がある場合

ご質問の場合は、前者にあたり、それぞれの専門分野の専門家が、各々の専門性を発揮して、本人の生活を支援するために事務を分担する場合、といえます。

2 事務分掌と情報の共有

それぞれの分野の専門家が、その専門性を発揮できるように複数後見となっている場合においても、財産管理と身上監護の事務分掌が行われている場合と、事務分掌がない場合があります。

事務の分掌については家庭裁判所の審判によって定められますので、審判書に記載されている内容を確認してください。

事務分掌が行われている場合は、ご質問の場合であれば弁護士が財産管理上の事務を、社会福祉士が身上監護の事務を行う、という形式で分掌されることが多いと考えられます。このような場合においても、財産管理上の事務だからといって、単独で判断決定するのではなく、社会福祉士であるあなたが、Aさん本人の意見はもとより、支援に関与する関係者の見解も踏まえて、Aさん本人の生活支援に必要と思われる視点から意見を述べることが重要です。また、逆に、身上監護の事務を分掌されている場合であっても、Aさんの資産状況を十分に把握し、必要なサービスや社会資源が活用できるよう、B弁護士の意見を求める必要があります。

　特に事務分掌が定められていない場合は、それぞれの専門性を活かせるよう、どちらかが主となって対応しますが、必ず、複数後見人が連名で法律行為を行うことになります。

　家庭裁判所への報告については、各成年後見人が単独で行うのではなく、財産目録や必要な資料を共同で作成し、連名で報告をすることになります。報酬付与の申立ては単独で行いますが、詳細については管轄の家庭裁判所の指示に従ってください。

3　複数後見から単独後見への移行

　成年後見人等が複数選任される事案は、あまり多くはありません。複数の成年後見人が必要と判断される場合には、その理由があると考えられます。

　たとえば、特に重要な財産処分や相続などのために法律専門家の専門性が求められ、それが終了すれば、日常的な身上監護が必要である、というような事案の場合、重要な法律行為が終了した段階で、法律専門家が辞任するということも検討が必要です。

　Aさん本人にとってみると、複数の専門職後見人が選任されている状態は、単独の場合と比べれば報酬の負担が増える、という問題も起こります。課題が解決された後には、どの時点まで複数成年後見人がかかわる必要性があるかについても、家庭裁判所とよく相談していくことが求められます。た

とえば、複雑な遺産分割協議が必要となっている精神障害者に対して、事務分掌なく、弁護士と社会福祉士が選任された場合を考えてみましょう。遺産分割協議という1つの課題が解決したので、法律専門職である弁護士は辞任する、という考え方が一般的です。ただし、分割協議をした親族の中に、この結果について不満をもっており、引き続き成年後見人等に対してさまざまな訴えを起こすような可能性がある場合、単純に遺産分割協議が終了したから弁護士が辞任する、ということが成年被後見人等にとって利益とならない場合には、複数後見の継続がもう少し必要になります。家庭裁判所にはこのような状況を相談したり報告したりすることによって、機械的な対応にならないように考えていくことが必要です。

（星野　美子）

Q76 施設等勤務者の後見活動上の留意点

私は、社会福祉士で、今度、Aさんの成年後見人に選任されました。普段は福祉関係の仕事をしているのですが、後見実務をどうやって進めていけばよいのか、注意する点などを教えてください。

解説

1 職場への説明

法人等に所属し雇用契約等を結んでいる社会福祉士が成年後見人等を受任するにあたっては、その法人の就業規則等から、後見業務が副職に当たるかどうかを確認し、必要な手続をとることが必要です。

「公休日等に活動するし、必要なら年次休暇で対応するので職場への説明は必要ない」という考えで、確認・手続をせずに受任してしまっては、後見業務上の応急的な対応をしなければならないときに、職場の理解が得られるかという点で問題があります。当然ながら、成年被後見人等の体調の急変やケガは公休日に合わせて発生するとは限りません。また、勤務中に本人や関係者から緊急連絡が入る場合もあります。そうした場合には、年次有給休暇をとって対応することが考えられますが、そのためには同僚等に業務の引継ぎを依頼しなければならないこともありますから相互援助の可能な職場風土であるかどうかが重要です。したがって、職場の同僚、特に上司には、成年後見人等として活動することについて事前に説明をし、了解を得ておくことが重要です。

職場と後見業務の両立のポイントは以下のとおりです。
① 成年後見人等であっても、勤務している法人の職員として「職務専念義務」があることを忘れない。
② 勤務している法人の一員であること、仕事はチームワークで行われて

いることを忘れない。
③　福祉関係の仕事である場合、緊急時の応急的な対応が可能であるかを、その段取りを含めて事前に検討し、（慌てないために）いざというときに備えておく。
④　職場のメールや勤務先の電話番号等を主たる成年後見人等としての連絡先としない。

2　関係機関等からの連絡

　成年被後見人等の支援者である関係機関から成年後見人等への連絡方法については、事前に打合せをしておくことが大切です。勤務時間帯の連絡先はどこにするのか、緊急時の連絡先はどうするのか、また連絡内容の緊急性を判断し連絡方法を郵便・固定電話（自宅など）・携帯電話のいずれかにするかを決めておくとよいでしょう。たとえば「来月の敬老会には参加しますか」「来月のお買物ツアーではいくらお金使ってよいですか」といったレベルの質問は、郵送か自宅への留守番電話で連絡をしてもらい、後日、成年後見人等の側から電話連絡を入れる、といった対応で可能です。

　ここで大切になるのは、関係機関が緊急と判断した内容と成年後見人等が緊急と判断した内容に齟齬が生じないように、事前に十分な打合せをしておく必要があるということです。成年後見人等が「施設からの連絡が遅い」と言ったり、施設側から「成年後見人等からタイムリーに連絡がこない」といった声があがることには、緊急性の解釈の相違が原因としてあるのかもしれません。

3　成年後見人等としての適性と利益相反

　「施設職員が、当該施設入居者の成年後見人等になれるのか」「介護支援専門員が、担当している高齢者の成年後見人等になれるのか」といった質問がよく聞かれます。このようなことを考えるときには、たとえば社会福祉士として「どのような立場の人が、施設入居者や介護サービス利用者だけの利益

を考え、躊躇することなく、不当なケアに苦情が言え、改善等を訴える者としてふさわしいか」を検討する必要があるのではないでしょうか。

社団法人日本社会福祉士会編『成年後見実務マニュアル〔改訂〕――基礎からわかるQ&A』でも、「施設職員や介護支援専門員などのサービス提供者が、当該サービス利用者の成年後見人等になる場合は、利益相反になる」としています（15頁）。法人に勤務する職員は、その法人と雇用契約を結び、職務命令に従って職務を遂行していますから、当然に法人側の立場で利益を考え法律行為を行うことになります。たとえば、成年後見人等が介護支援専門員として立案した居宅サービス計画書に、誰が不平不満や疑問を呈するのか、ということを考えてみるとよいでしょう。

4　社会福祉士が成年後見人等として活動するということ

社会福祉士が成年後見人として活動することは、援助を必要とする人の生活と権利を擁護するという社会福祉士に与えられた役割（ミッション）を果たすことになります。また、後見活動を通じて、権利擁護に取り組む専門職としての資質の向上につながり、その結果として、支援対象者のみならず当該社会福祉士にとっても、その所属組織にとっても利益となるものです。

（小川　久美子）

第2部　法定後見

Q77　審判の告知・通知

先日、母親の成年後見の申立てをしました。後見が開始されるまでしばらくかかると言われましたが、どのように始まるのでしょうか。

解　説

1　成年後見は告知と確定によって始まる

　成年後見の開始にあたっては、調査官による面接調査が行われ（Q68参照）、原則として鑑定医等による鑑定を経て（Q56参照）、後見開始の要件を満たした場合に家庭裁判所が「本人について後見を開始する」等といった審判を行います（民法7条）。家庭裁判所による審判は、申立人に対して告知（本人に対して通知）されることになります（家事事件手続法122条・74条）。

　このように、成年後見は、家庭裁判所で審理され、審判が申立人等に告知されて当該審判が確定することによって始まることになります。最高裁判所が公表している統計では、後見開始審判の申立てから2カ月以内に終局したものが2013年では全体の約77.8％であるとの結果が公表されています（最高裁判所事務総局家庭局「成年後見関係事件の概況――平成25年1月～12月――」）。

2　後見開始の審判等

(1)　家事審判

　成年後見開始の審判をはじめとする家事審判事件は、非訟事件とされ、司法権の対象である「法律上の争訟」には含まれないと解されています。それゆえ、家庭裁判所が家事審判手続を行う根拠規定は、裁判所法31条の3第1項1号および家事事件手続法39条に求められます（梶村太一＝徳田和幸編『家事事件手続法〔第2版〕』349頁参照）。

　なお、2013年1月1日より、家事審判法が廃止され、家事事件手続法（平

成23年法律52号）が施行されています。

(2) **後見に関する審判の手続**

　家庭裁判所は、家事審判事項について、審理ないし調査をしていくことになります。

　具体的には、後見開始の審判にあたっては、成年被後見人となるべき者から、原則として、陳述を聴かなければならないとされています（家事事件手続法120条1項1号）。また、「明らかにその必要がないと認めるとき」以外は、成年被後見人となるべき者の精神の状況について鑑定をしなければ審判できないこととされています（同法119条1項）（詳細はQ68・Q56参照）。

(3) **審判の範囲**

　家庭裁判所が、審理の結果、後見開始の要件を充足していると判断した場合には、後見開始審判の申立てに対応して「本人について後見を開始する」という審判を行うことになります。後見開始等の審判を行うときは、職権で成年後見人等を選任する審判をもあわせて行うことになります（家事事件手続法別表第1の3項、民法843条・876条の2第1項・876条の7第1項）。

　また、補助開始の審判のケースで補助人に同意権・代理権を付与する場合には、①補助開始の審判、②補助人選任の審判のほかに、③被補助人が特定の法律行為を行うには、その補助人の同意を得ることを要する旨の審判（民法17条、家事事件手続法別表第1の37項）、④被補助人のために特定の行為について、補助人に代理権を付与する旨の審判（民法876条の9第1項、家事事件手続法別表第1の51項）を行う必要があります。

　上記に記載した同意権付与の審判、代理権付与の審判は、家庭裁判所が職権で審判するものではなく、家庭裁判所が付与事項を職権で付け加えることもできないと解されています。したがって、申立ての際に申立人が記載した同意または代理を要する具体的な事項について、本人の同意確認を行ったうえで家庭裁判所が判断していくことになります。

　なお、保佐についても、民法13条を拡張する同意権付与、代理権付与の申立てがなされた場合には、家庭裁判所が同じように同時に審判を行っていく

ことになります（新井誠ほか編『成年後見制度——法の理論と実務』73頁）。

3　審判の告知・通知

(1)　告知・通知の意義

　家庭裁判所の審判は、特別の定めがある場合を除き、①当事者、②利害関係参加人、③審判を受ける者に対して、相当と認める方法で告知しなければならないと規定されています（家事事件手続法74条）。告知は、審判を外部的に成立させるため、審判内容を当該関係者に了知させる裁判所の事実行為であるとされています。この告知には、審判内容を当事者に知らせる意義のみならず、審判の確定や不服申立ての即時抗告期間の基準となる点で重要な意味をもっています（Q78・Q79参照）。以下、後見開始の場合における告知の対象者について具体的に検討していきます。

(2)　審判を受ける本人に対する通知

　後見開始の審判を受ける当事者である本人は、後見開始について一番の利害関係を有する人物であり、後見開始に関する告知を真っ先に受けなければならない者ということができます。しかし、成年被後見人となるべき者については告知に関する家事事件手続法74条1項の規定が適用除外されており、成年被後見人については後見開始の審判を「通知」しなければならないと規定されています（家事事件手続法122条1項）。

　このように成年被後見人に対して審判を知らせる旨を「告知」という用語ではなく「通知」と区別した趣旨は、成年被後見人は「精神上の障害により事理を弁識する能力を欠く常況」にあると家庭裁判所が判断した者であり、成年被後見人となるべき者には審判を受領する能力がないことが多い点に配慮したものといえます。

　なお、旧家事審判規則26条2項にも同様の「通知」の規定が設けられていました。

(3) 申立人への告知

申立人は、手続を開始させる原因を発生させた者であり、当事者に該当することから、当然に審判が告知されることになります。

(4) 成年後見人等に選任される者に対する告知

成年後見人等に選任される者は、後見開始の審判等の確定と同時に成年後見人等の職務を開始しなければならない人物であり、成年後見人等に選任される者には、それぞれ審判を告知しなければならないと規定されています（家事事件手続法122条2項1号・131条1項1号・140条1項1号）。

(5) 4親等内の親族への告知

審判の告知の対象者は(1)で記載したとおり限定されており、審判の申立権者として定められている4親等内の親族全員に対して告知がなされることはありません。

この点、審判の申立権者は、即時抗告権をもっており（家事事件手続法123条・132条・141条）、即時抗告権をもつ4親等内の親族へ告知しなければ、即時抗告の機会を知ることすらできないことになってしまうように思われます。

しかし、一般的には、本人と関係ある親族等であれば、当然、本人の通知等から審判があったことを知ることができるので、即時抗告の機会が奪われるものではないと解されています（新井ほか・前掲書78頁）。

(野村　完)

第2部　法定後見

Q78　審判の確定

子どもの保佐人として私が候補者となって保佐開始の審判申立てをし、今日、保佐人として私を選任する審判書が届きました。すぐに保佐人としての仕事を始めればよいのでしょうか。

【解説】

1　審判は確定することによって効力を生じる

　保佐開始の審判は、審判を受ける者に告知し、確定することによって効力を生じます（家事事件手続法74条2項ただし書）。保佐開始の審判の場合、保佐人および被保佐人が審判の告知を受けた日のうち遅いほうの日から2週間（家事事件手続法86条）を経過すること（正確には当該期間に即時抗告がなされなかったこと）によって確定します。審判確定後すぐに保佐人としての仕事に着手できるように事前に準備しておくことは重要ですが、保佐人としての具体的な仕事を始めるのは保佐開始の審判が確定してからということになります。

2　審判の確定

(1)　家事事件手続法74条2項

　家事事件手続法74条2項は、「審判（申立てを却下する審判を除く。）は、特別の定めがある場合を除き、審判を受ける者（審判を受ける者が数人あるときは、そのうちの1人）に告知することによって効力を生ずる。ただし、即時抗告をすることができる審判は、確定しなければその効力を生じない」と規定しています。

　一般に、即時抗告をすることができる審判とは、家事事件手続法に即時抗告できる旨が規定された事件に限定されると解されています。たとえば、後

見監督人選任申立ての却下審判について即時抗告ができる旨の規定はありませんが、最高裁判所も、後見監督人選任申立ての却下審判に即時抗告できないことは憲法32条に反しない旨を判示しています（梶村太一＝徳田和幸編『家事事件手続法』398頁、最高裁昭和23年10月23日決定・家月9巻11号49頁）。

保佐開始の審判は、即時抗告をすることができる審判なので（家事事件手続法132条1号）、確定しなければその審判の効力は生じないことになります。なお、後見開始の審判や補助開始の審判も即時抗告できる審判なので（同法123条1号・141条1号）、同様に確定しなければ効力が生じないことになります。

(2) 審判の告知の方法

保佐開始の審判は、①当事者、②利害関係人、③審判を受ける者（家事事件手続法74条1項）以外に、④民法876条の2第1項の規定により保佐人に選任される者、⑤任意後見法10条3項の規定により終了する場合には当該任意後見契約に係る任意後見人および任意後見監督人に告知しなければならないと規定されています（家事事件手続法131条1号）。審判の告知には、告知時を起点として即時抗告期間が進行するという点で、手続上重要な意味があります。

具体的な審判の告知の方法としては、即時抗告をすることができる事件は審判書謄本を交付送達または特別送達することとされており、即時抗告をすることができない事件については、審判書謄本が普通郵便で送付されています（新井誠ほか編『成年後見制度――法の理論と実務』77頁）。

(3) 審判確定の時期

即時抗告できる審判が確定するのは、即時抗告期間が経過した時ということになります。したがって、即時抗告できる審判の確定時期については、原則として即時抗告期間、すなわち、即時抗告する者が審判の告知を受ける者である場合にはその者が告知を受けた日（初日不算入）、それ以外の場合には申立人が告知を受けた日（初日不算入）から2週間を経過するまでの間に即時抗告がなされなかった場合、審判が確定することになります（家事事件手

続法86条1項・2項)。

　この点、家事事件手続法では、本人の判断能力に配慮して、前記の一般原則を修正し、成年後見の即時抗告期間について次のとおり特別の規定を設けています。

① 後見開始審判に対する即時抗告の期間は、成年後見人に選任される者が審判の告知を受けた日(2以上あるときは、当該日のうち最も遅い日)から進行する(同法123条2項)。

② 保佐開始審判に対する即時抗告の期間は、被保佐人となるべき者が審判の告知を受けた日および保佐人に選任される者が審判の告知を受けた日のうち最も遅い日から進行する(同法132条2項)。

③ 補助開始審判に対する即時抗告の期間は、被補助人となるべき者が審判の告知を受けた日および補助人に選任される者が審判の告知を受けた日のうち最も遅い日から進行する(同法141条2項)。

　なお、即時抗告をすることができない審判は、審判を受ける者が告知を受けた時に確定することになります。

3　審判前の保全処分

　上記に記載したとおり、保佐開始の審判がなされても、告知がどの時点でなされるかによって、審判が確定するまでには相当な時間がかかることがあります。

　そのため、速やかに本人の財産管理をしなければならない事情があったり、ただちに本人の身上監護に着手しなければ本人に取り返しがつかない損害が生じるようなケースであれば、保佐開始等の審判の申立てにあたり、審判前の保全処分の申立て等を検討しておく必要があるといえます。

　審判の効力が生じるまでの間、審判前の保全処分の申立て等に基づき、家庭裁判所が財産管理者を選任するなどして、本人に損害が発生することを回避する手段をとっていくことになります(家事事件手続法106条・126条)。

　詳細についてはQ60以下を参照してください。　　　　　(野村　完)

Q79 不服申立て

父親の後見開始の審判申立てをしましたが、成年後見人候補者としていた私の妹ではなく、全く知らない弁護士が成年後見人に選任されてしまいました。納得できないのですが、これを変えることはできないのでしょうか。

【解説】

1 成年後見人の選任は家庭裁判所の職権事項

本人の成年後見人として誰を選任するかについては、家庭裁判所の職権に委ねられており、成年後見人の選任の審判には不服申立ての方法としての即時抗告ができないと解されています。そもそも後見開始の審判自体に不服がある場合には即時抗告を行うことができますが、成年後見人の選任に不服がある場合には即時抗告を行うことができません（なお、保佐人・補助人の選任に不服がある場合も同様に解されています）。この場合、原審判による成年後見人の選任を前提としつつ、さらに成年後見人としてあなたの妹を追加的に選任する申立てを別途行っていくこと（民法843条3項）は可能なので、成年後見人の追加的選任の申立てを検討する余地があります。ただし、裁判所が親族である成年後見人候補者ではなく専門職後見人1名を選任した事実に鑑みると、親族の追加的選任の申立てを認める可能性は高くないと思われます。

2 即時抗告

(1) 即時抗告ができる審判

家事事件手続法では、審判に対して不服がある場合には「特別の定めがある場合に限り」、即時抗告をすることができる旨が規定されています（同法85条1項）。このように審判に対する不服申立てを、原則として即時抗告で

行うべきとされた趣旨は、審判に対する不服申立ての期間に制限を設けないと審判がいつまで経っても不確定という状況が継続することになってしまうことから、法的安定性を確保しようとした点にあります。

　では、具体的にどのような審判に対して即時抗告を行うことができるのかということが問題になります。この点、即時抗告をすることができる審判とは、家事事件手続法に即時抗告できる旨が規定された事件に限定されると解されています。すなわち、後見開始の審判に関していえば、家事事件手続法123条に規定されている次の審判に対してのみ即時抗告をすることが可能ということになります。

① 後見開始の審判（家事事件手続法別表第1の1項）
② 後見開始の申立てを却下する審判（同1項）
③ 後見開始の審判の取消しの申立てを却下する審判（同2項）
④ 成年後見人の解任の審判（同5項）
⑤ 成年後見人の解任の申立てを却下する審判（同5項）
⑥ 成年後見監督人の解任の審判（同8項）
⑦ 成年後見監督人の解任の申立てを却下する審判（同8項）

　家事事件手続法では即時抗告を行う審判が限定されていることから、ご質問のケースである後見開始の審判に付随してなされる成年後見人の選任の審判（家事事件手続法別表第1の3項）については、即時抗告に関する規定が設けられておらず、即時抗告を行うことができないことになります。

　この点、即時抗告を認めないことが憲法32条に反しないか争われた判例がありますが、最高裁判所も、後見監督人選任申立ての却下審判に即時抗告できないことは憲法32条に反しない旨判示しています（梶村太市＝徳田和幸編『家事事件手続法』398頁、最高裁昭和23年10月23日決定・家月9巻11号49頁）。

(2) 成年後見人の選任審判に対する即時抗告に関する判例

　成年後見人等の選任の審判に対して即時抗告権はないと解されており、即時抗告権がないことについても複数の裁判例があります（①東京高裁平成12年9月8日決定・判時1732号86頁、②広島高裁岡山支部平成18年2月17日決定・

成年後見法研究7号160頁)。

(3) 即時抗告の起算日

即時抗告できる審判の確定時期については、原則として即時抗告期間、すなわち、原則として即時抗告する者が審判の告知を受ける者である場合にはその者が告知を受けた日(初日不算入)、それ以外の場合には申立人が告知を受けた日(初日不算入)から2週間を経過するまでの間に即時抗告がなされなかった場合、審判が確定することになります(家事事件手続法86条1項・2項)。

この点、家事事件手続法では、本人の判断能力に配慮して、前記の一般原則を修正し、成年後見の即時抗告期間について次のとおり特別の規定を設けています。

① 後見開始審判に対する即時抗告の期間は、成年後見人に選任される者が審判の告知を受けた日(2以上あるときは、当該日のうち最も遅い日)から進行する(同法123条2項)。

② 保佐開始審判に対する即時抗告の期間は、被保佐人となるべき者が審判の告知を受けた日および保佐人に選任される者が審判の告知を受けた日のうち最も遅い日から進行する(同法132条2項)。

③ 補助開始審判に対する即時抗告の期間は、被補助人となるべき者が審判の告知を受けた日および補助人に選任される者が審判の告知を受けた日のうち最も遅い日から進行する(同法141条2項)。

(4) 執行停止の効力

家事事件手続法では、審判に対する即時抗告は、一般に執行停止の効力を有しますが(同法74条2項ただし書)、審判前の保全処分を命ずる審判については同法74条2項ただし書が適用されていないことから(同法109条2項)、同審判に対する即時抗告の申立てには執行停止の効力がないと解されています(坂本正幸編『Q&A家事事件手続法の要点』37頁)。

3 特別抗告、許可抗告、再審

(1) 抗 告

　家事事件手続法では、①家事審判事件の高等裁判所の決定等に憲法の解釈の誤りがあることその他憲法の違反があることを理由とする特別抗告（同法94条1項）、②当該決定をした高等裁判所が許可したときの許可抗告（同法97条1項）を最高裁判所に対して行うことができる旨の明文規定が設けられました。

(2) 再 審

　家事事件手続法では、確定した審判その他の裁判（事件を完結するものに限る）に対して再審の申立てをすることが明文で定められました（同法103条1項）。

（野村　完）

第2章　後見等開始時の実務

1　事案の把握から後見計画の作成まで

Q80　事案の特性を把握するための方法

知的障害のあるＡさんの成年後見人に選任されました。まず、事案の詳細を調査したいと思います。その際、いつまでに、何を、どのように調べるのがよいのでしょうか。

【解　説】

1　家庭裁判所の事件記録の閲覧・謄写

(1)　本人の状況の把握の重要性

　成年後見人等は、本人であるＡさんの身上に配慮しながら、財産管理と身上監護の事務（後見事務）を行っていきます。成年後見制度の理念である本人の自己決定の尊重に十分に配慮し、判断能力が低下しても、あるいは障がいを有していても、その人らしい生活を送ることができるように本人を支援していくという姿勢が重要です。

　ですから、成年後見人等に選任されたら、本人の経歴や人となり、過去および現在の生活状況、財産の内容、親族や関係者の状況などについて、十分に把握しておく必要があります。本人に関する情報を踏まえたうえで、その事案に応じた支援方法を検討していかなくてはならないのです。

(2)　事件記録の閲覧・謄写

　後見等開始の審判の事件記録は、本人についての基本的な情報です。具体

的には、本人の住所、氏名、生年月日、年齢、略歴、病歴、家族および親族の状況、診断書、申立てが必要となった経緯などを把握することができます。

　成年後見人等に選任された者が、申立人であるか、申立て以前からAさんを支援していた場合には、申立関係書類あるいはその内容である本人に関する情報が、すでに手許にある場合もあるでしょう。しかし、その場合であっても、事件記録は、まとまった本人情報であるうえに、申立て後の調査官調査の結果や鑑定書、さらに裁判所の考えが記載されている場合もあります。ですから、記録を閲覧し、謄写して保管しておくことは非常に有益です。鑑定書については、謄写が許可されない取扱いも多いと思われますが、閲覧はできる場合が多いと思われます。

　成年後見人等に選任された者が申立人ではなく、それまでには本人とは何らの交流がない第三者である場合は、本人に関する情報は全くないわけですから、記録を閲覧のうえ、謄写して、基本情報として手許に置いておくことは必須といえます。

(3) 閲覧・謄写の方法

　家事審判記録の閲覧・謄写について、従前は、家事審判規則12条1項により「家庭裁判所は、事件の関係人の申立により、これを相当であると認めるときは、記録の閲覧若しくは謄写を許可」することができるとされていました。実際のところ、後見等開始の審判申立記録について、選任された成年後見人等が閲覧・謄写申請をした際は、ほとんどの場合で閲覧はすべて認められ、謄写については鑑定書以外を認める扱いであったと思われます。

　一方、2013年1月から施行された家事事件手続法においては、「当事者」については、記録は開示することが原則とされ（家事事件手続法47条1項・3項）、不許可とすることができる場合が列挙されています（同条4項）。また、「利害関係を疎明した第三者」からの記録開示請求については、「相当と認めるときは」「許可することができる」（同条5項）とされています。ほかには、開示申立てを却下した裁判に対しては、これまでは不服申立てが認められていませんでしたが、家事事件手続法では即時抗告ができることとなりました

（同条 8 項）。

「当事者」が誰かについては、事件単位に考えられています。後見等開始審判事件においては、「当事者」は申立人のみであり、選任された成年後見人等も「当事者」ではありません。また後見等開始審判事件は、後見等開始と成年後見人等選任の審判により終了します。したがって、選任された成年後見人等が、後見等開始審判事件の記録の閲覧・謄写を請求するのは、当事者としてではなく利害関係人としてということになり、家事事件手続法47条5項により「相当と認めるときは」許可されることになります。

このように、家事事件手続法において、記録の開示が強化される方向に変更されましたが、選任された成年後見人等が後見等開始審判事件の記録の閲覧・謄写を請求する場合については、従前の取扱いと異なるところはありません。

2 本人および関係者などからの情報収集

(1) 本人との面会

前記のとおり、事件記録から、本人の一定の情報を得ることができるわけですが、何といっても本人と会って、話をし、自らの目と耳と感性で、本人の人となり、考え方、生活状況などの現状を把握することも必要かつ重要です。

(2) 申立人

後見等開始の審判の申立権は、4親等内の親族、検察官、市町村長にあります。

申立人は、本人について成年後見人等の選任が必要と判断した人であり、審判申立てに至った経緯や現状での課題を最もよく知る人です。また、本人の生い立ちやこれまでの生活状況、さらには個人的嗜好や今後の希望などについても、一番詳しい場合がほとんどです。

今後、成年後見人等として、その職務を遂行していくうえで、申立人に協力を仰ぐことも出てくることがあるのが通常です。

ですから、申立人には必ず話を聞くことが必要です。その際には、今後の協力関係を築いていく第一歩とするという意識をもって臨みましょう。

(2) 福祉関係者・主治医

知的障害者であれば、それまでに行政の障害福祉課の支援を受けていたり、主治医がいる場合も多いので、それらの人の話を聞くことで、本人の客観的な状況の把握に役立ちます。これまでの経過や現状、本人との接し方などについての意見を聞くこともできます。

本人と信頼関係を築くとともに、今後の方針を検討するのに重要な情報が得られます。

3 各情報を収集する時期

(1) 記録謄写と申立人との面会

記録の閲覧・謄写は、審判確定後すぐにするべきです。

そのうえで、最初に会うべき人が誰であるかは、事案により異なりますが、申立人であることが多いと思われます。

(2) 本人との面会の時期と方法

前記のごとく、成年後見制度は本人の権利擁護の制度ですから、本人の現状を把握するために、本人に会うことは不可欠です。

他方、本人は判断能力を欠くまたは不十分な状態にあるのであり、単に面談をするだけでは、真の姿を捉えられない場合も多々あります。また、本人からしても、成年後見人等が親族ではなく第三者である場合、全く知らない人が会いに来て話しかけると、いたずらに不安を与えるなどの悪影響を与えるおそれも考えられます。

そうした場合には、ケースによってさまざまですが、本人を最もよく知る申立人と連絡をとり、本人との面会についても準備することが適切なケースが多いでしょう。

本人に面会する際も、最初は申立人と一緒に会うほうが、本人との意思疎通もスムーズであることが多いと思います。

(3) **福祉関係者等**

このようにして本人の現状を一定程度把握してから、周囲の福祉関係者、主治医などと面談の機会をもつことで、本人に関する情報を豊かにしていくことができます。

4　ネットワークで本人を支える

そうした面会を通じて、それらの周囲の人との信頼関係をつくり、今後も折に触れて協力し合える関係を構築していくことが大切です。

成年後見人等だけでは、本人の生活は支えきれません。また、成年後見人等は、その後の後見事務を遂行するにあたっては、「成年被後見人の意思を尊重し、かつ、その心身の状態及び生活の状況に配慮しなければならない」（民法858条：身上配慮義務）とされています。

本人を中心にして、成年後見人等、親族、福祉関係者、主治医などの医療関係者がネットワークをつくり、皆で本人を支えていくことが本人の利益になります。

そうした関係がつくれるように、本人の立場に立って、情報収集することが求められているのです。

（土肥　尚子）

第2部　法定後見

Q81　本人へ面会する際に気を付けること

　成年後見人に就任して、初めて本人に面会することになりました。どのような点に気をつければよいでしょうか。

解説

1　「対等な立場」での信頼関係の構築

　まず、当然のこととして、本人と成年後見人等は互いに1人の人格をもった「人間」として対等な立場である、ということをあらためて認識することが必要です。

　そのうえで、全般的な留意点としては、以下のことが重要です。

(1)　**本人および親族や関係者との関係のとり方**

　本人のみと面会するということはまれであり、親族や関係者などが同席する場合がほとんどであると思われます。成年後見人等には、本人はもちろんのこと、同席している親族や関係者にも信頼感を与えるような受け答えが求められます。

(2)　**時間や精神状態にゆとりをもつ**

　初めて本人や親族・関係者と会う場合、予期せぬ言動に遭遇することがあります。慌てずに余裕をもった対応ができるよう、面会の時間設定や、自分自身の精神状態にも気をつけましょう。

(3)　**本人のペースに合わせる**

　同席している親族や関係者が質問に対して答えてしまったり、本人を無視して意見を述べたりする、ということが起こる場合もあります。そのようなときには、関係者のペースに巻き込まれないよう、本人に対して話しかけたり、確認するようにし、本人のペースに合わせるようにします。状況に応じて、別途、親族や関係者のみとの面談の場を設定することも必要になります。

(4) コミュニケーションのとり方に工夫をする

　重度の障がいや認知症などにより、コミュニケーションをとることが困難な場合は、コミュニケーション確保のための手段や、本人の意思の確認のための方法を検討します。たとえば、本人とのコミュニケーションのとり方を家族や支援者に確認することはもちろん、それらの人々に「通訳」を依頼することも考えられます。ただし、その場合のコミュニケーションには、本人の意思の上に、依頼された人の主観が多少なりとものせられていることに留意が必要です。

2　成年後見人等である自分の職務内容の説明

　初めての面会の場面では、自らの職務内容の細かい説明まですることは困難かもしれません。徐々に本人との信頼関係を構築しながら、また、さまざまな実務に対応しながら、その都度、本人が理解できるように説明し、確認していくことを繰り返すことが大事です。

　本人は、成年後見人等について、親族や関係者から説明を聞いている場合もあります。たとえば、「難しいことを自分の代わりにやってくれる人」「通帳を預かって、定期的にお金をもってきてくれる人」「これからのことを何でも相談できる人」等々。こういった説明を、本人がどのように受け止めているかの確認も大事です。

　あるいは、全くわからないのではないか、と思わされる状況があるかもしれません。しかし、成年後見人等として大事なことは、まず本人をありのままに受け止め、共感する姿勢を保つことです。そして、どのような重度の障がいをもっていたとしても、本人には、理解し、判断し、自己決定できる力があるのだ、という確信をもって対応していくことが求められます。そして、成年後見人がそのように受け止めているということを、本人が本人なりに理解できるような方法で伝えることが、初めての面会の場面では重要なこととなります。

　成年後見人等として後見事務を遂行するうえで、本人を能力の不十分な人

であると捉えるのではなく、働きかけを工夫することによって成年後見人等が行う事務の内容を理解し得る能力や可能性をもった存在であると捉え、そのようなスタンスで本人と面会する、そのことを本人に伝えていくということが最も重要なのです。

3 本人の状況に応じた面接時の配慮

本人は、疾病や症状の変化などによって理解のできる内容や時期、段階などが異なります。したがって、成年後見人等は、本人の特性を把握し、親族や関係者の協力も得ながら、どのような時間帯でどのような場所でどのような状況で、初めての面会の場を設定するのが望ましいか、配慮が必要です。

(1) 認知症高齢者への配慮

認知症高齢者に対しては、獲得されたものが失われている部分があるという状態に配慮する必要があります。認知症高齢者は、身近な人や職業などに限らず、自らの能力の喪失も体験しています。成年後見が本人の能力を活用したうえでの支援である以上、喪失した能力に触れないわけにはいきませんが、「できません」という答えが想定できるような質問を重ねていくのではなく、できることや、実際に今していることを確認できるような質問を心がけましょう。一般的には、本人は成年後見人等よりも年長であり、さまざまな社会生活を経てまた人であるということに対して、尊敬の念をもち、本人のプライドを損なわないようなかかわりが求められます。

(2) 知的障害者への配慮

知的障害者は、私たちが考えている以上に、いわゆる通常の経験が不足していたり、社会から精神的なダメージを負っている可能性があることに配慮する必要があります。長い間社会や家族の保護のもとで生活をしてきた人が多いのも事実であり、そのため、一般的な社会参加や対人関係の経験に欠けることがあります。お互い同じ言葉を使いながら、全く異なる意味で使っていることもありますから、成年後見人等としての説明がどの程度理解できているかについて、たとえ話や言い換えによって多面的に本人の理解力や意思

を確認する配慮が求められます。また、本人の自己決定をどう支えていくのかといった生活全体を見渡す視点や姿勢が求められ、親族やすでに援助にかかわっている関係機関との連携を念頭におきながら面談を進めていく必要があります。

(3) 精神障害者への配慮

　精神障害者に対しては、病態の変化の大きさと、社会の偏見からの強い精神的ダメージを負っていることに配慮が必要です。精神的な波が大きく、好調時には自ら自立した生活を送ることができるがゆえに、不調時の苦しみの大きさに十分共感することが求められます。医療的な援助を必要としている人が多く、医療機関の福祉専門職や当事者団体の援助者、ピアカウンセラー（同じ障がいをもつ仲間が、仲間の相談に乗ることで、その人自身がその課題を克服できるよう支援する人のこと）との連携が特に重要です。

　知的・精神障害者の場合、介護保険サービスを受けながら生活をしている認知症高齢者と比較すると、制度の未成熟や社会資源の不足から、日常生活を支える支援者が不十分である場合が少なくありません。成年後見人等としては、日常的な見守りを関係者と協働してどのように行うのかということはもちろん、制度や社会資源の充実に向けて社会へ発信していく役割も期待されています。

　　　　　　　　　　　　　　　　　　　　　　　　　　　（星野　美子）

第2部　法定後見

Q82　親族が本人への面会を妨げる場合

成年後見人に就任し、本人に面会しようと親族に連絡をしたのですが、親族が妨害して会わせてくれません。どうしたらよいでしょうか。

解説

1　ネットワークを把握し情報収集を行う

　本人は現在、どのような状況で生活を送っているのでしょうか。自宅で親族と同居しているのでしょうか。施設や病院に入所・入院しているのでしょうか。仮に、自宅で親族と同居している場合は、在宅で何らかの福祉・保健・医療サービスを受けていますか。その場合、親族以外に本人とかかわっている専門機関の専門職がいると思われます。まず、これらの本人にかかわるネットワークを把握することから始めてみてください。

　成年後見人に就任し、親族に連絡をとったとのことですので、少なくとも、その前段階で、家庭裁判所において、申立関係書類を閲覧していると思われます（Q80参照）。そこから、本人にかかわるネットワークを知り、支援者のキーパーソンがいれば、その人から情報を収集したり、本人や親族へのアプローチの方法を相談することができます。

2　親族が本人との面会を拒否する理由を確認する

　本人が在宅で生活しており、かかわっている支援者がおらず、親族以外のキーパーソンが存在しない事案で、親族が関係機関に「成年後見人との面会を許可しない」などと言っている場合には、成年後見人が親族の意向に反して自宅に立ち入り面会するということは難しいでしょう。

　この場合、まず、親族がなぜ本人と成年後見人との面会を拒否するのか、理由を確認する必要があります。申立てのときに成年後見人候補者として親

族を推薦していたのに、親族ではなく第三者のあなたが成年後見人として選任されたことについて、不満があるのかもしれません。あるいは、単純に、成年後見人の役割や責務を理解していないために、成年後見人が本人と面会をする必要はない、と思い込んでいるのかもしれません。いずれにしても、親族がどのように考えているのか、本人との面会を果たす前に、親族のみと面談をする場を設けることを検討したほうがよいでしょう。本人との面会を拒否する理由がわかることで、対応方法を検討することができます。また、実際に会って話を聞き、こちらからも丁寧に説明をすることで、妥協点が見出せる可能性は高いと思われます。

　本人が施設や病院等に入所・入院している場合、施設側から、（本人の状態が不安定で面会ができないのではなく）親族が許可をしないので本人との面談はできない、と言われたのであれば、在宅の場合と同様に、親族が拒否する理由を確認する必要があります。ただし、基本的に、本人側に支障がない場合には、成年後見人は本人と面会をすることについて、親族の許可を必要とするものではないことを施設側に説明する必要があるでしょう。

3　家庭裁判所へ報告し、対応方法を検討する

　上記のように、親族への面談を申し入れた結果、その申入れも拒否された場合や、面談はできたけれど親族側の主張ばかりで成年後見人としての説明を聞き入れてもらえず、妥協点を見出せない場合は、速やかに家庭裁判所へ報告する必要があります。審判が確定した以上、成年後見人としての権限と責務は発生しているにもかかわらず、本人のために必要な事務を行っていくにあたり本人と面会できないということは、身上監護はもとより財産管理上も、適正な事務を遂行できないおそれが生じているからです。

　親族の言い分から、たとえば、成年後見等監督人選任や複数後見、場合によっては自身が成年後見人を継続していくことが妥当かどうかについて、成年後見人として意見をまとめ、家庭裁判所へ上申書を提出し、協議の場を設けるよう促す必要があります。

（星野　美子）

第2部 法定後見

Q83 財産の調査、財産目録の作成、家庭裁判所への報告

成年後見人に選任され、家庭裁判所から、最初に、本人の財産を調査し、財産目録を作成して提出するようにと言われました。どのようにして調査や目録の作成をすればよいでしょうか。

解 説

1 1カ月以内の調査・作成

後見人は、遅滞なく被後見人の財産の調査に着手し、1カ月以内に、その調査を終わり、財産目録を作成しなければならないと定められています（民法853条）。そして、後見監督人が選任されているときは、その立会いをもって財産の調査・目録の作成をしなければ、その効力を生じないと規定されています（同法853条2項）。

この1カ月というのは、成年後見人に就任した日からではなく調査に着手した日からといわれていますが（於保不二雄＝中川淳編『新版注釈民法(25)親族(5)〔改訂版〕』384頁）、実務では、成年後見人に選任されると、裁判所より後見開始の審判書とともに、財産目録および年間収支予定表を所定の期日までに提出するように指示する内容の書面（指示書）が届きます。後見開始の申立書に添付された財産目録が同封されていれば、これを参考としながら初回の財産目録を作成することとなりますが、同封されていない場合には、審判確定後に、家庭裁判所に後見開始審判申立てに関する記録の謄写を申請して、申立書に添付された財産目録を入手します。

2 保佐人や補助人の場合

保佐人や補助人の場合、民法853条を準用する規定は置かれていませんが、

民法863条１項が「後見監督人又は家庭裁判所は、いつでも、後見人に対し後見の事務の報告若しくは財産の目録の提出を求め」ることができることを規定し、同条は保佐人・補助人について準用されています（同法876条の５・876条の10）。そして、財産管理に関する代理権が付与された保佐人・補助人に対しては、家庭裁判所より送付されてくる補助・保佐開始の審判書とともに、財産目録および年間収支予定表を所定の期日までに提出するよう指示する内容の書面が届くことが通常です。このため、財産管理に関する代理権を付与された保佐人・補助人は、成年後見人の場合と同様、財産目録を作成することとなります。

3　財産の調査

後見開始審判申立書に添付された財産目録等の資料以外にも、成年後見人の親族やケアマネジャー等からの聴き取り、成年被後見人の自宅内の書類や郵便物等から調査する方法があります。金融機関・保険会社・証券会社等と取引のあることが判明した場合には、通帳や証券類が存在していても、名寄せ（同一金融機関内に同一顧客が保有する複数の口座を、同一顧客の複数口座として「一元管理」する手続）や残高証明書を入手する等の方法により新たな財産が判明することもあります。

自宅内の金庫や貸金庫がある場合、金庫内に重要な財産に関する書類や貴金属を保管していることがあるので、金庫内を確認したうえで財産目録を作成していくこととなります。ただし、金庫を開ける場合には第三者の立会いを求めることが望ましいといえます。

確定申告書や源泉徴収票も財産の確認に有効な書類となります。たとえば、確定申告書に賃料収入があれば自宅以外の賃貸用不動産の存在が、源泉徴収票に保険料控除があれば保険契約の存在が推測されます。

複数の不動産を保有している可能性がある場合は、市役所納税課で所有不動産の固定資産課税台帳（土地家屋名寄帳）の交付を受けることも考えられます。

最近では、預金取引や証券取引をインターネットで行うことが一般的となってきたため、今後は、本人の利用していたインターネットのアクセス記録等からネット銀行・ネット証券に照会すべき案件も出てくると思われます。

　さらに、本人が、後見相当の状態となった原因に、医療過誤、交通事故等の原因がある場合には、損害賠償請求権の行使を検討することも記載します。

4　負　債

　財産目録には負債も記載する必要があります。借地契約や保険契約がある場合には、地代や保険料の未払いの有無についても確認し、未払いがあれば負債として記載します。地代や保険料の未払いがある場合、財産目録作成前でも、「急迫の必要がある行為」（民法854条）として、未払いの地代等を支払うべき場合もあるでしょう。

　また、成年後見人が後見開始以前に本人のために立て替えた医療費・介護費等がある場合、この立替払金は負債となり、成年後見人が本人に対して債権をもっていることとなります。成年後見監督人があるときは、成年後見人が成年被後見人に対して債権を有し債務を負う場合には、財産の調査に着手する前に成年後見監督人に申し出なければなりません（民法855条1項）。成年後見監督人が選任されているにもかかわらず、成年後見人が本人に対して債権を有していることを知っていながら、これを成年後見監督人に申し出ないときは、成年後見人は債権を失ってしまうので（同法855条2項）、注意してください。

5　財産目録の作成方法

　裁判所より送付された財産目録の用紙に手書きで記入することも可能ですが、家庭裁判所のウェブサイトにアクセスすることにより、財産目録用紙のデータを入手することもできます。

　成年後見人に選任された際に送付されてきた書面に、財産目録に添付すべき書類（預金通帳の記帳部分、登記事項証明書、証券等の各コピー等）も指示さ

れているので、指示された書類を準備します。

6　期間伸長の申立て

　現在、東京家庭裁判所等では、選任から1カ月以上後の期日を指定して財産目録・収支予定表の提出を求める運用となっています。ただし、同期日までに財産調査を終えることが困難な場合には、法定期間の伸長が可能（民法853条1項ただし書）なので、家庭裁判所に期間伸長の申立てを行ってください。

　なお、期間までに財産目録の提出が困難なときは家庭裁判所に相談するよう前記1の指示書に記載されていることが多いので、まず指示書に記載されている担当者宛に連絡することが通常です。

（井上　直子）

第2部　法定後見

Q84　後見計画・年間収支予定表の作成

認知症で在宅生活をしているAさん（65歳）の成年後見人となりました。Aさんは要介護3です。預貯金は1000万円ほどで、年金収入は1カ月あたり12万円ほどです。これから、後見の方針と年間収支予定表を作っていこうと思いますが、注意する点を教えてください。

解説

1　後見予算の作成

　成年後見人は、就職の初めにおいて、被後見人の生活、療養看護、財産管理のために毎年費やすべき金額を予定しなければならないと規定されています（民法861条1項）。

　後見事務を行うために、収支の予定を立てることを「後見予算の作成」ということがあります。

　成年後見人等は、成年被後見人等の財産状況を踏まえ、これまでの生活状況や希望に配慮して、どのような身上監護のあり方が適正であるかを検討し、収支予定を作成することとなります。

2　家庭裁判所の指示

　実務では、成年後見人等に選任されると、裁判所より、後見開始の審判書とともに、財産目録および年間の収支予定表を所定の期日までに提出するように指示する内容の書面が届きます。後見開始審判の申立書に添付された収支報告書（通常は2カ月分）が同封されていれば、これを参考としながら収支予定表を作成することとなりますが、同封されていない場合には、審判確定後に家庭裁判所で後見開始審判申立記録の謄写を申請して、申立書に添付された収支報告書を入手します。多くの場合、申立て時に近接した2カ月間

の収支が記載されていますが、これ以外の収入や支出についても検討する必要があります。

3　収入・支出の検討方法

(1) 収　入

　ご質問のケースでは、年金収入が1カ月あたり12万円となっているので、年金支払通知書や年金振込口座を確認のうえ受領できる年金見込額を記載します。さらに、成年被後見人等が高額医療費や高額介護サービス費等の給付金を受給している場合には、高額医療費や高額介護サービス費の受給見込額を記載します。また、通帳に株式や投資信託等の配当金が振り込まれている、郵便物に証券会社からの通知書や株主総会招集通知書が存在する等の事実から、株式や投資信託の配当金を受領していることが判明した場合、配当金も収入として記載します。株式の配当金が口座振込となっていない場合には、配当金の受領を口座振込とする手続を行えば、配当金の受領を失念するおそれがなくなり、その後の財産管理が容易となるでしょう。

(2) 支出の検討

　支出の予定を立てる際には、通帳の履歴等に照らし、これまでの生活が収入の範囲内で可能であったのか、預貯金を切り崩してきたのかを確認します。同時に、成年被後見人等の、住居費（賃料、マンション管理費等）、療養費（施設利用料金、医療費）、生活費（水光熱費、食費等）、税金（固定資産税等）、保険料（健康保険、介護保険、火災保険等）等の支出を各種領収書や通帳の履歴から確認し、成年被後見人等の生活に必要な年間の支出を計算します。賃料・税金・施設利用料金等の支出については、年金振込口座等の収入が入金される銀行口座から自動引落しとする手続をとれば、支払いが確実となり、財産管理が容易となります。

4　年間支出見込額が年間収入見込額を超える場合

　年間の支出見込額が収入見込額を超える場合、ご質問のように1000万円の

預貯金が存在するときは、当面は預貯金の切り崩しで対応することが可能です。しかし、成年被後見人等の預貯金等が乏しいときには、このような対応ができないこともあります。また、数年間は預貯金の切り崩しで対応可能であっても、預貯金が減少した後は成年被後見人等の生活に必要な支出額が確保できない可能性が出てくる案件もあると思われます。

このような場合には、成年被後見人等に預貯金以外の財産（不動産等の財産）があれば財産の活用・処分を検討することとなります。また、預貯金以外の財産が存在しない場合には、将来的には生活保護申請等を検討することもあるでしょう。これらの対応方法は、収支予定表には将来的な検討課題として付記することとなります。

5 関係者からの意見聴取

収支予定を立てる際には、成年被後見人等や親族、ケアマネジャー等の関係者と面接・協議する等の方法により、適切な身上監護の実現に努めるようにします。

ご質問の場合、成年被後見人等は要介護3の状態ですが、今後、さらに要介護度が上がることも考えられます。成年被後見人等が後見等開始時には自宅に居住している事案では、将来的には施設に入所する可能性もあると思われます。このため、収支予定を立てる際には、身上監護の方法が変更となる場合に必要となる費用も念頭に置くべきことに注意する必要があります。

6 収入の増加、支出の減少の可能性の検討

成年被後見人等が医療費や介護利用料金を支払っているにもかかわらず、高額療養費や高額介護サービス費等の給付金を受領していない場合には、受給のための申請手続が行われておらず給付金を受領できていない可能性があります。このため、まず、受給のための申請手続がとられているか否かを加入する医療保険（健康保険組合、市町村国民健康保険、後期高齢者医療制度など）に確認し、申請により受給できる場合には必要な手続を行うこととなり

ます。

　また、障害者手帳の交付を受ける条件を満たしているにもかかわらず、交付申請を行っていない場合には、申請手続を検討しましょう。身体障害者手帳については、区市町村の障害福祉相当窓口（区市の福祉事務所、町村の身体障害者福祉担当課）が、精神障害者保健福祉手帳については、区市町村の担当窓口（特別地域は保健所・保健センター等、市町村地域は市役所・町村役場障害者担当福祉主管課等）が相談窓口となります。国民年金法の障害等級1級または2級に該当すれば65歳未満の方でも、障害基礎年金を受け取れる可能性がありますし、障害基礎年金を受給できない場合でも、認定を受けることにより、医療費や各種福祉サービスの優遇等があり支出が減少することもあります。

　収支予定表の作成にあたり、収入の増加・支出の減少の可能性を検討し、手続をとれば得られる可能性がある収入があれば、収支予定表の備考欄に「手続検討中」等の記載を行うとよいでしょう。

（井上　直子）

第2部　法定後見

Q85　行政機関への届出

知的障害者のAさんの成年後見人に選任されました。成年後見人となったことを行政機関に届け出る必要があると思いますが、どこに届ければよいのでしょうか。

解説

1　届出の必要性

障がい者や高齢者は、保険や年金等さまざまな行政サービスを受けている場合が多いため、そのような人たちの成年後見人等に選任された場合には、本人（成年被後見人等）が被保険者として適切な行政サービスを受けられるようにするために、各種通知や手続書類等が成年後見人等に送付されるよう、行政機関の担当部署に届出をする必要があります。

2　社会保険関係

⑴　介護保険

(A)　介護保険とは

介護保険は、介護保険法に基づき、市町村の区域内に住所を有する65歳以上の者等を被保険者として（同法9条）、その要介護状態または要支援状態に関し介護給付を行う、市町村・特別区を保険者とする制度（同法2条1項・3条）です。

知的障害者の場合も、65歳以上の者および40歳以上65歳未満の医療保険加入者は介護保険法に基づく給付を受けられますが、障害者総合支援法に基づく自立支援給付（例として、介護給付費、訓練等給付費、サービス利用計画作成費、高額障害福祉サービス費、療養介護医療費、補装具費等がある（同法6条））と介護保険制度等との適用関係（同法7条）について厚生労働省から通知が

出されていますので確認が必要です（「障害者自立支援法に基づく自立支援給付と介護保険制度との適用関係等について」平成19年3月28日付障企発第0328002号、障障発第0328002号）。

　(B)　届出窓口

　上記のとおり、介護保険は市区町村等を保険者とする制度であるため、各市区町村の役所が窓口になります（福祉課や介護保険課等）。Aさんが介護認定を受けている場合は、Aさんの住所地の市区町村の役所における上記窓口で、市区町村長宛てに「介護保険関連通知送付先変更申請書」等の届出をすることになります（書式は各市区町村窓口に備え置かれており、ウェブサイト等からダウンロードが可能な自治体もあります）。

(2)　後期高齢者医療保険

　(A)　後期高齢者医療保険とは

　後期高齢者医療保険制度は、2006年の老人保健法改正により、それまで実施されていた老人保健制度が改められたもので、都道府県のすべての市町村が加入する「広域連合」を保険者とし、この広域連合の区域内に住所を有する75歳以上の者と一定の障がいのある65歳以上の者を被保険者とする医療保険です（高齢者の医療の確保に関する法律47条・48条・50条）。

　(B)　届出窓口

　上記のとおり、高齢者医療保険は広域連合を保険者とする制度ですが、各市区町村がこれに加入しているため、各市区町村の役所が窓口になります（高齢者医療課や国保年金課等）。Aさんが後期高齢者医療保険の被保険者である場合、Aさんの住所地の市区町村の役所の上記窓口で、市区町村長および当該地区の後期高齢者医療広域連合長宛てに「後期高齢者医療に関する送付物の送付先変更依頼書」等の届出をすることになります（書式は各市区町村窓口に備え置かれており、ウェブサイト等からダウンロードが可能な自治体もあります）。

(3)　国民健康保険

　国民健康保険は、健康保険や各共済組合等の職域保険に加入していない自

営業者等を対象にした、国民健康保険法に基づく社会保険制度です。市区町村が保険者となり（国民健康保険法3条1項）、適用除外者以外の区域内の住民を被保険者として保険給付を行うことを原則とするものです（同法5条・6条）。介護保険や後期高齢者医療保険と同様に、各市区町村の役所が窓口（国保年金課等）になります。なお、国民健康保険組合（同法3条2項・13条）によるものについては各組合のウェブサイトで窓口を調べる必要があります。

3　療育手帳（愛の手帳）

(1)　概　要

療育手帳（愛の手帳）とは、知的障害者に交付される手帳のことです。自治体の交付要綱等（「東京都愛の手帳交付要綱」等）で定められている判定基準に該当する者に、障がいの程度によって1度から4度の区分で交付され、この手帳を持つことで、各種の手当てや制度を活用することができます。

(2)　知的障害者の保護者

知的障害者の成年後見人は、その者の保護者になります（知的障害者福祉法15条の2第1項参照）。Aさんが療育手帳（愛の手帳）の交付を受けている場合、成年後見人の選任により保護者が変更されることになるため、変更手続をする必要があります。

(3)　窓　口

Aさんの住んでいる地区の福祉事務所が窓口となります。

4　税金関係

(1)　成年後見人と申告義務

成年後見人は、本人が納税義務を負う場合、本人の法定代理人として当然に本人の納税処理を行う必要があります。しかし、税法上には成年後見人の規定がないため、所得税の申告について、実務上は、「納税管理人」として届出をするという取扱いがなされています。

納税管理人とは、個人である納税者が日本国内に住所または居所をもたず、

あるいは外国法人である納税者が日本国内に事務所および事業所をもたない場合に、納税者に選任されて、申告書の提出、更正通知者の受領、還付金の受領等その納税者が処理するものとされている国税に関する事項の処理を委任された代理人（国税通則法117条1項）をいいます。

納税管理人の届出を提出することにより、納税通知や申告書等の送付を成年後見人の住所地で受けられるようになります。住民税の場合は、所得税と同様に納税管理人の届出の方法で対応しているところと、それ以外の方法（納付書等の送付先の届出書等を提出する方法等）で対応しているところがあるようです。各自治体に確認してください。

(2) 窓　口

所得税の場合は、Aさんの納税地を所轄する税務署長宛てに「所得税・消費税の納税管理人の届出書」を提出します（国税庁ウェブサイトでダウンロードできます〈http://www.nta.go.jp/tetsuzuki/shinsei/annai/shinkoku/pdf/07.pdf〉）。窓口は、Aさんの住所地の税務署となります。

住民税の場合は、Aさんの住所地の市区町村長宛てに「納税管理人届出書」を提出する場合と（地方税法300条等）、「送付先届書」等のような形式のものを出す場合等さまざまな方法がありますので、各市区町村の役所の税務課等で確認してください。

5　年金関係

(1) 公的年金

公的年金とは、国等が主体となって社会保険方式で運営される年金制度で、国民年金、厚生年金、共済年金があります。障害年金には、国民年金に加入している場合（障害基礎年金）と、厚生年金に加入している場合（障害厚生年金）があります。また、国民年金に加入していなかった場合でも、一定の事由のある場合に給付を受けることができる特別障害給付制度があります。

(2) 窓　口

公的年金に関する通知や手続書類等が成年後見人に送付されるように手続

をする場合、窓口は、各地域の年金事務所になります。年金事務所に「年金受給権者通知書等送付先・支払機関・口座名義変更申出書（成年後見人用）」を提出します。書式は年金事務所窓口に備え置いてあります（日本年金機構のウェブサイト〈http://www.nenkin.go.jp/n/www/sinsei/index 4 .html〉にも書式が掲載されています）。郵送の場合は、年金事務所か日本年金機構のコールセンターへ架電し、送付を依頼することで取り寄せが可能です。

6 手続の際に必要なもの

上記の手続にはいずれも、各行政機関所定の届出書等の他に、成年後見登記事項証明書の原本もしくは写しが必要です（郵送の場合は写しでよいという場合が多いようです。念のため担当窓口に確認してください）。また、公的年金の年金受給権者通知書等送付先や支払機関・口座名義を変更する場合には、成年後見人の印鑑が必要な場合もあります。

（瀬谷　ひろみ）

Q86 金融機関への届出

認知症のAさんの成年後見人に選任されました。家庭裁判所から、成年後見人となったことを金融機関に届け出るようにと言われました。届出をする際に注意することがあれば教えてください。

解説

1 金融機関への届出の意義

(1) 届出の必要性

金融機関に口座をもっている本人について成年後見等が開始した場合、金融機関としては、成年被後見人等について成年後見等が開始したことを明確にするとともに、成年後見人等との取引をするにあたり、その資格や届出印等を確認する必要があります。このため、金融機関は、成年後見人等に対して、成年後見等が開始したことについて届出をすることを、預金規定や約款等により求めています。また、金融機関に対して届出をすることは、成年後見人等にとっても、成年後見人等が法定代理権を有していて（補助・保佐の場合には代理権付与の審判が必要）その法定代理権に基づいて金融機関と取引をすること、および成年被後見人等の行為は取り消し得るものとなること（補助の場合には同意権付与の審判が必要）を金融機関に知らせることにより、金融機関との間で無用のトラブルを避ける意味があります。

このため、成年被後見人等となった本人が郵便局や銀行等に預貯金を持っている場合には、成年後見人等は、速やかに、金融機関に対して、成年後見等の開始を届け出る必要があります。

(2) 届出に必要な書類

届出をするには、各金融機関が用意している届出書（「成年後見制度に関する届出書」等の名称です）がありますので、必要事項を記入して金融機関に

提出することになります。〈図6〉は、全国銀行協会が作成した「成年後見制度に関する届出書（例）」です。

届出の際の添付資料は、法務局の発行する成年後見登記事項証明書です。ただ、この登記事項証明書は、成年後見開始の審判が確定した後に裁判所書記官が法務局に嘱託をして登記がされてから交付を受けることが可能になるものですので、審判確定から登記事項証明書の交付を受けられるようになるまでの間、少しの時間差があります。このため、財産管理に直ちに着手する必要がある場合など、金融機関に急いで届出をする必要がある場合には、後見開始の審判書および審判の確定証明書をもって、登記事項証明書に代替することになります。

また、多くの金融機関が、届出の際、届出書に成年後見人等の実印を押印することとおよび印鑑登録証明書の添付を求めています。

(3) **口座名義**

届出により、預貯金口座の名義が変わることもあります。変更となる場合には、成年後見人の氏名がBであるとすると、預貯金口座の名義は従前の「A」または「A成年後見人B」となります。

成年後見人等が新規に口座を開設する場合であっても、当該口座の預貯金が誰のものであるかを明確にするため、上記のような名義にすべきです（成年後見人等の個人名義にはするべきではありません）。

(4) **過去の取引にいっさい異議がないとする届出書**

金融機関によっては、成年後見制度に関する届出書に「届出の前に名義人が貴行との間で行った取引について、異議なく追認します」等の記載のある場合があります。

しかし、本来、成年後見人等は、届出前に成年被後見人等が行った取引について追認をなしうる立場になく、また、そのような義務もありません。

ただし、保佐開始の審判が出された後に被保佐人が保佐人の同意を得ずにした預金の払戻しについて、保佐人がすべて取り消したうえであらためて同額の預金の支払いを請求した事案で、東京高裁平成22年12月8日判決（金法

1949号115頁）は、当該金融機関の預金規定における、「家庭裁判所の審判により、補助・保佐・後見が開始された場合には、直ちに成年後見人等の氏名その他必要な事項を書面によってお届けください」「この届出の前に生じた損害については、当金庫は責任を負いません」との条項を、成年被後見人等の保護と取引の安全の調和を図るための合理的な定めを図るものであり、これらの条項を有効なものとして、審判日から確定日までの引き出し分も含めて保佐人からの預金支払請求を棄却しました。この東京高裁判決は、最高裁平成23年7月8日の上告棄却決定および上告不受理決定により確定しています。

したがって、成年後見人等に選任された場合には、選任後の金融機関とのトラブルを防止するために、速やかに金融機関に届出をする必要があります。

2 口座開設支店以外での取引の場合の届出

金融機関の多くは、成年後見制度に関する届出に関し、当該預貯金口座のある支店以外の支店に対する届出を認めていません。また、リーガルサポートが金融機関に対して2011年6月に行ったアンケートの調査結果〈http://www.legal-support.or.jp/notice/detail/id/513/〉によれば、約68.8％の金融機関が当該預金口座のある支店における届出のみしか認めておらず、当該預金口座のある支店以外に対する届出も認めている金融機関は約13.1％にすぎませんでした。

また、上記のアンケート調査によれば、後見開始審判がなされた場合の入出金取引を行うことについても、届出支店以外の支店における取引を認めていない金融機関が約46.1％に上っています。もっとも、日本弁護士連合会やリーガルサポートなどの要請を受けて、届出支店以外での取引を認める金融機関は徐々に増えつつあります。

成年後見制度に関する届出にせよ、届出後の成年後見人等による取引にせよ、成年被後見人等が預貯金口座を保有している支店においてしか認められないとなると、成年後見人等が届出および取引をするに際し多大な時間と費

用を要することになり、円滑な成年後見業務の遂行に支障を来してしまいます。このため、届出先支店および取引先支店を制限するという取扱いをしている金融機関については、改善が望まれます。

　なお、上記アンケート調査によれば、届出支店以外の支店における取引を認めている金融機関も約29.5％あるようですので、成年後見業務の遂行に支障を来す場合には、このような金融機関での口座開設を検討すべきでしょう。

（奥田　大介）

第2章 後見等開始時の実務

〈図6〉 成年後見制度に関する届出書（例）　　※金融機関によって異なります。

成年後見制度に関する届出書（例）

年　月　日

　　　銀行
　　支店 御中

本人	おところ	お電話（　－　－　）	
	おなまえ	フリガナ	
			（届出印）

補助人 保佐人 成年後見人 任意後見人	おところ	お電話（　－　－　）	
	おなまえ	フリガナ	
			（実印）(注)

　私（本人）は、成年後見制度に係る家庭裁判所の審判を受けましたので、貴店との取引について、次のとおりお届けいたします。
　なお、届出内容に変更があった場合には、改めてお届けいたします。
　（1・2については、該当する項番・項目を○で囲んでください。）

1. 同意権(取消権)付与の審判

審判の種類	補助・保佐
同意権（取消権）の内容	・添付資料のとおり。
添付資料	登記事項証明書・審判書の銀行届出用抄本（理由部分のみを省略したもの）および確定証明書

2. 代理権付与の審判

審判の種類	補助・保佐・成年後見・任意後見（任意後見監督人の選任）
代理権の内容	・添付資料のとおり。
添付資料	補登記事項証明書・審判書の銀行届出用抄本（理由部分のみを省略したもの）および確定証明書

3. 現在の取引の種類

4. その他

〔注〕 ただし、後見人等が家庭裁判所に選任され、就任したことについては登記により公示されることから、実印および印鑑登録証明書による代理人としての意思確認は改めて行わず、後見人等から、本届出書、成年後見登記に関する登記事項証明書および犯収法が定める本人確認書類等の提示・提出によるものを受けることとしているケースも考えられます。
　詳しくは、取引銀行にご相談ください。

（出典）一般社団法人全国銀行協会ウェブサイト

第2部 法定後見

Q87 高齢者の支援にかかわる機関・人

私は、70歳のAさんの保佐人に選任されました。これからAさんの支援に向けて後見業務をしていくことになり、そのための後見計画を作成しようと考えています。Aさんのような高齢者の支援に関係する機関・人にはどのようなものがあるのでしょうか。

解説
1 支援の要となる関係機関の関係者

スムーズに成年後見人等と成年被後見人等をつなげるためには、お見合いでいうところの仲人役を選ぶことから始めるとよいでしょう。家族等の関与がない場合には、①成年後見制度の申立てからかかわっている関係機関や関係者（たとえば社会福祉協議会の権利擁護センターや地域包括支援センターなど）、②市町村長申立ての場合には担当した市町村職員等がポイントになります。

次に、成年後見人等として後見計画を立案するにあたり、要となる関係機関・関係者として、以下のものがあります。

① 成年被後見人等が施設に入所しているのであれば、対外的な窓口業務や一般相談を受けている生活相談員、施設サービス計画書を立案する介護支援専門員。

② 医療機関に入院中であれば、相談窓口である医療相談員（医療ソーシャルワーカー（NSW）ともいう）。

③ 在宅で生活し介護保険サービスを利用していれば、居宅サービス計画書を立案する介護支援専門員。

④ その他全般については、成年被後見人等が住む地域を担当する地域包括支援センター（地域住民の心身の健康の保持および生活の安定のために必要な援助を行うことにより、その保健医療の向上および福祉の増進を包括的

に支援することを目的とする施設。その業務は①総合相談支援事業、ⅱ権利擁護業務、ⅲ介護予防ケアマネジメント業務、ⅳ包括的・継続的ケアマネジメント支援事業等)。

成年後見人等に選任されたあなたの存在がどのようなものであり、何をしてくれるのかなどについて、十分に把握している成年被後見人等は多くありません。それゆえ、初回面談はお互いの関係性を築く第一歩です。

2　成年被後見人等の生活を支える関係機関や関係者

成年被後見人等の生活を支える関係機関・関係者は、大きく、フォーマルサービスとインフォーマルサービスの2つに分けることができます。

(1) フォーマルサービス

フォーマルサービスとは、以下のような行政等によって提供される制度化されたサービスをいいます。

①　行政サービス（例：地域包括支援センター、地区社会福祉協議会等の権利擁護センター、主管課の行政担当者、民生委員、訪問ゴミ収集業者）

②　介護サービス・医療サービス（例：介護支援専門員、介護サービス等提供事業所、医師などの医療関係者）

(2) インフォーマルサービス

インフォーマルサービスとは、助け合い活動などの制度化されていないものをいいます。たとえば以下のようなものがあげられます。

①　家族や親族
②　友人や仕事仲間
③　隣近所や町会・自治会
④　ボランティア
⑤　契約に基づいてかかわりを有する者・団体（例：大家、宅配弁当業者、管理人、置き薬の業者、警備会社）

3　後見計画書の作成に向けて

　身上監護業務を遂行するためには、成年被後見人等をより深く知ることが大切です。そのためには、選任される前から本人と付き合いのある関係機関・関係者から情報を得ることは欠かせません。そして、成年後見人等は、本人の「どのような生活を送りたいのか」といった希望を代弁し実現に向けて取り組んでいくこと、本人の個別のニーズが叶えられたかどうかの検証を行う、といった役割を負うことになります。

　成年後見人等が本人の希望を実現へ向けた取組みを行うにあたっては、後見計画を作成することになりますが、そこでは適切な介護サービスの利用が重要なポイントになります。本人が在宅で生活している場合には、居宅サービス計画書を最終決定する場である「サービス担当者会議」が行われます。ここでは、担当の介護支援専門員と利用者との間でおおむね合意された居宅サービス計画書の原案をもとに、関係者が専門的見地から意見を述べ、必要に応じて修正しつつ、決定することになります。十分な説明を受け、決定手続に参加して本人の希望を代弁するために、成年後見人等は、このサービス担当者会議に参加するとよいでしょう。

4　関係者にはできること・できないことを説明しておく

　後見業務において重要なことは、関係機関や関係者に対して、成年後見人等として「できること」「できないこと」を、丁寧に、繰り返し説明することです。関係者によっては、成年後見人等が選任されれば問題がすべて解決すると過度の期待をしている場合もあります。成年被後見人等の意向や意思を無視して、何でも成年後見人等が決定するものと勘違いしている場合もあります。あくまで本人の意思に寄り添う成年後見人等という立場・役割を理解してもらうことが大切です。

（小川　久美子）

Q88 障がい者の生活を支援する際のポイント

私は、保佐人として、35歳の知的障害のある人Aさんの支援に向けて業務をしていくことになりました。Aさんのような障がいのある人を支援する際に関係する機関・人にはどのようなものがあるのでしょうか。

解説

1 知的障害者支援の枠組み

知的障害者は、その障がいゆえに、保護者の庇護の下で成長し、親なき後は兄弟姉妹が日々の支援を引き継ぎ、それも困難となったら施設に入るのが当然とみられていた時代が長く続いてきました。

しかし、2014年1月20日に日本も批准した障害者権利条約が、その目的の第1において、障がいのない人たちと同じ生活を障がいのある人にも当たり前に保障していくとしているように、昨今は、本人の希望に基づいて、地域での生活を具体的に支援していくようになってきています。

そして、障害者権利条約やわが国の障害者基本法の趣旨から、権利主体である知的障害者の意思決定が生活のあらゆる側面において尊重され、それにあたって必要な支援を受けられる意思決定支援の制度を構築することが求められているといえます。

2 知的障害者への支援の実践

現在、全国各地で、さまざまな関係機関の支援を駆使して、知的障害者の地域での生活を支える実践が積極的に行われています。これは、成年後見制度の基本理念であるノーマライゼーションを具現化するものであり、関係者にはそのための種々の福祉制度の活用および支援技術の向上が求められてい

ます。

　知的障害のある人が、地域で生活し、地域住民と交流しながら社会参加を実現していくには、関係機関・支援機関が、本人の希望や今ある能力をありのままに認めて、生活を支える態勢と日々の実際の具体的な支援によって本人の求める生活を実現していくことが大切です。

　本人の生活を支える態勢づくりは、いろいろな側面からの検討が必要ですが、具体的には次の4点が考えられます。

(1) 日中活動の場

　日中活動としては、①会社や事業所、工場で働く一般就労、②法律に定める福祉サービスの利用に大別されます。

　①は雇用関係が発生します。公共職業安定所（ハローワーク）や障害者就業・生活支援センター、各都道府県障害者就労相談センター・労働センター等が相談窓口となります。

　②には訓練、リハビリテーション、余暇活動、軽作業、文化的創造的活動などさまざまな種別があります。これらの情報は、市区町村の障害担当部署や障害者相談支援事業所に問い合わせることで得ることができます。特に、2010年の障害者自立支援法（当時）の改正により機能が強化された障害者相談支援事業所では、相談はもとより各種関係情報の提供や利用にあたってのプラン作成や申請等を支援しています。

(2) 住まい・生活の場

　住まい・生活の場としては、ⓐ民間・公営賃貸住宅、ⓑ法律に定める福祉サービスの利用に大別されます。

　ⓐは契約が基本となりますが、地方自治体に「賃貸支援」や「居住支援」の制度が整備されている場合があります。

　ⓑには入所施設、グループホーム等があります。

　住まいの選択・決定にあたっては、何よりも、本人の慣れ親しんだ場での生活の継続を前提として考えていくことが重要です。

(3) 各種相談支援

　日常生活のちょっとした困りごとから権利侵害にかかわる深刻な問題についての相談、各種情報提供等、地域生活にかかわるさまざまな事柄についての最も身近で一次的な相談窓口として、市町村の障害者福祉の担当部署や障害者相談支援事業所があります。

(4) その他

　本人の日常生活の困ったことを積極的に受け止めていくためには、制度上の役割がはっきり示されている機関以外にもさまざまな関係者を意識しておく必要があります。たとえば、日々利用する福祉サービスの提供事業者、障害支援区分の認定に欠かせない主治医、年金や健康保険に関係した市町村の担当課や年金事務所、民生委員などは、日常生活の安定に必要です。

　また、上記の関係機関に対する苦情申出や改善要求をする場合には、地域の障害者福祉の向上の役割を担う障害者自立支援協議会やオンブズパーソン、第三者委員や苦情解決委員、虐待に関係する場合の権利擁護センターとも連携をとることができます。

　一方、身近な相談相手として、長く付き合いのある近所の顔見知り、商店街の店主、鉄道の駅員など、専門家ではないより生活に密着した支援者の存在も意識しておく必要があります。また、十分な制度化はされていないものの、コンタクトパーソンやコミュニティフレンド、パーソナルアシスタントなど、制度に縛られず、より個別支援を意識した支援者の存在も重要になります。

　　　　　　　　　　　　　　　　　　　　　　　　（平野　光男）

第2部　法定後見

Q89　特別代理人（臨時保佐人・臨時補助人）の選任の申立て

私は、父親の成年後見人になっています。1カ月ほど前、母親が亡くなり、相続手続をすることになりました。父親の相続分については私が判断して決定すればよいのでしょうか。

解　説

1　利益相反行為の場合の規定

ご質問のケースは、利益相反行為となりますので、特別代理人を選任するか、成年後見監督人を選任してもらって父親の代理をしてもらわなければなりません。

2　利益相反行為における特別代理人の選任等の規定

成年後見人と成年被後見人の利益が相反する行為については、成年被後見人の利益を守るため、家庭裁判所において特別代理人が選任され、この特別代理人が当該利益相反行為に限り成年被後見人を代理するものとされています（民法860条・826条）。

ただし、成年後見監督人がある場合は、成年後見監督人が成年被後見人を代理しますので、特別代理人の選任は必要ありません（同法851条4号・860条ただし書）。

3　利益相反行為とは

(1)　利益相反の当事者

利益相反行為の当事者は、成年後見人と成年被後見人が対立当事者となる場合だけでなく、成年後見人が成年被後見人を代理して第三者と法律行為を

する場合にも広げられています。また、成年後見人が法律上または委任によって代表するもの（会社の代表者など）と成年被後見人、成年後見人を同じくする成年被後見人相互の間まで含むことになります。

(2) 利益相反かどうかの判断基準

利益相反かどうかの判断基準としては、判例はもっぱら行為の外形からのみ判断すべきとの形式的判断説に立ちますが、成年被後見人の利益の保護の観点からは、成年後見人またはその代表する者には利益で、成年被後見人には不利益となるいっさいの行為という実質的判断説が学説では支配的です。形式はともあれ、実質的に、成年被後見人の不利益において成年後見人が利益を得ることがないよう判断すべきです（於保不二雄＝中川淳編『新版注釈民法(25)親族(5)』418頁）。

(3) 具体例

ここでは、民法の規定や未成年者と親権者との間における利益相反行為の判決例等を参考に、利益相反行為の具体例を紹介します。

① 成年後見人と成年被後見人との間の不動産売買
② 成年後見人の債務のために成年被後見人を連帯債務者としたり（大審院大正3年9月28日判決・民録20輯690頁参照）、保証人としたりする行為（大審院昭和11年8月7日判決・民集15巻1630頁参照）
③ 成年後見人の債務のために成年被後見人所有の不動産に抵当権を設定したり（最高裁昭和37年2月6日判決・民集16巻2号223頁参照）、代物弁済として売却したりする行為（最高裁昭和35年2月25日判決・民集14巻2号279頁参照）
④ 成年後見人が、第三者の債務につき自己および成年被後見人を連帯保証人とし、その共有する不動産に抵当権を設定する行為（最高裁昭和43年10月8日判決・民集22巻10号2172頁参照）
⑤ 成年後見人が成年被後見人を代理して、成年後見人の内縁の夫に対して成年被後見人所有の土地を無償譲渡する行為（最高裁昭和45年5月22日判決・民集24巻5号402頁参照）

⑥　成年後見人が代表取締役をしている会社が負担する債務の担保として、成年被後見人の所有する不動産に抵当権を設定する行為（昭和38年1月31日法曹会決議参照）

⑦　成年被後見人の債権を放棄し、成年後見人が成年被後見人の債務者に負担している債務の免除を得る行為（大審院大正10年8月10日判決・民録27輯1476頁参照）

⑧　相続の放棄（ただし、最高裁昭和53年2月24日判決・民集32巻1号98頁は、後見人と被後見人が共同相続人の場合、後見人が放棄をしたとき、または、被後見人と同時に放棄するときは利益相反行為に当たらないとする）

⑨　寄与分を定める処分（民法904条の2第1項）

⑩　遺産分割（民法907条）

⑪　扶養に関する協議等（民法880条）

⑫　訴え提起、調停・審判の申立て（民事訴訟法35条、人事訴訟法14条1項・2項、家事事件手続法19条）

　ただし、成年後見人の成年被後見人に対する無償贈与や、成年被後見人の財産の売却は、成年後見人の利益と成年被後見人の不利益がないので、利益相反とはいえません（長山義彦ほか『家事事件の申立書式と手続〔第12版〕』135頁～136頁、於保＝中川編・前掲書420頁）。

(4)　ご質問のケース

　ご質問のケースで、母親の相続手続は、遺言書がある場合には遺留分減殺請求の問題が生じ、遺言書がない場合には成年後見人である子と成年被後見人父との間で遺産分割の協議をしなければなりません。

　いずれにしても、相続人間の利害が対立する関係になり、父親の成年後見人が父親を代理して相続手続をするのでは、父親の利益は守れないおそれがあります。

　このような場合は、家庭裁判所に特別代理人を選任してもらうことになります。ただし、成年後見人としては、成年後見監督人を選任してもらうという方法も選択できると考えられます（民法849条）。

4　特別代理人の選任手続

　特別代理人の選任の申立ては、後見開始の審判をした家庭裁判所（抗告裁判所が後見開始の裁判をした場合にあってはその第1審裁判所である家庭裁判所。家事事件手続法117条2項）に対して行います。成年後見人のほか、成年被後見人もしくはその親族その他の利害関係人も申し立てることが可能であり、また、家庭裁判所は職権でも特別代理人を選任することができると解されています（民法843条2項類推適用）。

　特別代理人は、成年後見監督人と同様に、成年後見人の職務の代行を権限とするものですから、その職務の性質上適用の可能性のないものを除き、成年後見人の規定の類推適用が認められます。たとえば、特別代理人が成年被後見人の居住用不動産を処分するには家庭裁判所の許可を要するものと解されますし（民法859条の3の類推適用）、善管注意義務（同法852・644条）、選任の考慮事項（同法852条・843条4項）、辞任・解任・欠格事由（同法852条・846条・847条・844条・850条）、後見事務の費用（同法852条・861条2項）、報酬（同法852条・862条）などの各規定は、特別代理人には成年後見監督人と異なり準用規定はありませんが、特別代理人にも類推適用されると解されています（赤沼康弘＝鬼丸かおる編著『成年後見の法律相談〔第3次改訂版〕』120頁、小林昭彦ほか『新成年後見制度の解説』196頁、長山ほか・前掲書137頁）。

5　臨時保佐人と臨時補助人

　保佐人と被保佐人の利益が相反する場合は、保佐人は、臨時保佐人の選任を家庭裁判所に請求しなければなりません（民法876条の2第3項）。ただし、保佐監督人が選任されている場合は、この保佐監督人が保佐人と被保佐人との利益相反行為について保佐人の権限を行使できるので（民法876条の3第2項・851条4号）、臨時保佐人の選任は必要ありません（同法876条の2第3項ただし書）。

　補助についても、保佐と同様に、補助人と被補助人との利益相反が生じた

場合には、補助人に代わってその権限を行使する臨時補助人の制度（民法876条の7第3項）があります。したがって補助監督人が選任されている場合は、臨時補助人の選任の必要はありません。

　臨時保佐人・臨時補助人は特別代理人と同様に、保佐監督人や補助監督人のように成年後見人の規定の準用はありませんが、その性質上適用の可能性のない規定を除き、基本的には成年後見人に関する規定が類推適用されると解釈されています（小林ほか・前掲書196頁）。

（田尻　和子）

2 後見登記

Q90 後見登記制度

後見登記制度とはどのようなものですか。

解説

1 後見登記制度の概要

(1) 後見登記制度の創設の経緯

　現行の成年後見制度が創設される以前は、禁治産宣告・準禁治産宣告がなされたときは、本人の戸籍にその旨が記載されていました。取引の安全や本人の保護に資するとの点において戸籍への記載はメリットのあるものでしたが、他方で、禁治産宣告・準禁治産宣告の旨が戸籍に記載されることについて国民に非常に強い抵抗感がありました。この国民感情が、当時の禁治産・準禁治産制度の利用を阻害する要因の1つになっていたといわれています。

　そこで、成年後見制度の施行に伴い、戸籍への記載に代えて、法定後見および任意後見契約に関する新しい登録制度として、成年後見登記制度が創設されました。成年後見登記制度の創設により、従来の戸籍に記載されるという国民の抵抗感がなくなり新しい成年後見制度の利用増加につながったと考えられ、また、補助制度や任意後見制度といった新しく導入された制度における公示方法の対応にも資するものとなりました。

(2) 後見登記制度の概要

　後見登記等は、家庭裁判所等からの登記嘱託や当事者からの登記申請によって行われます。嘱託の例としては、家庭裁判所の手続で後見開始等の審判が効力を生じた場合に、裁判所書記官が、登記所に対し、その旨の登記を嘱託しなければならないことになっています（家事事件手続法116条）。また、

公証人は、任意後見法3条に規定する証書(任意後見契約証書)を作成したときは、登記所に任意後見契約の登記を嘱託しなければなりません(公証人法57条の3第1項)。

　当事者からの申請の例としては、成年後見人等は、すでに登記された事項、たとえば、成年被後見人等の住所に変更が生じたことを知ったときはその変更登記(後見登記法7条)を、また、成年被後見人等が死亡したことを知ったときは終了の登記を申請しなければなりません(同法8条)(変更の登記についてはQ92を参照)。

　後見登記等に関する事務は、指定法務局で行うことになっていますが(後見登記法2条1項)、全国の後見登記等の事務を行う法務局として東京法務局が指定され(平成12年法務省告示第83号)、また、東京法務局のほかに登記事項証明書等の交付事務を行う法務局として全国の法務局・地方法務局49庁が指定されています(平成17年法務省告示第63号)。

　登記された事項は取引の相手方等に公示されるものではなく、登記事項証明書の発行を受けることによって内容を確認できることになります。登記事項証明書の発行については全国の法務局および各地方法務局50庁が窓口になっています。請求者は限定されていますが、登記官に対し、後見登記等ファイルに記録されている事項を証明した書面や記録がないときはその旨を証明した書面(登記されていないことの証明書)の交付を請求することができます(後見登記法10条)(詳しくはQ91参照)。

2　後見登記等の手続(家庭裁判所からの登記嘱託)

(1)　書記官からの登記嘱託

　書記官は、次に掲げる場合には、最高裁判所規則(家事事件手続規則)で定めるところにより、遅滞なく、登記所に対し、後見登記法に定める登記を嘱託しなければなりません(家事事件手続法116条)。ただし、後見登記法に定める登記の嘱託を要するものとして最高裁判所規則で定めるものに限るとしています(同条ただし書)。

① 家事事件手続法別表第１に掲げる事項についての審判またはこれに代わる裁判が効力を生じた場合
② 審判前の保全処分が効力を生じ、または効力を失った場合

　上記①に該当する審判または裁判で、後見登記法に定める登記の嘱託を要するものとして最高裁判所規則で定めるものは、〔表２〕のとおりです（家事事件手続規則77条参照）。上記②についてはQ65を参照してください。

　さらに、上記①②のほか、任意後見契約がある場合において、後見開始、保佐開始もしくは補助開始の審判またはこれに代わる裁判が効力を生じ当該任意後見契約が終了するときは、書記官は、その任意後見契約が終了した旨の登記を嘱託しなければなりません（家事事件手続規則77条３項）。

(2) 後見登記嘱託の方式

　後見登記法に定める登記を嘱託する場合には、嘱託書に家事事件手続規則77条４項に掲げる事項を記載し、書記官が記名押印しなければなりません。

　登記嘱託は、後見開始等の審判が即時抗告期間の経過により確定し効力を生じた後になされますので、登記事項証明書を取得できるまでには、後見開始等の審判がなされてから約３〜４週間を要するものと思われます。

(3) 添付書面

　登記嘱託書には、登記の事由を証する書面を添付しなければなりません（家事事件手続規則77条５項）。

(4) 登記手数料

　登記嘱託の際には、登記手数料を納めなければなりません（後見登記法11条１項）。たとえば、後見開始の審判に基づく登記嘱託についての手数料の額は2600円で（登記手数料令14条）、収入印紙で納めなければなりません（同条２項）。実務上は、後見開始等の申立ての際に申立人が収入印紙を予納しています（家事事件手続規則19条１項）。

3　後見登記等の内容

　後見登記等は、後見登記等ファイルに、後見登記法４条および５条に定め

〔表2〕 家事事件手続法別表（抜粋）　※丸つき数字は登記の嘱託を要する事項

成年後見		保佐		補助	
①	後見開始	⑰	保佐開始	㊱	補助開始
②	後見開始の審判の取消し	⑱	保佐人の同意を得なければならない行為の定め	㊲	補助人の同意を得なければならない行為の定め
③	成年後見人の選任	19	保佐人の同意に代わる許可	38	補助人の同意に代わる許可
④	成年後見人の辞任についての許可	⑳	保佐開始の審判の取消し	㊴	補助開始の審判の取消し
⑤	成年後見人の解任	㉑	保佐人の同意を得なければならない行為の定めの審判の取消し	㊵	補助人の同意を得なければならない行為の定めの審判の取消し
⑥	成年後見監督人の選任	㉒	保佐人の選任	㊶	補助人の選任
⑦	成年後見監督人の辞任についての許可	㉓	保佐人の辞任についての許可	㊷	補助人の辞任についての許可
⑧	成年後見監督人の解任	㉔	保佐人の解任	㊸	補助人の解任
9	成年後見に関する財産の目録の作成の期間の伸長	25	臨時保佐人の選任	44	臨時補助人の選任
⑩	成年後見人又は成年後見監督人の権限の行使についての定め及びその取消し	㉖	保佐監督人の選任	㊹	補助監督人の選任
		㉗	保佐監督人の辞任についての許可	㊻	補助監督人の辞任についての許可
11	成年被後見人の居住用不動産の処分についての許可	㉘	保佐監督人の解任	㊼	補助監督人の解任
12	成年被後見人に関する特別代理人の選任	㉙	保佐人又は保佐監督人の権限の行使についての定め及びその取消し	㊽	補助人又は補助監督人の権限の行使についての定め及びその取消し
13	成年後見人又は成年後見監督人に対する報酬の付与	30	被保佐人の居住用不動産の処分についての許可	49	被補助人の居住用不動産の処分についての許可
14	成年後見の事務の監督	31	保佐人又は保佐監督人に対する報酬の付与	50	補助人又は補助監督人に対する報酬の付与
15	第三者が成年被後見人に与えた財産の管理に関する処分	㉜	保佐人に対する代理権の付与	㊿	補助人に対する代理権の付与
16	成年後見に関する管理の計算の期間の伸長	㉝	保佐人に対する代理権の付与の審判の取消し	52	補助人に対する代理権の付与の審判の取消し
		34	保佐の事務の監督	53	補助の事務の監督
		35	保佐に関する管理の計算の期間の伸長	54	補助に関する管理の計算の期間の伸長

る事項が記録されます。

　登記事項のうち、特に、成年後見人等の住所について、成年後見人等が自然人の場合、原則として成年後見人等の個人の住所が成年後見人等の住所として登記されていますが、紛争性の高い事案で第三者後見人が成年後見人等に選任された場合は、個人の住所で登記されることに問題があるといえます。そこで、弁護士・司法書士等が成年後見人等に選任される場合は、審判の段階で弁護士会・司法書士会に登録されている事務所を成年後見人等の住所として審判書に記載し、事務所住所が登記されるという方法がとられている例があります。ただしこの方法をとった場合、また別の問題（成年被後見人等名義の不動産を処分する際の不動産登記手続のための添付書類等）が生じる可能性があります（事務所を住所とした場合の問題点につき、赤沼康弘編著『成年後見制度をめぐる諸問題』372頁〔高橋弘〕参照）。

4　終了の登記

　成年後見人等は、成年被後見人等が死亡したことを知ったときは、終了の登記を申請しなければなりません（後見登記法8条1項）。成年被後見人等の親族や任意後見契約の本人の親族その他の利害関係人も、後見等が終了したときは、嘱託による登記がされる場合を除き、終了の登記を申請することができます（同条3項）。登記手数料は不要です（登記手数料令14条2項5号等）。

5　経過措置（戸籍から後見登記への移行）

　成年後見登記制度が開始されたからといって、すでに戸籍に記載されている禁治産および準禁治産の事項が当然に消えるわけではありません。この戸籍上の記載を消すためには、原則として、後見または保佐の登記申請を登記所に行う必要があります。登記官は、後見または保佐の登記をしたときは、戸籍事務管掌者に対し、その旨の通知をしなければならず、この通知を受けた戸籍事務管掌者は、当該本人の戸籍を再製することになります（後見登記法附則2条）。

　　　　　　　　　　　　　　　　　　　　　　　　（齋藤　利美）

第2部　法定後見

Q91　登記事項証明書と取得手続

登記事項証明書は誰でもとれるのでしょうか。その際、どのような手続をとればよいのでしょうか。

──────────

【解　説】

1　登記事項証明書の概要

　後見、保佐または補助の登記は、指定法務局（現在は東京法務局のみ）が管理する後見登記等ファイルに行われます（後見登記法4条）。後見登記法10条に定められた一定の者は、後見登記等ファイルに記録されている事項（記録がないときは、その旨）を証明した書面（登記事項証明書）の交付を請求することができます。この登記事項証明書には、後見登記等ファイルに記録されている事項を証明した証明書および後見登記等ファイルに記録されていないことを証明したもの（後者を特に「登記されていないことの証明書」と呼びます）があります。また、成年被後見人等の死亡による終了の登記をした後は、登記記録を閉鎖し閉鎖登記ファイルに記録することになりますが、この閉鎖登記ファイルに記録されている事項（記録がないときは、その旨）を証明した書面（閉鎖登記事項証明書）の交付を請求することができます（同法10条3項）。

　登記事項証明書等（登記事項証明書、閉鎖登記事項証明書（登記されていないことの証明書を含む））を交付請求できる者は限定されています。後見登記等ファイルに登録されている内容はもちろん、登録されているかどうかそれ自体についても、本人の判断能力の状態等を表すプライバシー性の高い情報であって、誰しもが情報を取得できるとすることは相当ではないためです。

　登記されていないことの証明書は、会社・法人役員の欠格事由に該当していないことを証明すること等に利用されていると思われますが、欠格事由に

該当しないことを証明するためには、登記されていないことの証明書だけでは足りず、その他に身分証明書（禁治産・準禁治産宣告の通知、後見登記の通知、破産宣告・破産手続開始決定の通知を受けていないことを証明したもので、本籍地を管轄する各市区町村の役所で発行しています）が必要になる場合があります。成年後見登記制度が開始される以前に戸籍に禁治産等の記載がされていた場合で、戸籍から登記への移行登記（Q90参照）を行っていないこともあり得るためです。

2　登記事項証明書等の交付請求権者と請求対象記録

　登記事証明書等を請求できる者と請求できる対象記録は〔表3〕のとおりです。

　相続人その他の承継人は、登記官に対し、被相続人その他の被承継人が成年被後見人等、後見命令等の本人または任意後見契約の本人であった閉鎖登記記録について、閉鎖登記事項証明書の交付を請求することができます（後見登記法10条4項）。

3　請求方法

　登記事項証明書等の交付の請求は、書面でしなければなりません（後見登記省令17条1項）。登記事項証明書等の交付事務について、全国の法務局・地方法務局50庁が指定されていますので、窓口交付による場合は、指定された法務局に請求することになります（郵送による場合は東京法務局に請求します）。

　また、インターネットを利用したオンライン（行政手続等における情報通信の技術の利用に関する法律3条1項に規定する電子情報処理組織を使用して行う方法）による登記事項証明書等の交付請求もできます（後見登記省令22条）。この場合、法務省ウェブサイト「登記・供託オンライン申請システム」〈http://www.touki-kyoutaku-net.moj.go.jp/〉から、申請用総合ソフトをダウンロードしたうえで行います。オンライン請求を利用するためには、電子証明書が必要となりますが、当該電子証明書が利用可能なものなのかどうか、

第2部 法定後見

〔表3〕 登記事項証明書の請求権者と対象

登記事項証明書の交付請求権者	登記事項証明書の交付請求対象記録	根拠条文 後見登記法10条	〔参考〕閉鎖登記事項証明書の交付請求権者と交付請求対象記録
成年被後見人等、任意後見契約の本人	自己を成年被後見人等または任意後見契約の本人とする登記記録	1項1号	自己が成年被後見人等または任意後見契約の本人であった閉鎖登記記録（10条3項1号）
成年後見人等、成年後見監督人等、任意後見受任者、任意後見人、任意後見監督人（退任したこれらの者を含む）	自己を成年後見人等、成年後見監督人等、任意後見受任者、任意後見人または任意後見監督人（退任したこれらの者を含む）とする登記記録	1項2号	自己が成年後見人等、成年後見監督人等、任意後見受任者、任意後見人または任意後見監督人であった閉鎖登記記録（10条3項2号）
配偶者、4親等内の親族	自己の配偶者または4親等内の親族を成年被後見人等または任意後見契約の本人とする登記記録	1項3号	
成年後見人等、成年後見監督人等または任意後見監督人の職務代行者（退任したこれらの者を含む）	自己を成年後見人等、成年後見監督人等または任意後見監督人の職務代行者（退任したこれらの者を含む）とする登記記録	1項4号	自己が成年後見人等、成年後見監督人等または任意後見監督人の職務代行者であった閉鎖登記記録（10条3項3号）
後見命令等の本人	自己を後見命令等の本人とする登記記録	1項5号	自己が後見命令等の本人であった閉鎖登記記録（10条3項4号）
財産の管理者（退任した者を含む）	自己を財産の管理者（退任した者を含む）とする登記記録	1項6号	自己が財産の管理者であった閉鎖登記記録（10条3項5号）
後見命令等の本人の配偶者または4親等内の親族	自己の配偶者または4親等内の親族を後見命令等の本人とする登記記録	1項7号	
未成年後見人または未成年後見監督人	その未成年被後見人を成年被後見人等、後見命令等の本人または任意後見契約の本人とする登記記録	2項1号	
成年後見人等または成年後見監督人等	その成年被後見人等を任意後見契約の本人とする登記記録	2項2号	
登記された任意後見契約の任意後見受任者	その任意後見契約の本人を成年被後見人等または後見命令等の本人とする登記記録	2項3号	

添付情報がオンラインで送信できるものなのかどうか、といったことを確認したうえで行う必要があります。

4　請求方式

　登記事項証明書等の申請書には、後見登記省令17条2項に掲げる事項を記載し、申請人または代理人が記名押印しなければなりません。

　後見登記省令17条2項2号には、申請書に記載する事項として、「後見登記等ファイル等に記録されている事項を証明した登記事項証明書等の交付を請求するときは、請求に係る登記記録又は閉鎖登記記録を特定するために必要な事項」が規定されています。この「請求に係る登記記録又は閉鎖登記記録を特定するために必要な事項」とは、成年被後見人等、任意後見契約の本人または後見命令等の本人の氏名のほか、①成年被後見人等、任意後見契約の本人または後見命令等の本人の出生の年月日および住所または本籍（外国人にあっては、国籍）、②登記番号、のいずれかの事項とされています（「後見登記等に関する法律等の施行に伴う後見登記等に関する事務の取扱いについて」（平成12年3月23日付け法務省民二第700号通達）3の1(3)②）。

　特に、登記されていないことの証明書を交付請求する場合には、申請書への氏名や住所の記載を間違うと、仮に登記がされていた場合でも、登記されていないことの証明書が交付されてしまう可能性がありますので要注意です。

5　添付書面

　登記事項証明書等の交付の申請書には、次に掲げる書面を添付しなければなりません（後見登記省令18条1項）。なお、以下の書面で官庁または公署の作成したものは、作成後3カ月以内のものが必要となります（同条2項）。

①　申請人の資格を証する書面（申請人が、登記事項証明書等の交付請求に係る登記記録または閉鎖登記記録に記録されている者である場合および後見登記等ファイル等に記録がない旨を証明した登記事項証明書等の証明の対象となる者である場合を除く）

②　申請人が法人であるときは、代表者の資格を証する書面
③　代理人によって申請するときは、その権限を証する書面

　オンラインによる登記事項証明書等の交付請求を行った場合の添付書面の添付方法は、オンラインで申請情報とともに添付情報をあわせて送信する方法によります。

6　手数料および手数料の納付方法

　登記事項証明書または閉鎖登記事項証明書の交付を請求する者は、後見登記令で定める額の手数料を納めなければなりません（後見登記法11条1項）。納付の方法には、①窓口交付（郵送による請求を含む）、②オンライン請求、の2つの場合の納め方があります。

⑴　窓口交付（郵送による請求を含む）の場合

　手数料の納付は、収入印紙をもってしなければなりません（後見登記法11条2項）。登記事項証明書等を送付請求するときは、郵送料を納付しなければなりません（後見登記令11条）。手数料の額は、以下のとおりです。

---

①　後見登記等ファイルまたは閉鎖登記ファイルに係る登記事項証明書
　　1通につき550円。ただし、1通の枚数が50枚を超えるものについては、550円にその超える枚数50枚までごとに100円を加算した額（登記手数料令2条9項1号）。
②　後見登記等ファイルまたは閉鎖登記ファイルに記録がない旨を証明したもの
　　1通につき300円（同令2条9項2号）。

⑵　オンライン請求の場合

　オンライン請求の場合、手数料の納付は、現金をもってすることができるとされています（後見登記法11条2項ただし書）。具体的には、インターネットバンキング等電子納付の方法による必要があります。オンライン請求の場合、登記事項証明書等の郵送料を別途納付する必要はありません（後見登記

令11条)。書留による送付を請求する場合は、その額が手数料額に加算されます（登記手数料令3条6項）。手数料の額は、以下のとおりです。

> ①　後見登記等ファイルまたは閉鎖登記ファイルに係る登記事項証明書
> 　　1通につき380円。ただし、1通の枚数が50枚を超えるものについては、380円にその超える枚数50枚までごとに100円を加算した額（登記手数料令3条5項1号）。
> 　　　※オンラインにより交付請求した証明書を電磁的記録としてオンラインにより交付する場合（電子的な証明書）は、1通につき320円（同令4条1項5号）
> ②　後見登記等ファイルまたは閉鎖登記ファイルに記録がない旨を証明したもの
> 　　1通につき300円（同令3条5項2号）。
> 　　　※オンラインにより交付請求した証明書を電磁的記録としてオンラインにより交付する場合（電子的な証明書）は、1通につき240円（同令4条1項6号）

（齋藤　利美）

第2部　法定後見

Q92　変更の登記の申請

これまで在宅で生活をしていた成年被後見人Aさんが、グループホームに移ることになりました。住所が変わることになるので、変更登記申請をしなければならないと聞きましたが、どのようにすればよいでしょうか。

解説

1　変更の登記の概要

　後見・保佐・補助に関する登記（以下、「後見登記等」といいます）については、後見登記法4条でその登記事項が定められていますが、これらの登記事項のうち、たとえば成年被後見人等の住所等が変更になったときは、その変更の登記をすることになっています（後見登記法7条）。

　後見登記等ファイル（後見・保佐・補助の登記は、磁気ディスクをもって調製し、後見登記等ファイルに記録することによって行われます）に記録された行政区画、郡、区、市町村内の町もしくは字またはそれらの名称の変更があったときは、その変更による登記があったものとみなされますので（後見登記省令14条）、変更の登記の申請は要しませんが、申請をすることも可能と解されています（登記研究編集室編『成年後見登記の実務』51頁）。

2　変更の登記の手続

(1)　変更の登記の申請者および申請の内容

　後見登記等ファイルの各ファイルに記録されている後見登記法7条1項各号に掲げる者（〔表4〕参照）は、それぞれ当該各号に定める事項に変更が生じたことを知ったときは、嘱託による登記がされる場合を除き、変更の登記を申請しなければなりません（後見登記法7条1項）。たとえば、成年後見人

350

が成年被後見人の住所に変更が生じたことを知ったときは、成年後見人が変更の登記を申請しなければなりません。

　なお、成年被後見人等の親族、後見命令等の本人の親族、任意後見契約の本人の親族その他の利害関係人は、後見登記法7条1項各号に定める事項に変更が生じたときは、嘱託による登記がなされる場合を除き、変更の登記をすることができます（同法7条2項）。

〔表4〕　変更の登記の申請者と申請内容

7条1項各号	後見登記等ファイルに記録されている者（申請人）	当該各号に定める事項（変更登記の対象）	登記の手数料
1号	○後見登記法4条1項2号に規定する者（成年被後見人、被保佐人、被補助人（成年被後見人等）） ○同法4条1項3号に規定する者（成年後見人、保佐人、補助人（成年後見人等）） ○同法4条1項4号に規定する者（成年後見監督人、保佐監督人、補助監督人（成年後見監督人等））	○成年被後見人等の氏名、出生の年月日、住所、本籍（外国人にあっては国籍） ○成年後見人等の氏名または名称、住所 ○成年後見監督人等の氏名または名称、住所	無料（登記手数料令14条2項4号・3項6号・4項6号）
2号	○同法4条1項10号に規定する者（成年後見人等または成年後見監督人等の職務代行者）	○職務代行者の氏名または名称、住所	無料（登記手数料令15条4項3号）
3号	○同法4条2項2号に規定する者（財産の管理者の後見、保佐または補助を受けるべきことを命ぜられた者（後見命令等の本人）） ○同法4条2項3号に規定する者（財産の管理者）	○後見命令等の本人の氏名、出生の年月日、住所、本籍（外国人にあっては国籍） ○財産の管理者の氏名または名称、住所	無料（登記手数料令16条2項3号）

成年後見人等・成年後見監督人等が死亡した場合、または、これらの者について破産等の欠格事由が生じた場合も、成年後見人等・成年被後見人等の氏名または名称、住所の変更の事項に該当するとしていますので（「後見登記等に関する法律等の施行に伴う後見登記等に関する事務の取扱いについて」（平成12年3月23日付け法務省民二第700号通達）1の1(3)イ(ｱ)a①）、嘱託登記がなされる場合を除き、これらの場合も変更登記をすることになります。

財産の管理者が死亡したときは、改任の審判がされ、これに基づく登記の嘱託がされることから、その死亡を事由とする変更の登記の申請がされることはないとされています（前記通達1の3(3)イ(ｱ)a）。職務代行者が死亡したときも、同様になるものと解されています（登記研究編集室『成年後見登記の実務』51頁）。

(2) 変更の登記申請の方式

変更の登記申請は書面でしなければならず、登記申請書には次に掲げる事項を記載し、申請人（または代表者）または代理人が記名押印しなければなりません（後見登記令5条1項・2項）。

① 申請人の氏名または名称および住所並びに申請人の資格
② 代理人によって申請するときは、その氏名および住所
③ 登記の事由
④ 登記すべき事項
⑤ 変更または終了の登記の申請にあっては、当該変更または終了にかかる登記記録を特定するために必要な事項で法務省令（後見登記省令）で定めるもの
⑥ 手数料の額
⑦ 年月日
⑧ 登記所の表示

上記⑤の後見登記省令で定めるものとは、成年被後見人等、任意後見契約の本人または後見命令等の本人の氏名のほか、次の各号のいずれかに掲げる事項です（後見登記省令6条）。

ⓘ　成年被後見人等、任意後見契約の本人または後見命令等の本人の出生の年月日および住所または本籍（外国人にあっては、国籍）

ⅱ　登記番号

登記申請書等（登記申請書もしくは登記の嘱託書またはその添付書面（後見登記省令1条、後見登記令12条））は、指定法務局（東京法務局）に提出または書留郵便での郵送による方法で行います（後見登記省令8条）。

また、変更の登記は、インターネットを利用して行ういわゆるオンライン申請（行政手続等における情報通信の技術の利用に関する法律3条1項に規定する電子情報処理組織を使用して行う方法）により行うことができます（後見登記省令22条1項1号）。オンライン申請を行うためには、法務省ウェブサイトの「登記・供託オンライン申請システム」〈http://www.touki-kyoutaku-net.moj.go.jp/〉から申請用総合ソフトをダウンロードしたうえで行います。オンライン申請を利用するためには、電子証明書が必要となりますが、当該電子証明書が利用可能なものなのかどうかや添付情報がオンラインで送信できるものなのかどうか確認したうえで行う必要があります。

(3)　登記申請書の添付書面

登記申請書には、次に掲げる書面を添付しなければなりません（後見登記令6条）。

①　申請人が法人であるときは、代表者の資格を証する書面
②　代理人によって申請するときは、その権限を証する書面
③　登記の事由を証する書面

①②の書面について、官庁または公署の作成したものは、その作成後3カ月以内のものを添付する必要があります（後見登記省令10条）。

③の登記の事由を証する書面とは、たとえば成年被後見人等の住所の変更登記の場合は、住民票の写しになります（法務局で住基ネットワークを利用して住所変更の事実が確認できれば不要となる場合があります）。

(4)　登記の手数料

手数料の納付は要しません（〔表4〕参照）。　　　　　　　　（齋藤　利美）

●事 項 索 引●

【英数字】

2005年意思能力法　*13*
3類型　*2*, *26*
4親等内の親族　*124*
AD／HD　*73*
ALS　*78*
BPSD　*48*
DSM　*68*
FCAT　*88*
HDS-R　*88*
ICD　*68*
MCI　*45*
MMSE　*88*
SCI　*45*
WAIS Ⅲ　*87*

【あ行】

アドヴォカシー　*16*
アリセプト　*56*
アルツハイマー型認知症　*48*
医学モデル　*61*
イクセロンパッチ・リバスタッチ　*56*
意思決定支援　*22*
意思決定能力存在の推定の原則　*13*
意思能力　*28*, *84*
ウェクスラー式知能検査　*87*
運転免許　*58*
エンパワメント　*17*, *29*
エンパワーメントの原則　*13*

【か行】

外国人　*186*
介護保険　*318*
学習障害　*74*
確定　*292*
家事審判　*288*
家庭裁判所の調査　*249*
管轄　*126*, *134*
鑑定　*122*, *210*
鑑定拒否　*218*
鑑定省略　*214*
鑑定費用　*166*
期間伸長の申立て　*313*
記録の閲覧・謄写　*299*
金銭管理能力評価尺度　*88*
禁治産　*36*
救助　*169*
金融機関への届出　*323*
軽度認知障害　*45*
欠格事由　*107*, *177*, *257*
権限外行為の許可　*245*
検察官申立て　*126*
現有能力　*29*
権利擁護　*16*
行為無能力者　*36*
後期高齢者医療保険　*319*
後見　*27*, *90*, *100*
後見監督人　*27*
後見計画　*314*
後見等開始審判の取消し　*194*
後見登記　*339*
後見等登記手数料　*166*
後見人　*26*
後見命令　*222*, *241*
後見予算　*314*

事項索引

高次脳機能障害　70
高次脳機能障害支援センター　72
向精神薬　55
抗認知症薬　55
公務員　113
告知　122，227，288
国民健康保険　319
戸籍謄本　128，138
戸籍附票　138

【さ行】

財産管理者　222，232，244
財産の調査　311
財産目録の作成　312
最善の利益　32
裁判外の費用　167
裁判上の費用　165
残存能力　29
資格制限　107，113
自己決定の尊重　11
市町村長申立て　126，196，199，
　203
自閉症スペクトラム　73
市民後見人　261
事務管理　209
事務分掌　272
社会的障壁　60
社会モデル　61
収支予定表　314
住所地　120，135
周辺症状　47
住民票　139
終了の登記　343
主観的認知障害　45
準禁治産　36

障害　60
障害者基本法　60
障害者権利条約　5
償還　204
職務上請求　129
職務代行者　238
職権主義　196
自律　29
自立　29
事理弁識能力　27，43，85
身上配慮義務　33
心神耗弱者　36
心身喪失者　36
親族調査　205
診断書　119，138，140，142
審判　292
審判手続　119
審判前の保全処分　221，225
審判前の保全処分の申立て　229
審問　249，252
税金　320
精神障害　67
精神上の障害　42
成年後見　26，100
成年後見監督人等　27
成年後見制度における診断書作成の手
　引　143，217
成年後見制度の理念　2
成年後見制度利用支援事業　169，
　192
成年後見人　90
成年後見人等候補者　173
選挙権　104
前頭側頭型認知症　49
選任　257

353-2

事項索引

送達・送付費用　166
即時抗告　123，228，295

【た行】

代理権付与　153
代理権付与の申立て　148
代理行為目録　161
知的障害　64，80
注意欠陥多動性障害　73
中核症状　47
通則法　186
通知　122，227，288
手続費用　165
手続費用の各自負担の原則　167
添付書類　138
同意権拡張の申立て　150
同意権付与　152
同意行為目録　157
登記　241，339
登記されていないことの証明書　139
登記嘱託　340
登記事項証明書　344
当事者費用　165，167
特定の法律行為　155，159
特別代理人　334
取下げ　183

【な行】

難病　77
任意後見　92，102
任意後見監督人　92
任意後見人　92
認知症　45
年金　321
脳血管性認知症　48

ノーマライゼーション　7

【は行】

長谷川式認知症スケール　88
発達障害　73
発達障害者支援センター　75
発達障害者支援法　73
ビネー式知能検査　88
費用　190，203
複数後見　272，276
負債　311
不服申立て　122，295
ベスト・インタレスト　32
ベスト・インタレストの原則　13
変更の登記　350
法人後見　266
保佐　91，101
保佐人　91，148
保佐命令　222
補助　91，102
補助人　91
補助命令　222
保全処分　121，221
保全処分の取消し　246
本人の同意　153，181
本人の保護　19
本人面接　250

【ま行】

未成年後見　26
ミニメンタルステート検査　88
メマリー　56
申立援助　171
申立権者　120，124
申立主義　196

申立書　*137, 170, 176*
申立書作成代行　*137, 170*
申立代理　*137*
申立手数料　*166*
申立人面接　*250*
申立費用　*121, 164*

【ら行】

利益相反行為　*334*
療育手帳　*320*
臨時保佐人　*337*
臨時補助人　*337*
レビー小体型認知症　*49*
レミニール　*56*

《第1巻編著者一覧》

●編集代表●

赤沼　康弘（弁護士）
池田　惠利子（社会福祉士）
松井　秀樹（司法書士）

●編者●（50音順）

井藤　智子（司法書士）	小嶋　珠実（社会福祉士）
井上　計雄（弁護士）	中村　文彦（司法書士）
延命　政之（弁護士）	星野　美子（社会福祉士）
川口　純一（司法書士）	吉野　智（弁護士）

●執筆者一覧（第1巻）●

伊藤　よう子（弁護士）	田尻　和子（弁護士）
井上　直子（弁護士）	土肥　尚子（弁護士）
井村　華子（弁護士）	野村　完（弁護士）
大山　美智子（弁護士）	野本　雅志（弁護士）
岡﨑　和子（弁護士）	平野　光男（社会福祉士）
小川　久美子（社会福祉士）	福嶋　正洋（弁護士）
奥田　大介（弁護士）	藤岡　毅（弁護士）
笠原　健司（弁護士）	星野　美子（社会福祉士）
小嶋　珠実（社会福祉士）	正木　文久（司法書士）
後藤　真紀子（弁護士）	松隈　知栄子（弁護士）
齋藤　利美（司法書士）	元橋　一郎（弁護士）
新藤　優子（社会福祉士）	森　徹（弁護士）
鈴木　麗加（弁護士）	森　葉子（弁護士）
瀬谷　ひろみ（弁護士）	吉野　智（弁護士）
髙橋　幸男（医師）	

Q&A　成年後見実務全書　第 1 巻　総論、法定後見 [I]

平成27年 1 月31日　第 1 刷発行
令和 6 年 2 月 3 日　第 3 刷発行

編集代表　　赤沼康弘・池田惠利子・松井秀樹
発　　　行　　株式会社　民事法研究会
印　　　刷　　藤原印刷株式会社
─────────────────────────
発行所　　株式会社　民事法研究会

〒150-0013　東京都渋谷区恵比寿3-7-16
　　　　　〔営業〕TEL 03(5798)7257　FAX 03(5798)7258
　　　　　〔編集〕TEL 03(5798)7277　FAX 03(5798)7278
　　　　　http://www.minjiho.com/　　info@minjiho.com

落丁・乱丁はおとりかえします。　　　　ISBN978-4-89628-961-9
カバーデザイン　鈴木　弘

最新実務に必携の手引

―実務に即対応できる好評実務書!―

2023年9月刊 利用者の視点に立って任意後見を平易に解説した入門書!

Q&A任意後見入門〔第2版〕

第2版では、成年後見制度利用促進基本計画や意思決定支援の考え方、任意後見制度と併用される民事信託の基本事項、親族間の紛争を背景とする任意後見の有効性等に関する裁判例とともに、最新の審判申立書の書式・記載例を収録して改訂増補!

井上 元・那須良太・飛岡恵美子 著

（Ａ5判・234頁・定価 2,750円（本体 2,500円＋税10％））

2019年6月刊 「成年後見制度利用促進基本計画」など最新の情報を織り込み全面改訂!

権利擁護と成年後見実践〔第3版〕
―社会福祉士のための成年後見入門―

成年後見制度利用促進法・基本計画、民法・家事事件手続法の改正等を踏まえた最新の運用・実務動向、法改正等を織り込み改訂! 権利擁護の視点から、成年後見人等として必要な理念・価値について解説し、後見実務のバックボーンを示す!

公益社団法人 日本社会福祉士会 編

（Ｂ5判・332頁・定価 4,180円（本体 3,800円＋税10％））

2019年7月刊 「意思決定支援のためのツール」の意義と活用方法を示す!

意思決定支援実践ハンドブック
―「意思決定支援のためのツール」活用と「本人情報シート」作成―

「ソーシャルサポート・ネットワーク分析マップ」と「意思決定支援プロセス見える化シート」の二つのツールの使い方、記入方法等を準備段階から話し合い、さらに今後に向けた課題整理まで具体的に解説!

公益社団法人 日本社会福祉士会 編

（Ｂ5判・192頁・定価 2,420円（本体 2,200円＋税10％））

2019年3月刊 制度の概要や手続の流れを解説したうえで、申立書・審判書等の書式・記載例等を収録!

書式 成年後見の実務〔第三版〕
―申立てから終了までの書式と理論―

第三版では、平成28年4月6日に成立した民法および家事事件手続法の改正により新たに設けられた、本人に宛てた郵便物等の成年後見人への配達の嘱託（回送嘱託）と死後事務許可の審判申立事件を追録するとともに、全体を見直して最新の実務および書式に対応させて改訂!

坂野征四郎 著

（Ａ5判・404頁・定価 4,180円（本体 3,800円＋税10％））

発行 **民事法研究会**

〒150-0013 東京都渋谷区恵比寿 3-7-16
（営業）TEL. 03-5798-7257　FAX. 03-5798-7258
http://www.minjiho.com/　info@minjiho.com